商务馆对外汉语教学专题研究书系
总主编　赵金铭
审　订　世界汉语教学学会

对外汉语教学理论研究

主　编　李　泉

商务印书馆
2012年·北京

图书在版编目(CIP)数据

对外汉语教学理论研究/李泉主编. —北京:商务印书馆,2006
(商务馆对外汉语教学专题研究书系)
ISBN 978-7-100-04969-6

Ⅰ.对… Ⅱ.李… Ⅲ.对外汉语教学-教学理论-研究-文集 Ⅳ.H195.1

中国版本图书馆 CIP 数据核字(2006)第 031498 号

所有权利保留。
未经许可,不得以任何方式使用。

DUÌWÀI HÀNYǓ JIÀOXUÉ LǏLÙN YÁNJIŪ
对外汉语教学理论研究
主编 李 泉

商 务 印 书 馆 出 版
(北京王府井大街36号 邮政编码 100710)
商 务 印 书 馆 发 行
北京瑞古冠中印刷厂印刷
ISBN 978-7-100-04969-6

2006年7月第1版　　开本 880×1230　1/32
2012年5月北京第2次印刷　印张 11¼

定价:25.00元

总主编　赵金铭
主　编　李　泉
编　者　李　泉　蔡永强
作　者　（按音序排列）
　　　　陈　宏　崔永华　李　泉　李　杨
　　　　刘　珣　刘英林　吕必松　马箭飞
　　　　施光亨　孙德坤　陶　炼　王德珮
　　　　杨惠元　赵金铭　周　健

目 录

从对外汉语教学到汉语国际推广（代序） …………… 1

综述 ………………………………………………………… 1

第一章　对外汉语教学理论研究概说 ……………………… 1
　第一节　对外汉语教学理论研究概述 …………………… 1
　第二节　对外汉语教学与研究述评 ……………………… 9
　第三节　对外汉语教学理论和实践的若干问题 ……… 24

第二章　对外汉语教学理论探讨 ………………………… 52
　第一节　对外汉语教学理论研究的基本框架 ………… 52
　第二节　第二语言能力结构研究 ……………………… 67
　第三节　交际能力训练模式探索 ……………………… 80
　第四节　对外汉语教学的途径和方式问题 ……… 89
　第五节　中高级阶段对外汉语教学的理论探讨 …… 96
　第六节　高级阶段的汉语教学研究 ……………… 110
　第七节　汉语速成教学探讨 ……………………… 127
　第八节　汉语速成教学的优化策略 ……………… 136

第三章　对外汉语教学原则和教学法研究 ………… 148
　第一节　汉语作为第二语言教学的基本原则 …… 148
　第二节　对外汉语教学原则研究 ………………… 157

第三节　结构—功能—文化相结合教学原则
　　　　　　研究 ································· 173
　　第四节　对外汉语教学法的发展 ················· 188
　　第五节　对外汉语教学法探索 ··················· 207
　　第六节　教学方法的规定性和创造性 ············· 221

第四章　对外汉语课堂教学及评估 ················· 234
　　第一节　课堂教学活动研究概说 ················· 234
　　第二节　课堂教学行为研究 ····················· 247
　　第三节　课堂教学结构分析 ····················· 256
　　第四节　基础汉语课堂教学方法 ················· 263
　　第五节　基础汉语教学中的课堂操练 ············· 275
　　第六节　课堂教学评估 ························· 285

后　　记 ··· 301

从对外汉语教学到汉语国际推广
（代序）

赵 金 铭

新中国的对外汉语教学在经过55年的发展之后,于2005年7月进入了一个新时期。以首届"世界汉语大会"的召开为契机,我国的对外汉语教学在继续深入做好来华留学生汉语教学工作的同时,开始把目光转向汉语国际推广。这在我国对外汉语教学发展史上是一个历史的转捩点,是里程碑式的转变。

语言的传播与国家的发展是相辅相成的,彼此互相推动。世界主要大国无不不遗余力地向世界推广自己的民族语言。我们大力推动汉语的传播不仅是为了满足世界各国对汉语学习的急切需求,也是我国自身发展的需要,是国家软实力建设的一个有机组成部分,是一项国家和民族的事业,其本身就应该成为国家发展的战略目标之一。

回顾历史,对外汉语教学的每一步发展,都跟国家的发展、国际风云的变幻以及我国和世界的交流与合作息息相关。

新中国对外汉语教学肇始于1950年7月,当时清华大学开始筹办"东欧交换生中国语文专修班",时任该校教务长的著名物理学家周培源先生为班主任；9月成立外籍留学生管理委员会，前辈著名语言学家吕叔湘先生任主任；同年12月第一批东欧学生入校学习。这是新中国对外汉语教学事业的滥觞。那时，全部留学生只有33人。十几年之后，到1964年也才达到229人。1965年猛增至3 312人。这自然与当时中国的国际地位和世界局势变化密切相关。经"文革"动乱，元气大伤。1973年恢复对外汉语教学，当时的留学生也只有383人。此后数年逐年稍有增长，至1987年达到2 044人，还没有恢复到1965年的水平。①

改革开放以后，特别是近十几年来，对外汉语教学事业飞速发展。从20世纪90年代开始，来华留学生数量呈逐年上升趋势，至2003年来华留学生已达8.5万人次。据不完全统计，目前全球学习汉语的人数已达3 000万。

对外汉语教学事业的蓬勃发展，一直得到国家的高度重视和大力支持。早在1988年，国家教委、国家对外汉语教学领导小组在北京召开"全国对外汉语教学工作会议"时，时任国家对外汉语教学领导小组常务副组长、国家教委副主任的滕藤同志在工作报告中，就以政府高级官员的身份第一次提出，要推动对外汉语教学这项国家与民族的崇高事业不断发展。

会议制定了明确的发展目标，即"争取在半个多世纪的时间内做到：在教学规模上能基本满足各国人民来华学习汉语的需求；在教学理论和教学方法上，赶上并在某些方面超过把本民族语作为外语教学的世界先进水平；能根据各国的需要派遣汉语

---

① 参见张亚军《对外汉语教法学》，现代出版社1990年版。

教师、提供汉语教材和理论信息；在教学、科研、教材建设及师资培养和教师培训等方面都能很好地发挥我国作为汉语故乡的作用"。①

今天距那时不过十几年时间，对外汉语教学的局面却发生了翻天覆地的变化。对外汉语教学不再仅仅是满足来华留学生汉语学习的需要，汉语正大步走向世界。对外汉语教学的持续、快速发展，以至汉语国际推广的迅猛展开，正是势所必至，理有固然。目前，汉语国际推广正处在全新的、催人奋进的态势之中。

国家在世界范围内推广汉语教学，我们谓之"致广大"；我们在此对对外汉语教学进行全方位的研讨，我们谓之"尽精微"。二者结合，构成我们的总体认识，这里我们希望能"博综约取"，作些回首、检视和瞻念，以寻求符合和平发展时代的汉语国际推广之路。

一　汉语作为第二语言教学的理论研究

对外汉语教学，即汉语作为第二语言教学，作为一个学科，从形成到现在不过几十年，时间不算太长，学科基础还比较薄弱，理论研究也还不够深厚。但汉语作为第二语言教学作为一个学科有它持续的社会需要，有自身的研究方向、目标和学科体系，而且更重要的是它正按照自身发展的需要，不断地从其他的有关学科里吸取新的营养。诚然，要使对外汉语教学形成跨学科的边缘学科，牵涉的领域很广，理论的概括和总结实非易事。

---

①　参见晓山《中国召开全国对外汉语教学工作会议》，《世界汉语教学》1988年第4期。

综览世界上的第二语言教学,真正把语言教学(在西方,"语言教学"往往是指现代外语教学)作为一门独立学科而建立是在上一个世纪 60 年代中叶。

桂诗春曾引用 Mackey(1973)说过的一句意味深长的话:"(语言教学)要成为独立的学科,就必须像其他科学那样,编织自己的渔网,到人类和自然现象的海洋里捞取所需的东西,摒弃其余的废物;要能像鱼类学家阿瑟·埃丁顿那样说,'我的渔网里捞不到的东西不会是鱼'。"[①]

应用语言学是一门独立的交叉学科,分广义和狭义两种。狭义的应用语言学研究语言教学。广义的应用语言学指应用于实际领域的语言学,除传统的语言文字教学外,还包括语言规划、语言传播、语言矫治、辞书编纂等。我们这里取狭义的理解,即指语言教学,主要研究汉语作为第二语言教学或外语教学。所以,我们说对外汉语教学是应用语言学,或者说是应用语言学的一个分支学科。我们把对外汉语教学归属于应用语言学,或者说对外汉语教学的上位是应用语言学。

应用语言学作为一门应用型的交叉学科,它的基本特点是在学科中间起中介作用,即把各种与外语教学有关的学科应用到外语教学中去。组织外语教学的许多重要环节(如教育思想、教学管理、教学组织、教学安排、教材、教法、教具、测试、教师培训等等),既有等级的,也有平面的关系。而教学措施上升为理论之后,语言教学就出现了很大的变化。[②] 那么,这些具有不同

[①] 参见桂诗春《外国语言学及应用语言学研究》第一辑发刊词,首都师范大学外国语学院主办,中央编译出版社 2002 年版。

[②] 参见桂诗春《外语教学的认知基础》,《外语教学与研究》2005 年第 4 期。

等级的或处于同一平面的各种关系是如何构筑成对外汉语教学的学科理论的呢？

李泉在总结对外汉语教学学科基本理论时,提出应由四部分组成:(1)学科语言理论,包括面向对外汉语教学的语言学及其分支学科理论,面向对外汉语教学的汉语语言学;(2)语言学习理论,包括基本理论研究、对比分析、偏误分析和中介语理论;(3)语言教学理论,包括学科性质理论、教学原则和教学法理论;(4)跨文化交际理论。①

这些理论,在某种意义上都有其自身存在的客观规律,这也是作为学科的对外汉语教学所必须遵循的。我们尤其应该强调的是对语言教学理论的应用,这个应用十分重要,事关教学质量与学习效率,这个应用包括教学设计与技巧、汉语测试的设计与实施。只有应用得当,理论才发生效用,才能在教学和学习过程中起提升与先导作用。

几十年来,我们一直把对外汉语教学作为一个学科来建设,建设中也是从理论与应用两方面来思考的。陆俭明在探讨把汉语作为第二语言教学当作一个独立的学科来建设时,提出了更高的要求,他认为这个学科应有它的哲学基础,有一定的理论支撑,有明确的学科内涵,有与本学科相关的、起辅助作用的学科。② 我们认为,所谓的哲学基础,关涉到对语言本质的认识,反映出不同的语言观。比如语言是一种交际工具,还是一种能

---

① 参见李泉《对外汉语教学的学科基本理论》,《海外华文教育》2002年第3、4期。

② 参见陆俭明《增强学科意识,发展对外汉语教学》,《世界汉语教学》2004年第1期。

力？语言是先天的,还是后得的？这都关系着语言教学的发展,特别是教学法与教学模式的确立。总之,我们应树立明确的学科意识,共同致力于对外汉语教学的学科理论建设。

二 关于学科研究领域

汉语作为第二语言教学,作为一个学科,业内是有共识的,并且希望参照世界上第二语言教学的学科建设,来完善和改进汉语作为第二语言教学的学科体系,不断推进学科建设的开展,其中什么是学科的本体研究,是首先要考虑的问题。

本体的观念是古希腊亚里士多德范畴说的核心。亚里士多德把现实世界分成本体、数量、性质、关系、地点、时间、姿态、状况、动作、遭受等十个范畴。他认为,在这十个范畴中,本体占有第一的、特殊的位置,它是指现实世界不依赖任何其他事物而独立存在的各种实体及其所代表的类。从意义特征上看,本体总是占据一定的时间,是看得见、摸得着的事物。其他范畴则是附庸于本体的,非独立的,是本体的属性,或者说是本体的现象。因此,本体是存在的中心。①

早在上世纪末,对外汉语教学界就有人提出对外汉语教学"本体研究"和"主体研究"的观点。"对外汉语教学学科研究的领域,概而化之,可分为两大板块:一是对汉语言本身,包括汉语语音、词汇、语法和汉字等方面的研究,可谓之学科本体研究;二是对作为第二语言教学的汉语理论与实践体系和学习与习得规

---

① 参见姚振武《论本体名词》,《语文研究》2005年第4期。

律、教学规律、途径与方法论的研究,可谓之学科的主体研究。学科本体研究是学科主体研究的前提与基础,学科主体研究是学科本体研究的目的与延伸。对这种学科本体、主体研究的辩证关系的正确认识与把握,是至关重要的,它关系着对外汉语教学学科发展的方向与前途。否则,在学科理论研究上,就容易偏颇、失衡,甚至造成喧宾夺主。"①

不难看出,这里所说的"本体研究"即为"知本",它占有第一的、特殊的位置,是存在的中心。这里所说的"主体研究"即为"知通",是附庸于本体的,本固枝荣,只有把作为第二语言的汉语研究透、研究到家,在此基础上"教"与"学"的研究才会不断提高。

我国对外汉语教学的历史毕竟不长,经验也不足,对于汉语作为第二语言教学之本体研究,也还存在不同的认识。当然,若从研究领域的角度来看,大家是有共识的。只是观察的视角与侧重考虑的方面有所不同。总的说来,对对外汉语教学的基础研究还应进一步地深入思考,以期引起有关方面的足够重视。

对此,陆俭明是这样认识的:"在这世纪之交,有必要在回顾、总结我国对外汉语教学的基础上,认真思考并加强汉语作为第二语言的本体研究,特别是对外汉语教学的基础研究。汉语作为第二语言之本体研究,按我现在的认识和体会,应包括以下五部分内容:第一部分是,根据汉语作为第二语言教学的需要而开展的服务汉语教学的语音、词汇、语法、汉字之研究。第二部分是,根据汉语作为第二语言教学需要而开展的学科建设理论

---

① 参见杨庆华《对外汉语教学研究丛书·序》,北京语言文化大学出版社1997年版。

研究。第三部分是,根据汉语作为第二语言教学需要而开展的教学模式理论研究。第四部分是,根据汉语作为第二语言教学需要而开展的各系列教材编写的理论研究。第五部分是,根据汉语作为第二语言教学需要而开展的汉语水平测试及其评估机制的研究。"[①]这里既包括理论研究的内容,也包括应用研究的内容,可供参酌。根据第二语言教学的三个组成部分的思想,即"教什么""怎样学""如何教",上述的观点非常正确地强调了"教什么"和"如何教"的研究,却未包括"怎样学"的研究。

陆先生认为,对外汉语教学学科的本体研究必须紧紧围绕一个总的指导思想来展开,这个总的指导思想是:"怎么让一个从未学过汉语的外国留学生在最短的时间内能最快、最好地学习好、掌握好汉语。"[②]正是基于这样的指导思想,才有上述五个方面的研究。

业内也有人从研究对象的角度出发,认为"教学理论是对外汉语教学的本体理论"。吕必松认为,"每一门学科都有自己特定的研究对象,这种特定的研究对象就是这门学科的本体"。那么,"对外汉语教学的研究对象是作为第二语言的汉语教学,作为第二语言的汉语教学就是对外汉语教学研究的本体"。[③]

我们认为,几十年来,对外汉语教学这门学科的建设取得了长足的进步与巨大的发展。它由初始阶段探讨学科的命名,学科的性

---

① 参见陆俭明《汉语作为第二语言之本体研究》,载《作为第二语言的汉语本体研究》,外语教学与研究出版社 2005 年版。

② 参见陆俭明《增强学科意识,发展对外汉语教学》,《世界汉语教学》2004 年第 1 期。

③ 参见吕必松《谈谈对外汉语教学的性质与对外汉语教学的本体理论研究》,载《语言教育与对外汉语教学》,外语教学与研究出版社 2005 年版。

质和特点,学科的定位、定性和定向,发展到今天,概括汉语作为第二语言教学需要而开展的服务于汉语教学的汉语本体研究,与教学研究互动结合已成为学科建设的主要内容,教学理论与学习理论研究,形成有力的双翼,加之现代教育技术的应用,从而最终构架并完善了学科体系。对外汉语教学作为第二语言教学或外语教学,经业内同仁几代人的苦心孤诣、惨淡经营,目前在世界上汉语作为第二语言教学领域已占主流地位,这是值得欣慰的。

对于学科建设上的不同意见,我们主张强调共识,求大同存小异。面对欣欣向荣、蓬勃发展的"汉语国际推广"的大好局面,共同搞好汉语作为第二语言教学的学科建设,以便为"致广大"的事业尽力,是学界同仁的共同愿望。因此,我们赞赏吕必松下面的意见,并希望能切实付诸学术讨论之中:

"我国对外汉语教学界在对外汉语教学的学科性质和特点等问题上一直存在着不同的意见。因为对外汉语教学是一门年轻的学科,学科理论还不太成熟,出现分歧在所难免。就是学科理论成熟之后,也还会出现新的分歧。开展不同意见的讨论和争论,有利于学科理论的发展。"[①]

三 关于汉语作为第二语言研究

汉语作为第二语言研究,不少人简称为"对外汉语研究"。比如上海师范大学创办的刊物就叫《对外汉语研究》,已由商务

---

① 参见吕必松《语言教育与对外汉语教学·前言》,外语教学与研究出版社2005年版。

印书馆于 2005 年出版了第一期。

1993 年,中共中央和国务院颁布了《中国教育改革和发展纲要》,里面提到要"大力加强对外汉语工作"。此后,在我国的学科目录上"对外汉语"专业作为学科的名称出现。

汉语作为一种语言,自然没有区分为"对外"和"对内"的道理,这是尽人皆知的。我们理解所谓的"对外汉语",其实质为"作为第二语言的汉语",也即"汉语作为第二语言"。它是与汉语作为母语相对而言的。在业内,在"对外汉语"的"名"与"实"的问题上,也存在着不同意见。我们认为,随着"汉语国际推广"大局的推进,"对外汉语教学"无论从内涵还是外延看都不能满足已经变化了的形势。我们主张从实质上去理解,也还因为"名无固宜","约定俗成"。

在这个问题上,我们同意刘珣早在 2000 年就阐释清楚的观点:"近年来出现了'对外汉语'一词。起初,连本学科的不少同仁也觉得这一术语难以接受。汉语只有一个,不存在'对外'或'对内'的不同汉语。但现在'对外汉语'已逐渐为较多的人所认同,而且已成为专业目录上我们专业的名称(专业代码050103)。这一术语的含义也许应理解为'作为第二语言教学与研究的汉语',也就是从一个新的角度来研究汉语。""对外汉语教学是汉语作为第二语言的教学,它与汉语作为母语的教学的巨大差别也体现在教学内容,即所要教的汉语上,这是从对外汉语教学事业初创阶段就为对外汉语教学界所重视的问题。"[①]

---

① 参见刘珣《近 20 年来对外汉语教育学科的理论建设》,《世界汉语教学》2000 年第 1 期。

汉语作为第二语言,这是对外汉语教学的主要内容,是要解决"教什么"的问题,故而对外汉语作为第二语言的研究就成为学科建设的极其重要的组成部分,随着国家"汉语国际推广"战略的提出,汉语作为第二语言教学,无论从学术研究上,还是从应用研究上,都会得到极大的提升,名实相副的情况,当会出现。

还有人从另一个新的角度,即世界汉语教育史的研究,阐释了作为第二语言的汉语研究之必要,张西平说:"世界汉语教育史是一个全新的研究领域。这一领域的开拓必将极大地拓宽我们汉语作为第二语言教学的研究范围,使学科有了深厚的历史根基。我们可以从汉语作为第二语言教学的悠久历史中总结、提升出真正属于汉语本身的规律。"[1]

那么,服务于对外汉语教学的汉语本体研究,或称作作为第二语言的汉语本体研究,其核心是什么呢?潘文国对此作出解释:所谓"对外汉语研究,应该是一种以对比为基础、以教学为目的、以外国人为对象的汉语本体研究"。[2]

我们认为,"对外汉语"作为一门科学,也是一门学科,首先应从本体上把握,研究它不同于其他学科的本质特点及其成系统、带规律的部分,这也就是"对外汉语研究",也就是汉语作为第二语言的研究。

这种汉语作为第二语言的研究,以及汉语作为第二语言的教学研究和汉语作为第二语言的学习研究,加之所有这些研究

---

[1] 参见张西平《简论世界汉语教育史的研究物件和方法》,载李向玉等主编《世界汉语教育史研究》,澳门理工学院 2005 年印制。

[2] 参见潘文国《论"对外汉语"的科学性》,《世界汉语教学》2004 年第 1 期。

所依托的现代科技手段和现代教育技术,共同构筑了对外汉语教学研究的基本框架。这就是我们所说的本体论、方法论、认识论和工具论。①

从接受留学生最初的年月,对外汉语教学的前辈们就十分注意汉语作为第二语言的研究。这是因为"根本的问题是汉语研究问题,上课许多问题说不清,是因为基础研究不够"。也可以说"离开汉语研究,对外汉语教学就无法前进"。②

我们这里分别对作为第二语言的汉语语音、词汇、语法和汉字的研究与教学略作一番讨论,管中窥豹,明其现状,寻求改进。

(一) 作为第二语言的汉语语音

作为第二语言的汉语语音的研究与教学,近年来因诸多原因,重视不够,有滑坡现象,最明显的是语音教学阶段被缩短,以至于不复存在;但是初始阶段语音打不好基础,将会成为顽症,纠正起来难上加难。本来,对外汉语教学界曾有很好的语音教学与研究的传统,有不少至今仍可借鉴的研究成果,包括对汉语语音系统的研究和对《汉语拼音方案》的理解与应用,遗憾的是,近来的教材都对此重视不够。

比如赵元任先生那本《国语入门》,大部分是语音教学,然后慢慢地才转入其他。面对目前语音教学的局面,著名语音学家、对外汉语教学的前辈林焘先生发出了感慨:"发展到今天,语音

---

① 参见赵金铭《对外汉语研究的基本框架》,《世界汉语教学》2001年第3期。
② 参见朱德熙《在纪念〈语言教学与研究〉创刊10周年座谈会上的发言》,《语言教学与研究》1989年第3期。

已经一天一天被压缩,现在已经产生危机了。我们搞了52年,外国人说他们学语音还不如在国外。这说明我们在这方面也是太放松了,过于急于求成了,就把基础忘掉了。语音和文字是两个基础,起步我们靠这个起步;过于草率了,那么基础一没打稳,后边整个全过程都会受影响。"[①]加强语音教学是保证汉语教学质量的重要一环,无论是教材还是课堂教学,语音都不应被忽视。

(二) 作为第二语言的汉语词汇

长期以来,在汉语作为第二语言教学中,比较重视语法教学,而在某种程度上却忽视了词汇教学的重要性,使得词汇研究和教学成为整个教学过程中的薄弱环节。

其实,在掌握了汉语的基本语法规则之后,还应有大量的词汇作基础,尤其应该掌握常用词的不同义项及其功能和用法,唯其如此,才能真正学会汉语,语法也才管用,这是因为词汇是语言的唯一实体,语法也只有依托词汇才得以存在。学过汉语的外国人都有这样的体会,汉语要一个词一个词地学,要掌握每一个词的用法,日积月累,最终才能掌握汉语。近年来,我们十分注意汉语词汇及其教学的研讨,尤其注重词汇的用法研究。

有两件标志性的事可资记载:

一是注重对外汉语学习词典的编纂研究。2005年在香港

---

① 参见林焘(2002)的座谈会发言,载《继往开来——新中国对外汉语教学52周年座谈会纪实》,北京语言大学内部资料。

城市大学召开了"对外汉语学习词典国际研讨会",其特色是强调计算语言学家和词典学家密切合作,依据语料库语言学编纂学习词典的思路,为对外汉语教学的词汇教学与学习服务,有力地推动了汉语的词汇研究与教学。

二是针对汉语词汇教学中的重点,特别是中、高级阶段,词义辨析及用法差异是教学之重点,学界努力打造一批近义词辨析词典,从释义、功能、用法方面详加讨论。例如《汉英双语常用近义词用法词典》《对外汉语常用词语对比例释》《汉语近义词典》《1700对近义词语用法对比》。[①]

这些词典各有千秋,在释文、例证、用法、英译等方面各有特色,能在一定程度上满足汉语教学和学习者的需要。

(三)作为第二语言的汉语语法

作为第二语言教学的汉语语法研究与语法教学研究,如果从数量上看一直占有最大的分量,这当然与它受到重视有关。近年来,汉语语法研究范围更加广泛,内容也更加细致、深入,结合教学的程度也更加紧密,达到了前所未有的高度。

首先,理清了理论语法与教学语法之关系,为汉语作为第二语言教学语法的研究理清了思路。理论语法是教学语法的来源与依据,教学语法的体系可灵活变通,以便于教学为准。目前,

---

[①] 参见邓守信主编《汉英双语常用近义词用法词典》,北京语言学院出版社1996年版;卢福波著《对外汉语常用词语对比例释》,北京语言文化大学出版社2000年版;马燕华、庄莹编著《汉语近义词典》,北京大学出版社2002年版;王还主编《汉语近义词典》,北京语言大学出版社2005年版;杨寄洲、贾永芬编著《1700对近义词语用法对比》,北京语言大学出版社2005年版。

教学语法虽更多地吸收传统语法的研究成果,而一切科学的语法都会对汉语作为第二语言教学语法有帮助。教学语法是在不断地吸收各种语法研究成果中迈步、发展和不断完善的。

其次,对汉语作为第二语言的教学语法进行了科学的界定,即:第二语言的教学目的决定了教学语法的特点,它主要侧重于对语言现象的描写和对规律、用法的说明,以方便教学为主,也应具有规范性。

再次,学界认为应建立一部汉语作为第二语言教学的汉语教学参考语法,无论是编写教材,还是从事课堂教学,或是备课、批改作业,都应有一部详细描写汉语语法规则和用法的教学参考语法作为依据。其中应体现汉语作为第二语言教学的自己的语法体系,应有语法条目的确定与教学顺序的排序。

最后,应针对不同母语背景的教学对象,排列出不同的语法点及其教学顺序。事实证明,很难排出适用于各种母语学习者的共同的语法要点及其顺序表。

对欧美学生来说,受事主语句、存现句、主谓谓语句,以及时间、地点状语的位置,始终是学习的难点,同时也体现汉语语法特点。而带有普遍性的语法难点,则是"把"字句、各类补语以及时态助词"了""着"等。至于我们所认为的特殊句式,其实并非学习的难点,比如连动句、兼语句、"是"字句、"有"字句以及名词谓语句、形容词谓语句。这也是从多年教学中体味出的。

(四)汉字研究与教学

汉字教学是对外汉语教学的重要组成部分。然而,与其他汉语要素相比,汉字教学从研究到教学一直处于滞后状态。为了改变这一局面,除了加强对汉字教学的各个环节的研究之外,要突破汉字教学的瓶颈,首先应澄清对汉字的误解,建立起科学的汉字观。汉字本身是一个系统,字母本身也是一个系统。字母属于字母文字阶段,汉字属于古典文字阶段,它们是一个系统的两个阶段。这个概念的改变影响很大,这是科学的新认识。① 当我们把汉字作为一个科学系统进行研究与教学时,要清醒地认识到汉字是汉语作为第二语言教学与其他第二语言教学的重要区别之一。在对外汉语教学中,究竟采用笔画、笔顺教学,还是以部件教学为主,或是注重部首教学,抑或是从独体到合体的整字教学,都有待于通过教学试验,取得相应的数据,寻求理论支撑,编出适用的教材,寻求汉字教学的突破口,从而使汉语书面语教学质量大幅度提高。与汉字教学相关的还应注意"语"与"文"的关系之探讨,字与词的关系的研究,以及汉语教材与汉字教材的配套,听说与读写之关系等问题的研究。

四 关于汉语作为第二语言教学研究

我们所说的教学研究,包括以下五个部分:课程教学设计、教学方法与教学技巧、教材编写理论与实践、语言测试理论与汉语考试、跨学科研究之一——现代教育技术在教学中的应用。

(一) 关于教学模式研究

近年来,对外汉语教学界尤其注重教学模式的研究,寻求教

---

① 参见周有光《百岁老人周有光答客问》,《中华读书报》2005年1月22日。

学模式的创新。什么是教学模式？教学模式是指具有典型意义的、标准化的教学或学习范式。

具体地说,教学模式是在一定的教学理论和教学思想指导下,将教学诸要素科学地组成稳固的教学程序,运用恰当的教学策略,在特定的学习环境中,规范教学课程中的种种活动,使学习得以产生。① 更加概括简洁的说法则为：教学模式,指课程的设计方式和教学的基本方法。②

教学模式具有不同的类型。我们所说的对外汉语教学模式,就是从汉语和汉字的特点及汉语应用的特点出发,结合汉语作为第二语言的教学理论,遵循大纲的要求,提出一个全面的教学规划和实施方案,使教学得到最优化的组合,产生最好的教学效果。这是一种把汉语作为第二语言教学的特定的教学模式。

教学模式研究表现在课程设计上,业内主要围绕着"语"和"文"的分合问题而展开,由来已久,且持续至今。

早在1965年,由钟梫执笔整理成文的《十五年汉语教学总结》就对"语"与"文"的分合及汉字问题进行了讨论。③ 当时提出三个问题：

1. 有没有学生根本不必接触汉字,完全用拼音字母学汉语？即学生只学口语,不学汉字。当时普遍认为,这种学生根本不必接触汉字。

---

① 参见周淑清《初中英语教学模式研究》,北京语言大学出版社2004年版。
② 参见崔永华《基础汉语教学模式的改革》,《世界汉语教学》1999年第1期。
③ 参见钟梫(1965)《十五年汉语教学总结》,载《语言教学与研究》(试刊,第4期,1977年内部印刷),又收入盛炎、砂砾编《对外汉语教学论文选评》,北京语言学院出版社1993年版。

2. 需要认汉字的学生是否一定要写汉字？即"认"与"写"的关系。一种意见认为不写汉字势必难以记住，"写"是必要的；另一种意见认为，"认离不开写"这一论点根本上不能成立，即不能说非动笔写而后才能认，也就是说"认"和"写"可以分离。

3. 需要认（或认、写）汉字的学生是不是可以先学"语"后学"文"呢？后人的结论是否定了"先语后文"，采用了"语文并进"。而"认汉字"与"写汉字"也一直是同步进行的。

这种"语文并进""认写同步"的教学模式，从上世纪50年代起一直是占主流的教学模式，延续至今。80年代以后，大多沿用以下三种传统教学模式："讲练—复练"模式，"讲练—复练＋小四门（说话、听力、阅读、写作）"模式，"分技能教学"模式。

目前，对外汉语教学界广泛使用的是一种分技能教学模式，以结构—功能的框架安排教学内容，采用交际法和听说法相结合的综合教学法。这种教学模式大约在80年代定型。

总的看来，对外汉语教学界所采用的教学模式略显单调，似嫌陈旧。崔永华认为："从总体上看，这种模式反映的是60年代至70年代国际语言教学的认识水平。30年来，国内外在语言学、第二语言教学、语言心理学、语言习得研究、语言认知研究等跟语言教学相关的领域中都取得了巨大的进步，研究和实验成果不可计数。但是由于种种原因，目前的教学模式对此吸收甚少。"[①]

这种局面应该改变，今后，应在寻求反映汉语和汉字特点的教学模式的创新上下功夫，特别要提升汉字教学的地位，特别要

---

① 参见崔永华《基础汉语教学模式的改革》，《世界汉语教学》1999年第1期。

注意语言技能之间的平衡,大力加强书面语教学,着力编写与之相匹配、相适应的教材,进行新的教学实验,切实提高汉语的教学质量。

(二) 教学法研究

教学方法研究至关重要。"用不同的方法教外语,收效可以悬殊。"①对外汉语教学界历来十分注重教学方法的探讨。早在1965年之前,对外汉语教学界就创造了"相对的直接法"的教学方法,强调精讲多练,加强学生的实践活动。同时,通过大量的练习,画龙点睛式地归纳语法。②

但是,对外汉语教学还是一个年轻的学科,教学法的研究多借鉴国内外语教学法的研究,这也是很自然的事情。而国内外语教学法的研究,又是跟着国外英语教学法的发展亦步亦趋。有人这样描述:

"纵观20世纪国外英语教学法历史,对比当前主宰中国英语教学的各种模式,不难发现很多早被国外唾弃的做法或理念,却仍然被我们的英语老师墨守成规地紧追不放。"③

对外汉语教学界也有类似情况。在上个世纪70年代,当我们大力推广"听说法",强调对外汉语教学应"听说领先"时,这个产生于40年代末的教学法,已并非一家独尊。潮流所向,人们

---

① 参见吕叔湘《语言与语言研究》,载《语文近著》,上海教育出版社1987年版。
② 参见钟梫(1965)《十五年汉语教学总结》,载《语言教学与研究》(试刊,第4期,1977年内部印刷),又收入盛炎、砂砾编《对外汉语教学论文选评》,北京语言学院出版社1993年版。
③ 参见丁杰《英语到底如何教》,《光明日报》2005年9月14日。

已不再追求最佳教学法,而转向探讨各种有效的教学法路子。70年代至80年代,当我们在教学中引进行为主义,致力于推行"结构法"和"句型操练"之时,实际上行为主义在国际上已逐渐式微,而代之以基于认知心理学的"以学生为中心"的认知法。

在国际外语教学界,以结构为主的传统教学法与以交际为目的的功能教学法交替主宰语言教学领域之后,80年代末至90年代初,在英语教学领域"互动性综合教学法"便应运而生,盛行一时。所谓综合,偏重的是内容;所谓互动,强调的是方法。[①]

90年代末,体现这种互动关系的任务式语言教学模式在欧美逐渐兴盛起来。这种教学方法的基本理论可概括为:通过"任务"这一教学手段,让学习者在实际交际中学会表达思想,在过程中不断接触新的语言形式并发展自己的语言系统。

任务法是交际教学法中提倡学生"通过运用语言来学习语言",这一强势交际理论的体现,突出之处是"用中学",而不是以往交际法所强调的"学以致用"。

这种通过让学生完成语言任务来习得语言的模式,既符合语言习得规律,又极大地调动了学习者学习的积极性,本身也具有极强的实践操作性。因此,很受教师和学生的欢迎。以至于"20世纪末、21世纪初在应用语言学上可被称为任务时代"。[②]

在我国英语教学界,人民教育出版社于2001年遵循任务型教学理念编写并出版了初中英语新教材《新目标英语》,并在若干中学进行教学模式试验,取得了可喜的成绩。在对外汉语教

[①] 参见王晓钧《互动性教学策略及教材编写》,《世界汉语教学》2005年第3期。

[②] 参见周淑清《初中英语教学模式研究》,北京语言大学出版社2004年版。

学界,马箭飞基于任务式大纲从交际范畴、交际话题和任务特性三个层次对汉语交际任务项目进行分类,提出建立以汉语交际任务为教学组织单位的新教学模式的设想,并编有教材《汉语口语速成》(共五册)。①

这种交际教学理论在教学中被不断应用,影响所及,所谓"过程写作"教学即其一。"写"是重要的语言技能之一,"过程写作法"认为:写作是一个循环式的心理认知过程、思维创作过程和社会交互过程。写作者必须通过写作过程的一系列认知、交互活动来提高自己的认知能力、交互能力和书面表达能力。②

过程写作的宗旨是:任何写作学习都是一个渐进的过程。这个过程需要教师的监督指导,更需要通过学生自身在这个过程中对文章立意、结构及语言的有意学习。由过程写作引发而建立起来的过程教学法理论,也对第二语言教学的大纲设计、语法教学、篇章分析等产生了深刻的影响。③

交际语言教学理论的另一个发展,是近几年来在西方渐渐兴起的体验式教学。这种教学法的特点是把文化行为训练纳入对外汉语教学之中,而不主张单纯从语言交际角度看待外语教学。在整个教学过程中,自始至终贯穿着"角色"和"情景"的观念。2005 年,我国高等教育出版社出版有陈作宏、田艳编写的《体验汉语》系列教材,是这种理念的一次尝试。

---

① 参见马箭飞《任务式大纲与汉语交际任务》,《语言教学与研究》2002 年第 4 期。

② 参见陈玫《教学模式与写作水平的相互作用——英语写作"结果法"与"过程法"对比实验研究》,《外语教学与研究》2005 年第 6 期。

③ 参见杨俐《过程写作的实践与理论》,《世界汉语教学》2004 年第 1 期。

今天，在教学法研究中人们更注重过程，外语教学是个过程，汉语作为第二语言教学也是一个过程。过程是组织外语教学不可忽视的因素。桂诗春说："在70年代之前，人们认为提高外语教学质量的关键是教学方法，后来才发现教学方法只是起局部的作用。"①我们已经认识到并接受了这样的观点。

现在我们可以说，汉语作为第二语言教学在教学法研究方面，我们已经同世界上同类学科的研究相同步。

（三）教材研究与创新

教材的创新已经提出多年，教材也已编出上千种，但无论是数量还是质量均不能完全满足世界上学习汉语的热切需求。今后的教材编写，依然应该遵循过去总结出来的几项原则：(1)要讲求科学性。教材应充分体现汉语和汉字的特点，突破汉字教学的瓶颈，要符合语言学习规律和语言教学规律。体系科学，体例新颖。(2)要讲求针对性。教材要适应不同国家（地区）学习者的特点，特别要注意语言与文化两方面的对应性。不同的国家（地区）有不同的文化、不同的国情与地方色彩，要特别加强教材的文化适应性。因为"语言是文化的符号，文化是语言的管轨"②，二者相辅相成。因此，编写国别教材与地区教材，采取中外合编的方式，是今后的发展方向。(3)要讲求趣味性。我们主张教材的内容驱动的魅力，即进一步提升教材内容对学习者的驱动魅力。有吸引力的语言材料可以引起学习者浓厚的学习兴

---

① 参见桂诗春《外国语言学及应用语言学研究》第一辑发刊词，首都师范大学外国语学院主办，中央编译出版社2002年版。

② 参见邢福义《文化语言学·序》，湖北教育出版社2000年版。

趣。要靠教材语言内容的深厚内涵,使人增长知识,启迪学习;要靠教材的兴味,使人愉悦,从而乐于学下去。(4)要注重泛读教材的编写。要保证书面语教学质量的提高,必须编有大量的、适合各学习阶段的泛读教材。远在1956年以前就曾有人提出"学习任何一种外语都离不开泛读"。认为"精读给最必需的、要求掌握得比较牢固的东西,泛读则可以让学生扩大接触面,通过大量、反复阅读,也可以巩固基本熟巧"。① 遗憾的是,长期以来,我们忽视了泛读教材的建设。

(四) 汉语测试研究

语言测试应包括语言学习能力测试、语言学习成绩测试和语言水平测试。前两种测试的研究相对薄弱。学能测试多用于分班,成绩测试多由教师自行实施。而汉语水平考试(HSK)取得了可观的成绩,让世界瞩目。HSK是一项科学化程度很高的标准化考试。评价一个考试的科学化程度,最关键的是看它的信度和效度。所谓信度,就是考试的可靠性。一个考生在一定的时段内无论参加几次HSK考试,成绩都是稳定的,这就是信度高。所谓效度,就是能有效地测出考生真实的语言能力。HSK信守每一道题都必须经过预测,然后依照区分度选取合适的题目,从而保证了试卷的科学水准。目前,国家汉办又开发研制了四项专项考试:HSK(少儿)、HSK(商务)、HSK(文秘)、HSK(旅游)。这些考试将类似国外的

---

① 参见钟梫(1965)《十五年汉语教学总结》,载《语言教学与研究》(试刊,第4期,1977年内部印制),又收入盛炎、砂砾编《对外汉语教学论文选评》,北京语言学院出版社1993年版。

TOEIC。HSK作为主干考试,测出考生汉语水平,可作为入学考试的依据。而四个分支考试,是一种语言能力考试,它将测出外国人在特殊职业环境中运用语言的能力。主干考试与分支考试形成科学的十字结构。目前,HSK正致力于改革,在保证科学性的前提下,考虑学习者的广泛需求,鼓励更多的人参加考试,努力提高汉语学习者的兴趣,吸引更多的人学习汉语,以适应汉语国际推广的需要。与此同时,"汉语水平计算机辅助自适应考试"正在研制中。

(五) 跨学科研究

近十几年来,对外汉语教学界的跨学科研究意识越来越强烈,集中表现在两个方面。一方面是与心理学、教育学等相结合进行的学习研究。另一方面便是与信息科学和现代教育技术的结合,突出体现在对外汉语计算机辅助教学的研究与开发上。

对外汉语计算机辅助教学是个大概念。我们可以从三个不同的角度来观察。

一是中文信息处理与对外汉语教学。研究重点是以计算语言学和语料库语言学为指导,研究并开发与对外汉语教学相关的语料库,如汉语中介语语料库、对外汉语多媒体素材库和资源库,以及汉语测试题库等。这些库的建成,有力地推动了教学与研究的开展。

二是计算机辅助汉语教学,包括在多媒体条件下,对学习过程和教学资源进行设计、开发、运用、管理和评估的理论与实践,比如多媒体课堂教学的理论与实践,多媒体教材的编写与制作,多媒体汉语课件的开发与运用。这一切给传统的教学与学习带来一场革命,运用得当,师生互动互利,教学效果会明显提高。目前国家对外汉语教学领导小组办公室正陆续推出的重大项目《长城汉语》,就是一种立体化的多媒体系列教材。

三是对外汉语教学网站的建立和网络教学的研究与开发。诸如远程教学课件的设计、网络教学中师生的交互作用等,都是研究的课题。中美网络语言教学项目所研制的《乘风汉语》是目前网络教材的代表作。

所有这一切都离不开对现代教育技术的依托。诸如影视技术、多媒体技术、网络技术以及虚拟现实技术等在教学与研究中都有广泛应用。

放眼未来,人们越来越认识到计算机辅助教学的作用与前景。当然,与此同时,仍然应当注重面授的优势与不可替代性。教师的素质、教师的水平、教师的指导作用仍然不容忽视,并有待不断提高。

五　关于汉语作为第二语言的学习研究

20世纪90年代,对外汉语教学学科理论研究的一个重要进展是开拓了语言习得理论的研究。① 近年来汉语习得研究更显上升趋势。

中国的对外汉语教学中的学习研究,因诸多因素,起步较晚。80年代初期,国外有关第二语言习得理论开始逐渐被引

---

① 参见李泉《对外汉语教学学科理论研究概述》,载《对外汉语教学理论思考》,教育科学出版社2005年版。

进,对外汉语教学研究的重心也逐步从重视"教"转向对"学"的研究。回顾近20年来对外汉语教学领域的第二语言习得研究,主要集中于四个方面:汉语偏误分析、汉语中介语研究、汉语作为第二语言的习得过程研究、汉语习得的认知研究。而从学习者的外部因素、内部因素以及学习者的个体差异三个侧面对学习者进行研究,还略嫌薄弱。

学习研究是逐步发展起来的,徐子亮将20年的对外汉语学习理论研究历史划分为三个阶段:1992年以前,在语言对比分析的基础上,致力于外国人学汉语的偏误分析;1992—1997年,基于中介语理论研究的偏误分析成为热点,并开始转向语言习得过程的研究;1998—2002年,在原有基础上研究深化、角度拓展,出现了学习策略和学习心理等研究成果。研究方法向多样化和科学化方向发展。[①]

汉语认知研究与汉语习得研究是两个并不相同的研究领域。对外汉语教学的汉语认知研究是对把汉语作为第二语言的学习者的汉语认知研究(或简称非母语的汉语认知研究)。国内此类研究始于20世纪90年代后期,20世纪90年代末和本世纪初是一个成果比较集中的时期。因其使用严格的心理实验方法,研究范围包括:学习策略的研究、认知语言学基本理论的研究、汉语隐喻现象研究、认知域的研究、认知图式的研究、语境和语言理解的研究等。[②] 我国心理学界做了不少母

---

① 参见徐子亮《对外汉语学习理论研究二十年》,《世界汉语教学》2004年第4期。

② 参见崔永华《二十年来对外汉语教学研究热点回顾》,《语言文字应用》2005年第1期。

语为汉语者的汉语认知研究,英语教学界也做了一些外语的认知研究,而汉语作为第二语言的学习者的汉语认知研究,还有待深入。

语言学习理论的研究方法是跨学科的。彭聘龄认为:"语言学习是一个极其复杂的过程,其自变量、因变量的关系必须通过实验法和测验法相结合来求得。实验可求得因果,测验能求得相关,两者结合才能得出可靠的结论。"[1]

汉语作为第二语言的习得与认知研究,以理论为导向的实验研究已初见成果。与国外同类研究相比,我们的研究领域还不够宽,研究的深度也有待提高。在研究方法上,经验式的研究还比较多,理论研究比较少;举例式研究比较多,定量统计分析少;归纳式研究多,实验研究少。总之,与国外第二语言习得与认知研究相比,我们还有许多工作要做。[2]

今后,对外汉语学习理论研究作为一个可持续发展的领域,还必须在下列方面进行努力:(1) 突出汉语特点的语言学习理论研究;(2)加强跨学科研究;(3)研究视角的多维度、内容的丰富与深化;(4)研究方法改进与完善;(5)理论研究成果在教学实践中的应用。[3]

这五个方面的努力,会使学习理论研究这个很有发展前景

---

[1] 参见《语言学习理论座谈会纪要》,载《世界汉语教学》编辑部、《语言文字应用》编辑部、《语言教学与研究》编辑部合编《语言学习理论研究》,北京语言学院出版社1994年版。

[2] 参见王建勤《汉语作为第二语言的习得研究·前言》,北京语言文化大学出版社1997年版。

[3] 参见徐子亮《对外汉语学习理论研究二十年》,《世界汉语教学》2004年第4期。

的领域,为进一步丰富学科基础理论发挥重要作用。

六 回首·检视·瞻念

(一) 回首

回首近十几年来,正是对外汉语教学如火如荼蓬勃发展的时期,学科建设取得了令人瞩目的成绩。赅括言之如下:

1. 明确了对外汉语教学的学科定位,对外汉语教学在国内是汉语作为第二语言教学,在国外(境外)是汉语作为外语教学。目前,汉语国际推广的大旗已经揭起,作为国家战略发展的软实力建设之一,随着国际汉语学习需求的激增,原有的对外汉语教学的理念、教材、教法以及师资队伍等,都将面临新的挑战,自然也是难得之机遇。我们经过几十年的努力所建立起的汉语作为第二语言教学学科的覆盖面会更宽,对学科理论体系的研究更加自觉,学科意识更加强烈。

2. 对外汉语教学开辟了新的研究领域。重要的进展就是开拓了语言习得与认知理论的研究,确立了对外汉语研究的基本框架,即:作为第二语言教学的汉语本体研究(本体论)、作为第二语言的汉语认知与习得研究(认识论)、作为第二语言教学的教学理论和教学法研究(方法论)、现代科技手段与现代教育技术在教学与研究中的应用(工具论),在此基础上规划了学科建设的基本任务。

3. 更加清醒地认识到要不断更新教学理念,特别是教材编写、教学法以及汉语测试要有新的突破。要深化汉语作为第二语言教学的教学模式与教学方法的探索,加强教学实验,以满足世界上广泛、多样的学习需求。更加强教材的国别(地区)性、适应性与可接受性研究,不断创新,以适应汉语国际推广的各种模式。要加强语言测试研究,结合世界上汉语学习的多元化需求,努力开发目的明确、针对性强、适合考生心理、设计原理和方法科学、符合现代语言教学和语言测试发展趋势的多类型、多层次的考试。

4. 跨学科意识明显加强,汉语作为第二语言教学与相关学科的结合更加密切,不同类型语言教育的对比与综合研究开始引起注意,在共性研究中发展个性研究。跨学科研究特别表现在现代教育技术与多媒体技术在教学中的广泛应用,以及心理学研究与汉语作为第二语言教学研究的联手,共同研究汉语作为第二语言的认知与习得过程、习得顺序、习得规律。

5. 不断吸收世界第二语言教学的研究成果,与国外第二语言教学理论的结合更加密切,"新世纪对外汉语教学——海内外的互动与互补"学术演讲讨论会的召开即是标志[①],"互动互补"既非一方"接轨"于另一方,亦非一方"适应"另一方,而是互相借鉴、相互启发,但各有特色,各自"适应"。就国内汉语教学来说,今后还应不断借鉴国内外语言教学与研究的先进成果,充分结合汉语的特点,为我所用。

(二) 检视

在充分肯定汉语作为第二语言学科建设突出发展的同时,

[①] 北京语言大学科研处《"新世纪对外汉语教学——海内外的互动与互补"学术演讲讨论会举行》,《世界汉语教学》2005 年第 1 期。

检视学科建设之不足,我们发现在学科理论、学科建设、教材建设、课堂教学与师资队伍建设上均存在尚待解决的问题。从目前汉语国际推广的迅猛态势出发,教学问题与师资问题是为当务之急。

1. 关于教学。

目前,汉语作为第二语言的课堂教学依然是以面授为主,绝大多数学习者还是通过课堂学会汉语。检视多年来的课堂教学,总体看来,教学方法过于陈旧,以传统教法为主,多倾向于以教师为主,缺乏灵活多变的教学路数与教学技巧。我们虽不乏优秀的对外汉语教师以及堪称范式的课堂教学,但值得改进的地方依然不少。李泉在经过详细地调查后发现的问题,值得我们深思。他归结为四点:(1)教学方式上普遍存在"以讲解为主"的现象;(2)教学原则上对"精讲多练"有片面理解现象;(3)课程设置上存在"重视精读,轻视泛读"现象;(4)教学内容上仍存在"以文学作品为主"现象。[①]

改进之方法,归结为一点,就是加强"教学意识"。我们赞成这样的观点:

"对外汉语是门跨文化的学科,不同专业的教师只要提高教学意识,包括学科意识、学习和研究意识、自尊自重的意识,就一定能把课上好。"[②]

2. 关于师资。

[①] 参见李泉《对外汉语教学理论和实践的若干问题》,载赵金铭主编《对外汉语教学研究的跨学科探索》,北京语言大学出版社2003年版。

[②] 参见陆俭明《汉语作为第二语言之本体研究》,载《作为第二语言的汉语本体研究》,外语教学与研究出版社2005年版。

对外汉语教学事业发展至今,已形成跨学科、多层次、多类型的教学活动,因之要求对外汉语教师也应该是多面手,在研究领域和研究内容上也应该是宽阔而深入的。

据国家汉办统计,目前中国获得对外汉语教师资格证书的共3 690人,国内从事对外汉语教学的专职、兼职教师共计约6 000人。其中不少人未经严格训练,仓促上阵者不在少数。以至外界这样认为:"很多高校留学生部的教师都是非专业的,没有受过专业训练,更没有搞过语言教学,其教学效果可想而知。"[①]而在国际上,情况更为不堪,简直是汉语教师奇缺,于是人们感叹,汉语教学落后于"汉语热"的发展,全球中文热引起了"中文教师荒",成为汉语国际推广的瓶颈。

据调查,我们认为,在教学实践中带有普遍性的问题,还是教师没能充分了解并掌握汉语作为第二语言教学的特点和规律,或缺乏作为一名语言教师的基本素质,没有掌握汉语作为第二语言教学的方法与技巧。其具体表现正如李泉在作了充分的观察与了解之后所描述的现象,诸如:忽视学习者的主体地位,忽视对学习者的了解,忽视教学语言的可接受性,忽视教学活动的可预知性,缺乏平等观念和包容意识。[②]

什么是合格的对外汉语教师,已经有很多讨论。国外也同样注重语言教师的素质问题,如,2002年美国国会通过了No Child Left Behind(《没有一个孩子掉队》)的新联邦法。于是,

---

① 参见许光华《"汉语热"的冷思考——兼谈对外汉语教学》,《学术界》2005年第4期。

② 参见李泉《对外汉语教学理论和实践的若干问题》,载赵金铭主编《对外汉语教学研究的跨学科探索》,北京语言大学出版社2003年版。

各州都以此制定教师培训计划,举国上下都讨论什么样的教师是合格、称职的教师。①

我们可以说,教好汉语,不让一个学习汉语的学生掉队,这是对教师的最高要求。

(三) 瞻念

当今匆匆盛世,汉语国际推广的前景已经显露出曙光,我们充满信心,也深感历史责任的重大。汉语国际推广作为国家和民族的一项事业,是国家的战略决策,是国家的大政方针。而汉语作为第二语言教学,或汉语作为外语教学,则是一门学科。作为学科,它是一门科学,它是一项复杂的系统工程,要进行跨学科的、全方位的研究。在不断引进国外先进的教学理念的同时,努力挖掘汉语和汉字的特点,创新我们自己的汉语作为第二语言的教学模式和教学法。我们要以自己的研究,向世人显示出汉语作为世界上使用人口最多的一种古老的语言,像世界上任何一种语言一样,可以教好,可以学好,汉语并不难学。我们认为,要达此目的,重要的是要转变观念,善于换位思考,让不同的思维方式互相渗透和交融,共同建设好学科,做好推广。

1. 开阔视野,放眼世界学习汉语的广大人群。

多年来,我们的对外汉语教学是面向来华留学生的。今后,随着国家汉语国际推广的展开,在做好来华留学生汉语教学的同时,我们要放眼全球,更加关注世界各地的3 000万汉语学习者,要真正地走出去,走到世界上要求学习汉语的人们中去,带

---

① 参见丁杰《英语到底如何教》,《光明日报》2005年9月14日。

着他们认同的教材,以适应他们的教学法,去满足他们多样化的学习需求。这是一种观念的转变。

与此同时,我们应建立一种"大华语"的概念。比如我国台湾地区人们所说的国语,新加坡的官方语言之一华语,以及世界各地华人社区所说的带有方言味道的汉语,统统归入大华语的范畴。这样做的好处首先在于有助于增强世界华人的凝聚力和认同感;其次更有助于推进世界范围的汉语教学。我们的研究范围大为拓展,不仅是国内的汉语作为第二语言教学,还包括世界各地的汉语作为外语教学。

2. 关注学习对象的更迭。

对外汉语教学的对象是来华留学生,他们是心智成熟、有文化、母语非汉语的成年人。当汉语走向世界,面向世界各地的汉语学习者,他们的构成成分可能十分繁杂。其中可能有心智正处于发育之中的青少年,可能有文化程度不甚高的市民,也可能有家庭主妇,当然更不乏各种希望了解中国或谋求职业的学习者。我们不仅面向大学,更要面向中、小学,甚至是学龄前的儿童。从学习目的上看,未来的汉语学习者中,为研究目的而学习汉语的应该是少数,绝大多数的汉语学习者都抱有实用的目的。

3. 注意学习环境的变化。

外国人在中国学习汉语,是处在一个目的语的环境之中,耳濡目染,朝夕相处,具有良好的交际环境。世界各地的汉语学习者在自己的国家学习汉语是母语环境,需要设置场景,才能贯彻"学以致用"或"用中学"。学习环境对一个人的语言学习会产生重大影响,比如关涉到口语的水平、词汇量的多寡、所见语言现象的丰富与否、学习兴趣的激发与保持等。特别是不同的学习环境会在文化距离、民族心理、传统习惯等方面显示更大的差距,这又会对学习者的心理产生巨大的影响。于是,这就涉及教材内容的针对性问题。我们所主张的编写国别(地区)教材,可能某些教材使用的人数不一定多,但作为一个泱泱大国,向世界推广自己的民族语言时,应关注各种不同国家(地区)的汉语学习者的心态。

4. 教学理念的更新与教学法的适应性。

对国内来华留学生的汉语教学,囿于国内的语言环境及所受传统语言教学法的影响,课堂上常以教师为主,过多地依赖教材,课堂教学模式僵化,教学方法放不开,不够灵活多变。在国外,外语教学历史较长,理论纷呈,教学法流派众多,教学中多以学生为主,不十分拘泥教材,强调师生互动,教师要能随机应变。

一般说来,在东方的一些汉字文化圈国家如东北亚的日、韩等国,以及海外华人社区或以华人为主的教学单位,我们的教学理念与教学方法基本上可以适应,变化不甚明显。在西方,在欧美,特别是在北美地区,因语言和文化传统差异较大,我们在国内采用的教学方法在那里很难适应,必须做相应的改变,入乡随俗,以适应那里的汉语教学。

5. 汉语国际推广:普及为主兼及提高。

新中国的对外汉语教学已经走过55个春秋。多年来,我们一直竭力致力于汉语作为第二语言教学的学科建设,重视学科基础理论的扎实稳妥,扩大、拓宽学科的研究领域,搭建对外汉语教学的基本框架,探讨教学理论和学习理论,这一切都在改变社会上认为对外汉语教学"凡会说汉语都能教"以及对外汉语教学是"小儿科"等错误看法。而今,汉语作为第二语言教学已经成为一门新兴的、边缘性的、跨学科的科学,研究日益精深,已成"显学"。今天,我们已经可以与国际上第二语言教学界的同行对话,在世界上成为汉语作为第二语言教学的主流。目前,随着国家发展战略目标的建设,汉语正加速走向世界,我们要面向世界各地的3000万汉语学习者。这将不仅仅是从事国内对外汉语教学的几千名教师的责任与义务,更是全民的事业,是民族的大业,故而需要千军万马,官民并举,千方百计,全力推进。面对这种局面,首先是普及性的教学,也就是首先需要的是"下里巴人",而不是"阳春白雪"。我们要在过去反复强调并身体力行地注重对外汉语教学的科学性、系统性、完整性的同时,更加注重世界各地汉语教学的大众化、普及性与可接受性。因此,无论是教材、教学大纲还是汉语考试大纲,首先要考虑的是普及,是面向大众,因为事实上,目前我们仍然是汉语教学市场的培育阶段,要想尽办法让世界上更多的人接触汉语、学习汉语,在此基础上,才能培养出更多的高水平的国际汉语人才,也只有在此基础上才能"尽精微",加深研究,不断提高。

七 关于研究书系

恰是香港回归祖国那一年,当时的北京语言文化大学编辑、出版了一套《对外汉语教学研究丛书》,凡九册。总结、归纳了该校对外汉语教师在这块难以垦殖的处女地上,几十年风风雨雨,辛勤耕耘所取得的成果。这是一定范围内一个历史阶段的成果,不是结论,更不是终结。至今,八易春秋,世界发生了巨大的变化,祖国更加繁荣、富强,对外汉语教学,正向汉语国际推广转变,这项国家和民族的事业获得了空前的大发展,也面临着重大的机遇与挑战。

目前,多元文化架构下的"大华语"教学的新格局正逐渐形成,汉语国际推广正全面铺开。欣逢其时,具有百年历史的商务印书馆以其远见卓识,组织编纂"对外汉语教学专题研究书系",计七个系列,22种书,涵盖对外汉语教学研究的方方面面。所涉研究成果虽以近十年来为主,亦不排斥前此有代表性的、具有影响的论文。该书系可谓对外汉语教学成果50年来的大检阅。从中不难看出,对外汉语教学作为一个学科,内涵更加丰富,体系更加完备,视野更加开阔,范围更加广泛,研究理念更加先进,研究成果更加丰厚。汉语作为第二语言教学作为一门科学,已跻身于世界第二语言教学之林,或曰已取得与世界第二语言教学同行对话的话语权。

"对外汉语教学专题研究书系"的七个系列及其主编如下:

1. 对外汉语教学学科理论研究

　　主编:中国人民大学　李泉

　《对外汉语教学学科理论研究》

　《对外汉语教学理论研究》

　《对外汉语教材研究》

　《对外汉语课程、大纲与教学模式研究》

2. 对外汉语课程教学研究

　　主编:北京大学　李晓琪

　《对外汉语听力教学研究》

　《对外汉语口语教学研究》

　《对外汉语阅读与写作教学研究》

《对外汉语综合课教学研究》

《对外汉语文化教学研究》

3. 对外汉语语言要素及其教学研究

主编：北京语言大学　孙德金

《对外汉语语音及语音教学研究》

《对外汉语词汇及词汇教学研究》

《对外汉语语法及语法教学研究》

《对外汉字教学研究》

4. 汉语作为第二语言的学习者习得与认知研究

主编：北京语言大学　王建勤

《汉语作为第二语言的学习者语言系统研究》

《汉语作为第二语言的学习者习得过程研究》

《汉语作为第二语言的学习者与汉语认知研究》

5. 语言测试理论及汉语测试研究

主编：北京语言大学　张凯

《汉语水平考试（HSK）研究》

《语言测试理论及汉语测试研究》

6. 对外汉语教师素质与教学技能研究

主编：北京师范大学　张和生

《对外汉语教师素质与教师培训研究》

《对外汉语课堂教学技巧研究》

7. 对外汉语计算机辅助教学研究

主编：北京语言大学　郑艳群

《对外汉语计算机辅助教学的理论研究》

《对外汉语计算机辅助教学的实践研究》

这套研究书系由北京语言大学、北京大学、北京师范大学和中国人民大学的对外汉语教师共同协作完成,赵金铭任总主编。各系列的主编都是我国对外汉语教学界的教授,他们春秋鼎盛,既有丰富的教学经验,又有个人的独特的研究成果。他们几乎是穷尽性地搜集各自研究系列的研究成果,涉于繁,出以简,中正筛选,认真梳理,以成系统。可以说从传统的研究,到改进后的研究,再到创新性的研究,一路走来,约略窥测出本领域的研究脉络。从研究理念,到研究方法,再到研究手段,层层展开,如剥春笋。诸位主编殚精竭虑,革故鼎新,无非想"囊括大典,网罗众家",把最好的研究成果遴选出来,奉献给读者。为了出好这套书系,世界汉语教学学会陆俭明会长负责审订了全书。在此,向他们谨致谢忱。

我们要特别感谢商务印书馆对这套书系的大力支持,从总经理杨德炎先生到总经理助理周洪波先生,对书系给予了极大的关怀和帮助。诸位责编更是日夜操劳,付出了极大的辛苦,我们全体编者向他们致以深深的谢意。

书中自有取舍失当或疏漏、错误之处,敬请读者不吝指正。

2005 年 12 月 20 日

综　述

　　　　　　李　泉

一　教学理论研究的历史回顾

　　新中国的对外汉语教学正式开始于20世纪50年代初的1951年,第一篇有关对外汉语教学研究的学术论文是周祖谟1953年发表的《教非汉族学生学习汉语的一些问题》。① 此后,邓懿发表了《教外国留学生汉语遇到的困难和问题》,②王学作等发表了《试论对留学生讲授汉语的几个基本问题》。③ 周、邓、王等人的研究表明:对外国人的汉语教学不同于对汉族学生的母语文教学;要根据外国学生的需要来确定教学目标;根据非汉族成年人学习汉语的特点进行教学;对外国人的汉语教学是培养他们实际运用汉语的能力;对外汉语教学中的困难和问题,是操汉语的中国人和研究汉语的中国人所习焉不察的语音、词汇和语法现象。这些认识对当时和后来的对外汉语教学实践和理论研究都起到了一种导向作用。可以说,对外汉语教学的理论研究与对外汉语教学事业的发展是同步进行的。教学上的需要

---

① 《中国语文》1953年第7期。
② 《现代汉语规范问题学术会议文件汇编》,科学出版社1956年版。
③ 《教学与研究》1957年第2期。

促使人们对教学实践进行总结和研究,以解决和回答教学实践中的问题。从50年代发表的若干篇文章看,这一时期的研究主要涉及对外汉语教学的基本原则、教学目标、教学的内容和重点、教学程序和要点、教学方法和教材编写,以及教学中反映出的实际问题等。总的来说,50年代对外汉语教学刚刚起步,理论研究尚属探索阶段。

到60年代中期,对外汉语教学已发展到一定的规模,教学经验也更加丰富。但理论研究的成果并不多,代表性的成果是由钟梫执笔的《15年汉语教学总结》,[①]该文对建国以后15年的对外汉语教学实践进行了全面系统的总结和理论探讨,提出了一些重要的理论和原则。例如,(1)对外汉语教学基本的教学原则是实践性原则。贯彻这一原则的主要途径是教学中应"精讲多练"。(2)主张"语文并进"。听、说、读、写全面要求,分阶段侧重。(3)整个教学过程是一个综合性的,即"语音、语法、词汇三者综合在一种实践课内"。但在安排上"必须适当划分阶段——语音为主的阶段,语法词汇为主的阶段,巩固扩大词汇、提高听、读、说、写能力的阶段,等等。每一阶段有其主要的任务,同时也要适当照顾其他各方面"。此外,文章还广泛涉及到课程设置、汉字教学、考试安排、教材使用,以及语音、语法、短文教学、精读和泛读教学等问题,并进行了扼要地分析和概括。这篇文章提到的问题、提出的教学理论和原则等,有许多至今仍具有重要的理论和现实意义。

---

① 《语言教学与研究》(试刊)第四集,1979年。

70年代的教学理论研究较以往有所增加,①但总的说成果不算多。然而个别方面的研究却得到了深化。吕必松在《汉语作为外语的实践性原则》中,对以往提出的实践性原则进行了新的解释。指出"实践性原则不但包括课堂教学的方法,而且包括教学内容和教学组织形式;不但体现在课堂教学中,而且体现在教材中。也就是说,它贯穿在整个教学体系中,是汉语作为外语教学的基本原则之一"。② 这样一些观念,不仅深化了对实践性的认识,也大大拓宽了实践性原则的应用范围。此外,这一时期的教学理论研究还涉及到对教学中各种矛盾关系(如理论和实践、听说和读写、单项训练和综合训练、模仿和活用等关系)的探讨,对语言技能训练重要性的认识等。③

　　总体上看,从50年代到70年代对外汉语教学理论研究的深度和广度都还有一定的局限;理论意识和学科观念尚不够鲜明;理论研究的成果还不够系统。但是,毫无疑问,这一时期教学经验的积累、学科性质和研究方向的初步确定以及有限而宝贵的研究成果,都为以后的教学理论研究奠定了一个很好的基础。

　　进入80年代以来,对外汉语教学规模迅速扩大,教学层次不断增加,办学体制进一步多样化,对教学理论的研究提出了更多更高的要求。同时随着对外汉语教学事业的发展,相继成立了专门的学术团体,创办了专门的学术刊物,先后召开了多次国

---

① 据吕必松《对外汉语教学发展概要》(北京语言学院出版社1990年版)统计,仅《语言教学与研究》上发表的1974年到1979年间写成的论文和文章就有24篇。

② 该文是作者1974年向来访的美国语言学家所作的学术报告,修改后收入吕著《对外汉语教学探索》,华语教学出版社1987年版。

③ 参见《语言教学与研究》1977年试刊到1979年正刊等4期上的有关文章。

内国际各种学术会议,为教学理论的研究和交流创造了良好的条件。在这种情况下,80年代以来的对外汉语教学理论研究得到了空前的发展和繁荣,研究的领域进一步深入和拓宽,广泛涉及学科的性质、总体设计、教材编写、课程设置、课堂教学、水平测试、教学评估,以及教学理论和基础理论及其相互关系、教学规律和学习规律及其内在联系、对外汉语教学与语言学和心理学等相关学科的关系等等。据统计,80年代发表的教学理论和教学方法的论文近300篇,论文选和专著十多部。①

90年代以来,对外汉语教学的理论研究更加深入和系统化,主要表现为专题研究得到加强,一些领域还在原有研究的基础上形成热点。第一,中高级阶段的教学理论研究受到关注。这是80年代中后期以来教学规模扩大和教学层次提高的必然结果。② 第二,中介语理论的引入和汉语偏误分析受到重视。中介语理论自80年代中期由鲁健骥引入对外汉语教学界后,③逐渐受到重视,90年代以来,对外汉语教学界在这一理论的指导下,结合汉语教学的实际进行了不少富有成效的研究。④ 第三,90年代初以来,国内外学者对现行的对外汉语教学语法体系提出了尖锐而中肯的批评,继而引起了人们对语法体系、语法教学原则以及教学语法与理论语法的联系与区别等的研究和思考,发表了一系列相

---

① 参见刘珣《对外汉语教育学引论》,北京语言文化大学出版社2000年版。
② 主要成果有:国家汉办教学业务部编《中高级对外汉语教学论文选》,北京语言学院出版社1991年版;李杨《中高级对外汉语教学论》,北京大学出版社1993年版。
③ 参见鲁健骥《中介语理论与外国人学习汉语的语音偏误分析》,《语言教学与研究》1984年第3期。
④ 代表性的成果有鲁健骥《对外汉语教学思考集》(北京语言文化大学出版社1999年版)和李大忠《外国人学汉语语法偏误分析》(北京语言文化大学出版社1996年版)。

关的文章。① 第四，文化教学问题自80年代中后期开始逐渐引起人们的兴趣。90年代以来语言教学和文化教学的关系等问题成为理论研究的一个热点。② 第五，90年代对外汉语教学理论研究方面的一个重要进展是，开拓了语言习得理论的研究。1992年5月，《世界汉语教学》编辑部等有关部门专门组织召开了"语言学习理论座谈会"，就语言学习理论研究的范围、"学习"与"习得"的联系与区别、第一语言学习和第二语言学习的异同以及语言学习理论在语言教学中的意义和作用等问题进行了广泛的讨论，会议成果收在《语言学习理论研究》一书中。③

在90年代的十年间，对外汉语教学的理论研究除以上所述外，在其他方面还出版了一批重要成果，广泛涉及学科的性质、理论体系研究、课堂教学理论研究、教学法研究以及对学科发展和理论研究的学术评论等等。④ 近两年来，又有一批对外汉语

---

① 参见李泉《基于语体的对外汉语教学语法体系构建》，《汉语学习》2003年第3期。
② 代表性成果有周思源主编《对外汉语教学与文化》，北京语言文化大学出版社1997年版。
③ 该书由北京语言学院出版社1994年出版。
④ 例如：《吕必松自选集》，河南教育出版社1994年版；吕必松《对外汉语教学概论（讲义）》（该讲义自1992年开始在《世界汉语教学》杂志上连载，1996年集结成册作为对外汉语教师资格考试指定参考书内部刊行）；赵贤州等《对外汉语教学通论》，上海外语教育出版社1996年版；杨惠元《汉语听力说话教学法》，北京语言文化大学出版社1996年版；周小兵《第二语言教学论》，河北教育出版社1996年版；崔永华等《对外汉语课堂教学技巧》，北京语言文化大学出版社1997年版；赵金铭《汉语研究与对外汉语教学》，语文出版社1997年版；柳英绿等《对外汉语教学的理论与实践》，延边大学出版社1997年版；陈贤纯《外语阅读教学与心理学》，北京语言文化大学出版社1998年版；李杨《汉语本科教育研究》，北京语言文化大学出版社1999年版；程棠《对外汉语教学目标原则方法》，华语教学出版社2000年版；刘珣《对外汉语教育学引论》，北京语言文化大学出版社2000年版；徐子亮《汉语作为外语教学的认知理论研究》，华语教学出版社2000年版；等等。

教学研究的论著出版。①

以上从宏观上简要地概述了对外汉语教学在不同时期理论研究的基本情况,我们不难看出,在近半个世纪的时间里,特别是近二十几年,随着对外汉语教学事业不断发展和壮大,对外汉语教学的教学理论研究取得了十分可喜的成就,同时教学理论研究的深入和丰富也在相当大的程度上促进了教学实践的深入和教学质量的提升。教学理论研究取得了很大的成绩,但在诸多方面也存在明显的不足,比如,研究方向上还存在摇摆现象,研究视角还嫌偏窄,不同领域和同一个领域不同部门的研究还不够均衡,等等;此外,对课堂教学中反映出的问题、教师教的过程及其反映出的问题、学生学的过程及其反映出的问题等,都还缺乏深入系统的研究。(参见本书第一章第二、三节)

二 教学理论基本问题研究现状

教学理论研究涉及汉语作为第二语言教学的整个过程及其

---

① 例如:赵金铭主编《对外汉语教学概论》,商务印书馆2004年版;吴勇毅《对外汉语教学探索》,学林出版社2004年版;周小兵等主编《对外汉语教学入门》,中山大学出版社2004年版;吕必松《语言教育与对外汉语教学》,外语教学与研究出版社2005年版;陆俭明《作为第二语言的汉语本体研究》,外语教学与研究出版社2005年版;赵金铭《汉语与对外汉语研究文录》,外语教学与研究出版社2005年版;刘珣《对外汉语教育学科初探》,外语教学与研究出版社2005年版;崔永华《对外汉语教学的教学研究》,外语教学与研究出版社2005年版;张旺熹《对外汉语研究与评论》,教育科学出版社2005年版;刘颂浩《对外汉语教学研究》,教育科学出版社2005年版;李泉《对外汉语教学理论思考》,教育科学出版社2005年版;陈昌来主编《对外汉语教学概论》,复旦大学出版社2005年版;周健《对外汉语语感教学探索》,浙江大学出版社2005年版;高顺全《对外汉语教学探新》,北京大学出版社2005年版;等等。

相关的要素、理论和应用的诸多问题,如教学性质和类型、教学理论和教学目标、教学内容和教学方法、教学原则和教学模式、课程设计和课堂教学,以及教学大纲的研制、教材的分析和使用、教学评估,等等。下面就本书所选的相关文献按所编排的章节顺序分别加以综述,以便于对有关问题目前研究的现状有个基本的了解,并为进一步地研究提供参考。

有关"对外汉语教学理论探讨"的成果相对说还是比较丰富的,限于篇幅,本书选编了八篇有代表性的文章。(1)《对外汉语研究的基本框架》①主张要找准对外汉语教学的位置,把握学术方向,以便寻求准确的研究切入点,切实地进行基础研究与应用研究,并从中国的应用语言学谱系这一视角,对对外汉语教学研究进行了学术定位。文章认为,对外汉语教学研究基本上是围绕着"怎样教"、"教什么"和"如何学"这三个方面展开的,而这三个方面正好构成作为学科的对外汉语教学理论研究的整体框架,其内涵是作为第二语言或外语的汉语本体研究及其教学规律与习得过程研究。与以往不同的是,文章特别强调首先要研究"教什么",认为教学内容研究透了,知其所以然,学生可据此学,教师可据此教。因此,"教什么"的问题,即服务于汉语作为第二语言教学的汉语本体研究才是这个研究框架的核心,是首先要研究的问题,其次研究的是"如何学",最后才是研究"怎样教"。② 从观念上把面向对外汉语教学的汉语本体研究明确纳入对外汉语教学理论研究的框架中,并且作为研究的起点和首

---

① 参见本书第二章第一节。
② 陆俭明在《语言文字应用》1999 年第 1 期"卷首语"中从另一个角度也强调了这样一个研究顺序。

要任务,把"如何学"和"怎样教"分别列为第二、第三个研究层次,这在以往还是不多见的,颇值得深思。(2)语言能力、语言能力结构是第二语言教学理论研究的重要课题,是语言习得、语言教学和语言测试等领域都不能不高度关注的问题。《第二语言能力结构研究回顾》[①]一文,对国外关于语言能力、语言能力结构研究的情况进行了分析和评价,指出中介语连续体是语言能力结构研究的新视角,并对此进行了论述。这篇文章使我们对语言能力及相关问题有了新的认识。(3)培养学习者运用目的语进行交际的能力是第二语言教学的根本目标,这已成为广大第二语言教师的共识,并在教学实践中进行了各种努力和尝试,也积累了许多宝贵的经验。但是,把实践经验理论化、模式化并成文发表的却难得一见。《论突出以目标为导向的交际能力训练》[②]一文强调以目标为导向的语言课堂教学,并结合实例探讨了课堂上进行言语交际能力训练的三种模式:模拟交际训练、接近真实的交际训练和真实的交际训练。这样的教学实践总结和研究不一定时髦,但却非常实用,是一个很值得探索的领域。(4)《汉语教学路子研究刍议》[③]一文认为,我们在汉语教学理论和教学方法研究上存在的最大问题就是对汉语的特点缺乏足够的认识,总是在西方语言学理论和语言教学理论的框架内思考问题。因此,我们至今还没有找到一条符合汉语特点和汉语学习规律的教学路子。文章认为,要提高汉语教学的效率,必须改变现有的"语文一体"和"词本位"的教学模式,探索新的教学路

---

① 参见本书第二章第二节。
② 参见本书第二章第三节。
③ 参见本书第二章第四节。

子。这篇文章实际上提出了一个对外汉语教学实践和理论研究的重大课题,很值得进一步研究和思考。(5)中高级对外汉语教学发展和逐步壮大于20世纪80年代以后,与初级阶段相比,还缺乏理论总结与建树。《中高级阶段对外汉语教学的理论探讨》①一文,系统地论述了中高级对外汉语教学的定性定量问题、序列共核问题、循环递进问题、文化导入问题。《高级阶段的汉语教学问题》②一文,结合教学实践讨论了高级阶段汉语教学研究的重要性和紧迫性、高级阶段汉语教学面临的问题、高级阶段的语言运用能力。这两篇文章都发表于数年乃至于十几年前,但至今仍具有重要的学术价值和现实意义,仍然是中高级教学理论研究的代表性文献。这也说明我们对中高级汉语教学的理论研究还不够广泛和深入。(6)《略论汉语速成教学的设计》③一文认为,速成教学的实质是调动语言学习的潜能,语言教学中可以挖掘的潜能包括学习者、教授者、教学过程、课堂教学、课外时间、教材、教学管理、学习环境,在此基础上提出了汉语速成教学的设计要点,包括指导思想、教学计划、办学规模、教学实施、教材和学习环境等六个方面。《汉语速成教学的最优化策略》④一文认为,速成教学是一种最优化教学,包括教学目标的最优设计、教学内容的最优处理、教学方法的最优选择、教学时间的最优利用。速成教学是对外汉语教学的一个重要领域,对速成教学的本质、理念、特点和教学规律的探讨,对速成教学

---

① 参见本书第二章第五节。
② 参见本书第二章第六节。
③ 参见本书第二章第七节。
④ 参见本书第二章第八节。

模式的研究和设计,不仅有利于汉语速成教学本身的发展,对长期进修教学、预科教学乃至本科教学都有重要的借鉴意义。

"对外汉语教学原则和教学法"是对外汉语教学理论研究的核心内容,遗憾的是目前有关这方面的研究成果还不算多。本书在这一章里共收录了六篇文章。(1)《试论汉语作为第二语言教学的基本原则》①总结了十条基本的教学原则:培养运用汉语进行交际的能力;以学生为中心,以教师为主导;结构、功能、文化相结合;强化汉语学习环境,扩大学生对汉语的接触面;精讲多练,以语言技能和语言交际技能训练为中心;以句子和话语为重点,语音、语法、词汇、汉字综合教学;听说读写全面要求,分阶段侧重;利用但控制使用母语或媒介语;循序渐进,螺旋式提高,加强重现率;充分利用现代化教学技术手段。(2)《试论对外汉语教学的教学原则》②探讨了教学原则的含义、性质和层次性,把教学原则分为常规教学原则和非常规教学原则,后者又分为总原则、分原则和单原则三个层次,并阐述了它们之间的区别与联系。在此基础上讨论了对外汉语教学原则的体系构成和各类教学原则的确立依据和适用范围,并把现阶段对外汉语教学的总原则归结为:以学生为中心的原则;以交际能力的培养为重点的原则;以结构、功能、文化相结合为框架的原则。(3)《结构—功能—文化相结合教学法试说》③一文,对我国对外汉语教学界

---

① 参见本书第三章第一节。
② 参见本书第三章第二节。
③ 参见本书第三章第三节。

提出的结构、功能和文化"三结合"的原则进行了较为全面的阐述,①深化了我们对这一问题的认识。"三结合"教学原则是伴随我国对外汉语教学事业的发展和学科建设的发展而逐步发展和确立起来的,具有自主创新性,许多人为这一教学理念的形成作出了贡献,很值得进一步研究。(4)教学法的形成、发展与成熟与否是汉语作为第二语言教学理论研究和作为一门学科成熟与否的标志,因此结合教学实际对教学法的总结、提炼和研究是教学理论研究的重要内容。《中国对外汉语教学法的发展》②一文,系统地总结了从20世纪50年代到80年代末,中国对外汉语教学法的发展历程。文章认为,就教学方法和教学路子的探索过程而言,近40年的对外汉语教学大体上经历了四个小的发展阶段:50年代初至60年代初是初创阶段;60年代初至70年代初是改进阶段;70年代初至80年代初是探索阶段;80年代初以来是改革阶段。该文不仅具有重要的学术价值,也具有史料价值。《关于对外汉语教学法的进一步探索》③一文,对80年代末一些学者提出的"以结构为主、以结构与功能相结合的方法"进行了评估和探讨;主张从教学方式上能否使学生变被动为主动,把教学(学习)过程变为使学生创造性得以发挥的交际过程这一视角来探讨结构与功能的关系。文章认为制定功能大纲是教学法研究的当务之急,并对汉语功能大纲的制定提出了意见和建议。(5)语言教学是一门科学,要遵循教育和教学的普遍规

---

① 也有人把"三结合"教学原则称作教学法,这是可以进一步讨论的,本书暂且称作教学原则。
② 参见本书第三章第四节。
③ 参见本书第三章第五节。

律,要掌握和运用教学的一般原理和方法;同时包括第二语言教学在内的各种教学也是一门艺术,允许和鼓励对教学方法进行选择和创造性的灵活运用。如何把教学方法的科学性和艺术性(创造性)有机地结合起来,不仅需要教师在教学实践中不断地探索,更需要从理论上加强阐述。《论"教学有法而无定法"》[①]一文结合对外汉语教学的实际,对这个问题进行了很好的论述,很有指导意义。

有关"对外汉语课堂教学及评估研究"方面的文献,本书选录了六篇很有代表性的文章。(1)《关于开展课堂教学活动研究的一些设想》[②]一文,结合国外第二语言教学进行课堂教学活动研究的现状,论述了开展课堂教学活动研究的必然性和必要性,指出课堂教学活动研究的内容非常广泛,例如,教师的语言、学习者的行为、教师与学生的互动等。文章介绍了第二语言课堂教学活动的研究方法(概括为三类:定性研究、描写研究、实验研究),以及开展对外汉语课堂教学活动的一些设想。该文是国内对外汉语教学界较早提出开展课堂教学活动研究的文献,可以看作是开展课堂教学活动研究的一篇"宣言",至今仍具有不可替代的价值。(2)《试论课堂教学研究》[③]认为,研究课堂教学主要是研究教师自己如何教,即明确教学意识,规范教学行为。指出"讲解"和"指导学生操练"是最重要的教学行为。(3)基础汉语教学最能体现汉语作为第二语言教学的性质和特点,本书选择了三篇相关的代表性的文章。《基础汉语阶段精读课课堂教

---

① 参见本书第三章第六节。
② 参见本书第四章第一节。
③ 参见本书第四章第二节。

学结构分析》①一文,对基础汉语阶段精读课课堂教学结构进行了形式上的分析,使我们对课堂教学的教学单位、教学环节、教学步骤、教学行为等有了一个更加明晰的认识,有利于我们对课堂教学行为的规范。《基础汉语精读课的课堂教学方法略述》②主要介绍了基础汉语精读课生词、汉字和语法教学的各种方法,可操作性很强。《关于基础汉语教学中的课堂操练》③重点讨论了课堂操练的数量和质量问题,这是课堂教学技能训练的核心问题,是关乎课堂教学效率的核心问题,意义重大。文章还讨论了"理论指导"和"外语"在课堂操练中的地位和作用问题。该文虽是20多年前发表的,但对有关问题讨论的深度和广度至今仍值得我们思考和借鉴。(4)《课堂教学评估的作用、原则和方法》④一文,较为详细地讨论了课堂教学评估的作用、原则和方法,材料丰富,论述周全,具有重要的参考价值。

三　教学理论研究展望

我们看到,迄今与教学相关的教学理论的研究成果总体上不算少,而且主要集中在最近20多年的时间里,是很值得我们高兴的。但是,这些成果中宏观的、概论性的占有相当的份额,这当然是需要的。相对来说,与教学理论直接相关的具体化、专题化的研究还不够丰厚,有些方面的成果十分有限,一些领域的

---

① 参见本书第四章第三节。
② 参见本书第四章第四节。
③ 参见本书第四章第五节。
④ 参见本书第四章第六节。

研究还刚刚起步,甚至尚未开展。

　　教学理论是与对外汉语教学实践关系最为直接和密切的理论,是学科理论建设的核心和主流,是学科理论建设及其成熟程度的标志,从整体上影响着对外汉语教学的质量和效益。因此,在加快汉语国际推广工作的大背景下,应该高度重视并加大研究的力度。就教学理论研究的现状和教学实践对理论研究的需求来看,教学理论的研究在以下诸方面还应该进一步加强。(1)对教学理论体系本身的研究,包括教学理论体系的构成、内涵、内部关系及其在教学实践中的应用等;(2)加强对外汉语教学原则、教学策略和教学方法的研究;(3)结合汉语汉字的特点和对外汉语教学实践,对汉语教学途径和方式进行新的探索;(4)对课堂教学的现状进行调查和研究,在此基础上来探讨课堂教学模式、课堂训练方式、课堂教学原则等;(5)对初级阶段教学理论进行系统性的总结和研究;(6)加强对中高级教学理论的研究和教学实践的系统总结;(7)进一步加强对结构、功能和文化"三结合"教学理论的研究,完善这项我国对外汉语教学界具有自主创新性的理论建设;(8)开展对外汉语教学文化大纲、功能大纲和任务大纲的研究和建设;(9)加强教学理论研究方法的探讨,加强教学理论的实证性研究;(10)加强在现代教育技术背景下的教学理论研究和教学方法的探讨,努力开拓教学研究的新领域;(11)加强汉语国际推广背景下,国际汉语教学策略和教学模式的研究与探索。

2006 年春

第一章
对外汉语教学理论研究概说

第一节 对外汉语教学理论研究概述[①]

对外汉语教学的理论研究与对外汉语教学事业和学科建设的发展是同步进行的。教学的发展促进了理论的研究,理论研究的成果进一步推动了教学实践的深入。不过在对外汉语教学的不同发展时期,理论研究的范围宽窄不一,理论意识强弱不同,研究成果多寡不等。但教学理论研究总的趋势是步步走向深入和完善。

一 20世纪50—70年代的对外汉语教学理论研究概况

20世纪50年代对外汉语教学处于起步阶段,理论研究属于探索阶段。教学上的需要促使人们对教学实践进行总结和研究,以解决教学中出现的实际问题。从已发表的若干篇文章看,这一时期的研究主要涉及对外汉语教学的基本原则、教学目标、教学的内容和重点、教学程序和要点、教学方法和教材编写,以及教学中反映出的实际问题等。[②] 早在50年代初有关对外汉

---

① 本节摘自李泉《对外汉语教学理论思考》,教育科学出版社2005年版。
② 参见周祖谟《教非汉族学生学习汉语的一些问题》,《中国语文》1953年第7期;王学作等《试论对留学生讲授汉语的几个基本问题》,《教学与研究》1957年第2期;邓懿《教外国留学生汉语遇到的困难问题》,载《现代汉语规范问题学术会议文件汇编》,科学出版社1956年版。

语教学的理论就明确提出:对外国人(包括对少数民族)的汉语教学不同于对汉族学生的母语文教学;要根据外国学生的需要来确定教学目标;根据非汉族成年人学习汉语的特点进行教学;对外国人和国内少数民族学生的汉语教学是培养他们实际运用汉语的能力;教学内容应以词汇和语法为中心。同时总结了一些具体的教学经验和教学方法。有关研究所反映出的教学中的困难和问题,也是操汉语的中国人和研究汉语的中国人所习焉不察的语音、词汇和语法现象,这在当时和后来的对外汉语教学研究中都起到了一种导向作用。可以说,50年代的教学实践总结和理论研究,为汉语作为外语和第二语言教学的理论研究奠定了初步的基础。

到60年代中期对外汉语教学已发展到一定的规模,教学经验也更加丰富。但理论研究的成果并不多,代表性的成果是由钟梫执笔的《15年汉语教学总结》,①该文对建国以后15年的对外汉语教学实践进行了全面系统的总结和理论探讨。文章在分析教学对象特点的基础上,提出了一些重要的理论和原则。例如,(1) 基本的教学原则是实践性原则。强调学生所学的是实践汉语,必须"通过大量接触和运用语言材料来掌握语言"。指出"实践性原则贯穿在各个阶段、各门课程中"。贯彻这一原则的主要途径是教学中应"精讲多练"。(2) 主张"语文并进"。听、说、读、写全面要求,分阶段侧重。(3) 主张整个教学过程是一个综合性的,即"语音、语法、词汇三者综合在一种实践课内"。但在安排上"必须适当划分阶段——语音为主的阶段,语法词汇

---

① 《语言教学与研究》(试刊)第四集,1979年。

为主的阶段,巩固扩大词汇、提高听、读、说、写能力的阶段,等等。每一阶段有其主要的任务,同时也要适当照顾其他各方面"。此外,文章还广泛涉及到课程设置、汉字教学、考试安排、教材使用,以及语音、语法、短文教学、精读和泛读教学等各种问题,并进行了扼要的分析和理论概括。这篇文章所提出的一些教学理论和原则不仅对当时和后来的教学实践具有指导和规范的作用,今天看来仍具有重要的史料价值和理论价值。

70年代的教学理论研究较以往有所增加,[①]但总的说成果不算多。然而个别方面的研究却得到了深化。吕必松在《汉语作为外语的实践性原则》[②]中,对以往提出的实践性原则进行了新的解释。指出,过去一般把实践性看成是一种课堂教学方法,把贯彻实践性原则的主要手段局限于课堂上的"精讲多练"。现在我们对实践性原则有了进一步的认识,"实践性原则不但包括课堂教学的方法,而且包括教学内容和教学组织形式;不但体现在课堂教学中,而且体现在教材中。也就是说,它贯穿在整个教学体系中,是汉语作为外语教学的基本原则之一"。这样一些观念,不仅深化了对实践性的认识,也大大拓宽了实践性原则的应用范围。此外,这一时期的教学理论研究还涉及到对教学中各种矛盾关系(如理论和实践、听说和读写、单项训练和综合训练、模仿和活用等关系)的探讨,对语言技能训练重要性的认识

---

① 据吕必松《对外汉语教学发展概要》(北京语言学院出版社1990年版)统计,仅《语言教学与研究》上发表的1974年到1979年间写成的论文和文章就有24篇。

② 该文是作者1974年向来访的美国语言学家所作的学术报告,修改后收入吕著《对外汉语教学探索》,华语教学出版社1987年版。

等。①

总体上看,从50年代到70年代对外汉语教学理论研究的深度和广度都还有一定的局限;理论意识和学科观念尚不够鲜明;理论研究的成果还不够系统。但是,毫无疑问,这一时期教学经验的积累、学科性质和研究方向的初步确定以及有限而宝贵的研究成果,都为以后的教学理论研究奠定了一个很好的基础。

二 20世纪80—90年代的对外汉语教学理论研究概况

70年代末我国语言学界明确提出"要把对外国人的汉语教学作为一门专门的学科来研究",②从而把理论研究提高到学科建设的高度,明确树立了理论研究的学科意识,为教学理论的研究确立了目标,展示了高度。80年代初以来,对外汉语教学规模迅速扩大,教学层次不断增加,办学体制进一步多样化,对学科理论的研究提出了更多更高的要求。同时随着对外汉语教学事业的发展,相继成立了专门的学术团体,创办了专门的学术刊物,先后召开了多次国内国际各种学术会议,为教学理论的研究和交流创造了良好的条件。在这种情况下,80年代以来的对外汉语教学理论研究得到了空前的发展和繁荣,研究的领域进一步深入和拓宽,广泛涉及学科的性质、总体设计、教材编写、课程设置、课堂教学、水平测试、教学评估,以及教学理论和基础理论及其相互关系、教学规律和学习规律及其内在联系、对外汉语教学与语言学和心理学等相关学科的关系等等。到20世纪80年

---

① 参见《语言教学与研究》1977年试刊到1979年正刊等4期上的有关文章。
② 参见《中国语文》1978年第1期。

代末90年代初,对外汉语教学理论研究的宏观体系已基本形成。其代表性的成果主要有:吕必松《对外汉语教学探索》(华语教学出版社,1987)、吕必松《对外汉语教学发展概要》(北京语言学院出版社,1990)、盛炎《语言教学原理》(重庆出版社,1990)、张亚军《对外汉语教法学》(现代出版社,1990)、赵贤州等《对外汉语教材教法论》(上海外语教育出版社,1990)、吕必松《华语教学讲习》(北京语言学院出版社,1992)、吕必松《对外汉语教学研究》(北京语言学院出版社,1993),等等。

进入90年代以来,对外汉语教学的理论研究更加深入和系统化,表现之一是专题研究得到加强,一些领域还在原有研究的基础上形成热点:

首先,中高级阶段的教学理论研究受到关注。这是80年代中后期以来教学规模扩大和教学层次提高的必然结果。主要成果有:国家汉办教学业务部《中高级对外汉语教学论文选》(北京语言学院出版社,1991)、李杨《中高级对外汉语教学论》(北京大学出版社,1993)、吕必松《关于中高级汉语教学中的几个问题》(《语言教学与研究》1993年第1期),等等。

其次,是中介语理论的引入和汉语偏误分析受到重视。中介语理论自80年代中期由鲁健骥引入对外汉语教学界后,[①]逐渐受到重视,90年代以来,对外汉语教学界在这一理论的指导下,结合汉语教学的实际进行了不少富有成效的研究。代表性的成果有鲁健骥《对外汉语教学思考集》(北京语言文化大学出

---

① 参见鲁健骥《中介语理论与外国人学习汉语的语音偏误分析》,《语言教学与研究》1984年第3期。

版社,1999)和李大忠《外国人学汉语语法偏误分析》(北京语言文化大学出版社,1996)。其中,前者收录了鲁健骥关于中介语理论研究和外国人学习汉语语音、词汇、语法和语用偏误分析的系列文章;后者专门就对外汉语教学中一些重要的语法现象进行了偏误分析。二人的研究集中展示了在中介语理论研究和汉语偏误分析方面的成果。此外,中介语研究的重要成果还有:盛炎《中介语理论与错误分析》(《语言教学原理》第六章,重庆出版社,1990)、吕必松《论汉语中介语的研究》(《语言文字应用》1993年第2期)、孙德坤《中介语理论与汉语习得研究》(《语言文字应用》1993年第4期)、王建勤《中介语产生的诸因素及相互关系》(《语言教学与研究》1994年第4期),等等。

第三,90年代初以来,国内外学者对现行的对外汉语教学语法体系提出了尖锐而中肯的批评,继而引起了人们对语法体系、语法教学原则以及教学语法与理论语法的联系与区别等的研究和思考。主要文章有:崔永华《关于对外汉语教学语法体系的思考》(《语言学和汉语教学》,北京语言学院出版社,1990)、吕文华《关于对外汉语教学语法体系》(《中国语文》1991年第5期)、柯彼德《汉语作为外语教学的语法体系急需修改的要点》(《世界汉语教学》1991年第3期)、吕必松《汉语研究与汉语教学》(《世界汉语教学》1991年第4期)、赵金铭《教外国人汉语语法的一些原则问题》(《语言教学与研究》1994年第2期)、赵金铭《对外汉语语法教学的三个阶段及其教学主旨》(《世界汉语教学》1996年第3期)、王还主编《对外汉语教学语法大纲》(北京语言学院出版社,1995)、张旺熹等《对外汉语教学语法问题研究的基本态势》(《世纪之交的中国应用语言学研究》,华语教学出版社,1999)。吕文华《对外汉语教学语法探索》(语文出版社,1994)和《对外汉语教学语法体系研究》(北京语言文化大学出版社,1999)两部著作,对教学语法体系及相关问题进行了较全面系统的研究,成为这方面研究的代表性成果。

第四,文化教学问题自80年代中后期开始逐渐引起人们的兴趣。刘英林等《对外基础汉语教学法创新之路》指出,在不久的将来可能逐渐形成"结构—功能—文化"三位一体的教学法新路子;①《汉语水平等级标准和等级大纲》认为,富有中国特点的教学法体系正在向"结构—功能—文化"相结合的道路前进。②此后,张占一《试议交际文化和知识文化》(《语言教学与研究》1990第3期)、张占一等《如何理解和揭示对外汉语教学中的文化因素》(《语言教学与研究》1991第4期)等重要文章相继发表。③ 90年代以来语言教学和文化教学的关系等问题成了理论研究的一个热点,代表性成果有周思源主编的《对外汉语教学与文化》(北京语言文化大学出版社,1997)。

第五,90年代对外汉语教学理论研究方面的一个重要进展是,开拓了语言习得理论的研究。④ 1992年5月,《世界汉语教

---

① 该文是提交第二届国际汉语教学讨论会的论文,有关说法参见赵金铭《第二届国际汉语教学讨论会论文举要》,《语言教学与研究》1987年第4期。

② 参见《汉语水平等级标准和等级大纲》试行本,北京语言学院出版社1988年版,第1页。

③ 张占一在此前发表的《汉语个别教学及其教材》(《语言教学与研究》1984年第3期)首次提出"知识文化"和"交际文化"的概念。

④ 80年代也有少数有关成果发表,例如:田士琪等《从第二语言习得规律看教学方法的改进》(《世界汉语教学》1987年第2期)、孙钧政《思维习惯的嬗变——寻找第二语言习得机制时的思考》(《语言教学与研究》1988年第4期)、史有为《语音学习机制和语音教学原则》(《语言教学与研究》1989年第2期),等等。

学》编辑部等有关部门专门组织召开了"语言学习理论座谈会",就语言学习理论研究的范围、"学习"与"习得"的联系与区别、第一语言学习和第二语言学习的异同、语言学习理论在语言教学中的意义和作用等问题进行了广泛的讨论,会议成果收在《语言学习理论研究》(北京语言学院出版社,1994)一书中。此外,个人专著有靳洪刚《语言获得理论研究》(中国社会科学出版社,1997),王魁京《第二语言学习理论研究》(北京师范大学出版社,1998);相关文章有:温晓虹等《语言习得研究概述》(《世界汉语教学》1992年第1、2期),温晓虹《习得第一语言和第二语言之比较》(《语言教学与研究》1992年第3期),袁博平《第二语言习得研究的回顾与展望》(《世界汉语教学》1995年第4期),陈前瑞等《汉语第二语言习得研究述评》(《汉语学习》1996第6期),等等。

90年代以来对外汉语教学的理论研究更加深入和系统的另一方面表现是,对学科理论体系的研究更加自觉;与相关学科的结合更加紧密;与国外第二语言教学理论的结合更为密切。在90年代的十年里,对外汉语教学的理论研究除以上所述外,在其他方面还出版了一批重要成果,广泛涉及学科的性质、理论体系研究、课堂教学理论研究、教学法研究以及对学科发展和理论研究的学术评论等等,例如:《吕必松自选集》(河南教育1994)、吕必松《对外汉语教学概论(讲义)》(该讲义自1992年开始在《世界汉语教学》杂志上连载,1996年结集成册内部刊行)、赵贤州等《对外汉语教学通论》(上海外语教育出版社,1996)、杨惠元《汉语听力说话教学法》(北京语言文化大学出版社,1996)、周小兵《第二语言教学论》(河北教育出版社,1996)、崔永华等

《对外汉语课堂教学技巧》(北京语言文化大学出版社,1997)、赵金铭《汉语研究与对外汉语教学》(语文出版社,1997)、柳英绿等《对外汉语教学的理论与实践》(延边大学出版社,1997)、陈贤纯《外语阅读教学与心理学》(北京语言文化大学出版社,1998)、李杨《汉语本科教育研究》(北京语言文化大学出版社,1999)、吕必松主编《语言教育问题研究论文集》(华语教学出版社,1999)、程棠《对外汉语教学目标原则方法》(华语教学出版社,2000)、刘珣《对外汉语教育学引论》(北京语言文化大学出版社,2000),等等。

以上从宏观上简要地概述了对外汉语教学在不同时期理论研究的基本情况,显然实际研究的领域要比这里介绍的多,实际成果比这里列举的更要多得多。即便如此,从以上简述也可以看出,在近半个世纪的时间里,我国对外汉语教学的理论研究取得了很大的成绩,为对外汉语教学事业和学科建设的进一步发展奠定了坚实的基础。

第二节 对外汉语教学与研究述评[①]

1987年8月14日,世界汉语教学学会正式成立。学会的成立促进了汉语作为外语教学和研究的国际交流与合作,推动了世界汉语教学与研究的发展。本文以第一届至第四届国际汉语教学讨论会论文选所收论文为依托,从重大的进展、明显的不

[①] 本节摘自赵金铭《对外汉语教学与研究的现状与前瞻》,《中国语文》1996年第6期。

足、乐观的前景三个方面进行讨论。

一　重大的进展

1. 理论建树初具规模

对外汉语教学是一门科学。科学赖以存在的基础,是它建立在朴素的客观规律之上。对外汉语教学尽管头绪纷繁,却是有规律可循,从理论上探索这些规律,把几十年来国内外汉语教学的经验加以总结,从中归纳出若干规律,形成自己的理论框架,是对外汉语教学学科成熟的标志。已故的朱德熙先生曾说:"现在世界上有各种理论,汉语有其特殊性,我们应该提出自己的一种理论来,我认为是完全有可能做到这一点的。"[①]现在,"对外汉语教学已经初步形成了自己的理论体系,这个理论体系由基础理论和应用理论两部分组成;基础理论包括语言理论、语言学习理论、跨文化交际理论和一般教育理论等;应用理论是指教学理论和教学法(教学法的部分内容具有理论性质,因此不妨把它也归入理论范畴)。"[②]至于对外汉语教学的学科理论,则是一种综合的、跨学科的理论,它是建立在综合应用语言研究、语言学习研究、语言教学研究和跨文化交际研究等方面的研究之上的。围绕着理论的思考,有一批出色的论文,其中吕必松、胡明扬的文章是其代表。然而,框架虽然搭起,研究却还不能说十分深入。真正称得上对外汉语教学理论研究的文章,为数并不

---

① 参见朱德熙《在纪念〈语言教学与研究〉创刊十周年座谈会上的发言》,《语言教学与研究》1989年第3期。

② 参见《对外汉语教学的定性、定性、定量问题座谈会纪要》,《语言教学与研究》1995年第1期。

多。当然,我们不需要所有的人都去从事理论研究,但我们必须有我们自己的理论研究者。如果说,一个理论研究十分薄弱的学科,犹如建立在沙滩上的大厦,决不为过。我们期待着更多的对外汉语教学理论研究文章面世。

2. 研究对象更加明确

具有独特的研究对象,是一门学科赖以建立的前提。对特殊对象的深入研究,是一门学科朝着精密科学发展的必然途径。对外汉语教学的特殊研究对象,朱德熙在1989年认为有两个方面:一方面是汉语研究,这是对外汉语教学的基础,是后备力量,离开汉语研究,对外汉语教学就没法前进;另一方面是对外汉语教学本身的研究,而这决不仅是教学经验的问题。① 四年之后,盛炎、沙砾认为,对外汉语教学"有明确的研究对象,这就是对外汉语教学的内容、途径和方法"。② 到了1995年,我们对特殊的研究对象有了进一步的认识,这就是,作为第二语言或外语的汉语的学习和教学,即研究外国人学习和习得汉语的规律和相应的教学规律。研究的内容则是作为第二语言或外语的汉语学习和教学的全过程。从"学"的角度,要研究学习者是如何学会并掌握汉语的;从"教"的角度,要研究总体设计、教材编写、课堂教学和语言测试等全部教学活动;其研究目的是为了揭示作为第二语言或外语的汉语学习和教学的内在规律,以便指导教学实践。③

---

① 参见朱德熙《在纪念〈语言教学与研究〉创刊十周年座谈会上的发言》,《语言教学与研究》1989年第3期。
② 参见盛炎等《对外汉语教学论文评述》,北京语言学院出版社1993年版。
③ 参见《对外汉语教学的定性、定位、定量问题座谈会纪要》,《语言教学与研究》1995年第1期。

只有研究对象明确,才能产生具有指导意义的具体的研究成果。我们根据研究对象,可以分别开展学科理论研究、汉语本体研究和方法论研究。

3. 研究方法已具有自身的特点

既然对外汉语教学研究的对象是汉语的学习和教学问题,那首先要把"学什么"和"教什么"研究清楚。所以,第一位是汉语本体研究,但在研究方法上、侧重点上不同于一般的汉语研究。

在汉语本体研究方法上突出的特点是运用比较语言学的方法,进行汉外语的比较,从而找出学习的难点。"所谓难点,就是中国人看来容易,外国人学起来困难的地方。在语音、语法、词汇三方面,汉语都有自己的民族特点,这些特点往往就是难点。"[①]研究语法结构,研究语音规律,对本国人来说,一般规律也就够了,但对于外国人来说,只掌握一般规律是学不会汉语的,常常一用就错,这种错误往往启发研究者去注意中国人自己不容易想到的问题,于是促使我们在研究方法上更注重"习惯用法"和"例外现象"的研究。这种从教学中发掘的研究课题,具有对外汉语教学本体研究的独特视角。其研究,不仅推动了对外汉语教学本身,也对现代汉语研究起了促进作用。在汉语研究方面的代表人物有:李英哲、柯彼德、陆俭明、邓守信、王还、刘月华、赵淑华、佟秉正、舆水优等。

至于研究"教"和"学",与其他语言作为外语教学是有共性

---

① 参见王力《在第一届国际汉语教学讨论会上的讲话》,《语言教学与研究》1985 年第 4 期。

的。这也就是在创始阶段,我们不断引进、介绍各种外语教学法的原因。外语教学法的研究,在国外已经有一百多年的历史,关于这方面的著作已经很多。我们的对外汉语教学,无疑应该借鉴国外先进的教学法,吸取其精华,为我所用。但在研究汉语教学法时,正如张清常先生所指出的:"一不能忘记汉语本身的特点,二不能忽略中国传统语文教学千百年经验的合理成分,三不能忽视国外某些教学法它们一方面显示其优越性另一方面却也暴露出一些严重问题的这种缺陷。"①这是十分中肯的话。

下面我们对教学法研究略事回顾:1985年第一届国际汉语讨论会上,汉语教学法研究与国际上交际法原则盛行一时相同步,并开始探索结构与功能相结合、语言与文化相结合的新路子。1987年第二届国际汉语教学讨论会上,教学法研究不断创新,预计有可能形成"结构—功能—文化"三位一体的教学法新路子,并向综合教学与分课型教学相结合的新模式拓展。1990年第三届国际汉语教学讨论会上,人们对教学法又有了新的思考,以历史的态度对以往的教学法进行冷静的分析和科学的总结,从而发现现在还没有任何一种教学法是完整的唯一可行的,而且可以普遍适用的。应该更加充分地考虑到不同的语言教学目的和不同的教学阶段对教学有着不同的要求,因而普遍存在放诸四海而皆准的教学方法是根本不存在的,《语言教学法的研究——各得其所、各取所需、各有千秋》(〔美〕杨觉勇)一文代表了这种思想。到了1993年第四届国际汉语教学讨论会上,吕必松总结到:"更快更好地培养学生的语言交际能力,已成了各种

---

① 参见张清常《对外汉语教法学·序》,现代出版社1990年版。

语言教学法流派的共同目标,这也是第二语言或外语教学不可逆转的一种发展趋势。"①没有一种教学法是全能的,也没有一种教学法是毫不足取的。应该根据不同的教学目的、不同的教学对象采用行之有效的教学方法,已成为大家的共识。今后,我们应在对外汉语教学中不断总结自己的经验,兼采众长,摒弃其短,探索汉语教学的新路子。在具体的研究方法上,近年来比较注重教和学的调查研究、统计分析(定量、定性分析)、创造条件搞各种教学试验等科学的方法。

4. 研究领域正在拓宽

语言教学的研究,是受语言理论研究制约的。20 世纪80—90年代,国外普通语言学研究的一个重要趋向,是乔姆斯基的理论已经不似70—80年代那样风靡一时,代之而起的是心理语言学、认知语言学和社会语言学研究。潮流所及,社会文化因素在对外汉语教学中的作用的研究,开始引起人们的注意。开始是关注汉语教学中文化背景和文化知识的介绍,继而进入了跨文化交际的研究领域,开始研究不同文化背景的人们在交际中所遇到的问题及其应对策略。这样就在一定程度上拓宽了对外汉语教学研究的领域。语言是文化的重要组成部分,是文化的民族形式,深入研究并在语言教学中引入语言所表现的文化内涵,是将语言知识转化为交际能力所不可缺少的必要条件。②不同的语言所包含的民族文化是有一定差异的,这种文化差异是第二语言学习的障碍之一。近年来,关于如何在语言教学中

---

① 参见吕必松《对外汉语教学研究》,北京语言学院出版社1993年版。
② 参见胡裕树等《对外汉语教学中的两个问题》,《语言教学与研究》1989年第2期。

排除跨文化交际障碍的讨论,已成为人们关心的热点之一。研究的方向有两个:一个是文化对比,主要是以汉语为背景的中国文化和以英语为背景的欧美文化、以日语为背景的日本文化的比较;另一个是在汉语教学中注入文化内容的研究。然而,并非所有的文化内容都与语言学习和教学直接有关。《对外汉语教学中的文化因素》[①]探讨了究竟哪些文化因素最有可能直接影响语言的学习和使用。文章认为,在语言教学中注入文化因素应考虑到外国学生的母语和汉语在文化上的异同,不要喧宾夺主,不要把语言课上成文化课。这篇文章廓清了在汉语教学中注入文化内容的一些不够清晰的认识,有助于大家形成共识。总的看来,语言和文化的研究还刚刚起步,讨论汉民族文化特点的文章比较多,讨论汉民族文化对汉语学习影响的文章还比较少。领域虽已打通,深入下去还值得探讨。

5. 研究成果十分可观

对外汉语教学研究已取得了丰硕的成果。汉语本体研究成绩尤为突出,这是汉语研究专家与对外汉语教师密切配合、通力合作的结果。对外汉语教学从一个新的角度开拓了汉语研究点,它受到汉语专家热情的关注,从理论体系、研究方法、研究视角为对外汉语教学的汉语研究提供帮助;而对外汉语教师,掌握外国人学习汉语的特点与难点,从那些中国人习焉不察的问题中,小处入手,大处着眼,发掘带有理论价值和实用价值的研究课题,体现了学科的特色,为汉语研究做出了特殊的贡献。在汉

---

① 参见胡明扬《对外汉语教学中的文化因素》,《第四届国际汉语教学讨论会论文选》,北京语言学院出版社 1995 年版。

语语音、词汇、语法、汉字、篇章、汉外语对比以及与汉语教学有关的文化因素的研究中,语法研究又占更大的比重,在前四届讨论会的论文选中,有关汉语本体研究的论文共160篇,占全部论文总数363篇的44%,而其中仅语法研究的就有90篇,又占总数160篇的56%。这些论文涉及下列三类内容：一是从宏观上研究对外汉语语法教学的路子,探讨语法教学的改革。二是针对外国人学汉语的难点,深入分析语言事实,发掘语言规律。三是在汉语语言现象的分析与描写等方面进行了有益的探索。这种研究的势头,与80—90年代中国语言学界的语法研究不无关系。近年来,中国的语法研究异常活跃,呈现一片繁荣景象,硕果累累,新人辈出,成为语言学科各个部门中发展最快的一个。① 影响所及,对外汉语教学界的语法研究,有以下几个值得注意的研究特色：一是理论和方法的多样化,涉及传统语法、结构主义语法、功能语法等。二是体现了多角度、多层次、多侧面的研究,特别是三个平面的语法观和形式与意义密切配合、交互验证的研究方法,深深地影响着对外汉语教学的语法研究。三是结合汉语与外语的比较,深入发掘汉语的特点,渗透着理论的思考。

在教学研究方面,对汉语诸要素教学的研究更深入、更具体,有不少新的教学设想,得出不少有教学参考价值的结论。通观教学研究方面的论文,可以说在研究的深度与广度上,都不断有新的进展。首先,对"结构—功能—文化"相结合的教学路子,基本上形成了共识；其次,进一步明确了以总体设计为主导的教

---

① 参见龚千炎《八十年代、九十年代的汉语语法研究》,《汉语学习》1996年第2期。

学过程的四大环节。对各个语言教学环节和各种语言技能训练的研究,更有理论的深度,对教学也更具指导作用。对于各种语言技能从设课到训练,建立了一套行之有效的教学规范。最后,建立并在不断地完善有效的汉语水平考试系统等等。

自 1987 年中国对外汉语教材规划会以来,对外汉语教材建设出现了空前繁荣的景象,几年来编出了上百种不同类型、不同课型、不同阶段、具有不同特色的汉语教材,可谓洋洋大观。在这些教材中,大都能较好地体现汉语内部的结构规则,并带有不同的教学法理论倾向,应该说各具特色和优势。[①] 对外汉语教材的建设与发展,实际上反映了把汉语作为第二语言的教学理论研究和教学实践的探索。今天,更新教材的呼声日高,我们期待着新一代教材的尽快问世。

学会成立以来,研究的重点开始由"教"转向"学"。学习者学习行为的过程和规律的研究直接影响着教学水平。研究的范围涉及对学生特点和需要的分析,对外国人学习汉语过程的描写,外国人学习汉语过程中的偏误分析及中介语研究,外国人学习汉语行为过程的调查与实验,以及对课堂上师生之间相互作用的观察研究,等等。学习规律研究中提出的若干理论、模式和假设,对促进汉语教学研究由"经验型"向"科学型"的转变,将起积极的促进作用。

总的说来,研究成果应该重视,值得提及。但是,我们还应该清醒地意识到,迄今为止,我们还没有真正找到一条全面体现

---

① 参见杨庆华《新一代对外汉语教材的初步构想》,《语言教学与研究》1995年第 4 期。

语言规律、语言学习规律和语言教学规律的教学路子,世界各国的同行们都处于探索过程中,力求逐渐加深认识,不断地改进处理方法,争取良好的教学质量。① 这是我们今后的努力方向。

二 明显的不足

1. 关于学术方向

1994年12月在北京召开的对外汉语教学的定性、定位、定量问题座谈会指出:"由于近年来我国涉外教育和对外汉语教学在发展过程中出现一些新的情况,在对外汉语教学的学科性质和内涵等问题上便产生了某些不同的看法,甚至对对外汉语教学学科本身也产生了某些怀疑。"② 在理论和实践上存在的分歧,不但关系到对外汉语教学的学科地位和研究对象,而且也关系到对外汉语教学的专业建设、课程建设和教师队伍建设,对课堂教学也不无影响。面对这种局面,学术方向出现摇摆。

这次座谈会经过坦诚的切磋,在学术方向上可说达成共识,从而明确了学科的性质,规定了学科的内涵,维护了"对外汉语教学"这一名称的唯一性、稳定性和严肃性。会议指出:"语言教学和文化教学在教学目的、教学内容、教学原则和教学方法等方面都有根本的区别,是两种不同性质的教学,教学规律也没有足够的共同点,所以它们不可能属于同一学科。"③ 这样就摆正了语言教学和文化教学的关系。今后,发挥学科优势,突出学科特色,把握住对外汉语教学的学术方向,仍是不容忽视的。

---

① 参见吕必松《对外汉语教学研究》,北京语言学院出版社1993年版。
②③ 参见《对外汉语教学的定性、定位、定量问题座谈会纪要》,《语言教学与研究》1995年第1期。

2. 关于研究视角

从总体上看,对外汉语教学的研究视角还略嫌偏窄,一个领域的各部门的研究也多有失衡。在汉语本体研究中,词汇及其教学研究一直是一个薄弱环节,几年来毫无改善,亟须加强。近年来,语音及其教学的研究,有滑坡现象,对外汉语语音教学的质量有待提高。这方面的研究论文的数量在历届论文集中呈递减趋势。汉语语段、篇章,汉语风格及其教学的研究,除个别文章,几乎无人问津。

在教学研究中,探讨一般教学法的文章较多,而探讨具体语言要素教学的文章较少,能为单项语言技能训练寻找出有效方法的文章更少。在学习研究上,缺乏有分量的各种教学实验,也还需要更多的学习行为的调查报告及相关的科学数据。由此看来,对外汉语教学的研究视角还应更开阔些。

3. 关于学术课题

在学术课题的选择上,一些对外汉语教学的基础研究课题还没有被攻克。比如,我们还没有一个科学的、统一的、具有国家水准的汉语语言能力等级标准和等级大纲。我们虽有《当代北京口语语料》,也还只是初级产品,还有待于系统地、全面地开发研究,我们迫切地需要通过开发研究为对外汉语口语教材找到真正的现代汉语口语标准。我们虽然有《对外汉语教学语法大纲》,那还只是一个"暂拟"型的或"提要"型的理论框架,似嫌陈旧,我们还应研制一个适合外国人学习汉语语法的应用型的教学大纲。有些基础研究工作,个人难以完成,有关部门应组织人力,成立课题组,共同研制。比如把近年来分散的对外汉语教学的研究成果,分门别类,整理归纳,使之条理化、系统化;一方面便于进一步深入研究,另一方面也可从中发现薄弱环节,以便补苴罅漏,填补空白。有些几经繁难,辛勤劳动研制成功的基础项目,对外汉语教学界的同仁要充分利用,如《汉语中介语语料库系统》、《现代汉语句型系统》、《现代汉语研究语料库系统》等,要物尽其用,不可束之高阁。①

4. 关于论说方式

科学研究的成果应以严谨的形式来体现。一些对外汉语教学的科研论文还只是教学总结,或断想式的经验之谈,甚至写成了工作报告,严格讲来这都不能算作科学研究论文。有的论文选题不错,然而或论证角度欠妥,立意不明;或逻辑层次紊乱,让人难明事理;或浅尝辄止,失之于肤浅。有的论文所用语言不是科学论说语言,过于散文化或口语化。有的文章不列"参考文献",也没有注释,引文也不注明出处,看不出自己的新见解,甚至对所研究的某一问题学术界已有的研究成果也不甚了了,不能充分掌握某一问题所有的资料。这些都是对外汉语教学在由"经验型"向"科学型"转变过程中要加以克服的。走向成熟的对外汉语教学学科,应该有一批水平较高的研究者,并且取得水平较高的研究成果,形成自己的特色和风格。

三 乐观的前景

1. 语汇及其教学研究将迈入新起点

长期以来,在对外汉语教学中,我们比较重视语法教学,把

---

① 参见张旺熹《对外汉语教学的几项基础研究工作》,《世界汉语教学》1996年第2期。

词汇及其教学的研究置于可有可无的地位。于是,词汇的教学与研究就成了对外汉语教学中的薄弱环节,至今依然如此。

究其原因,是忽略了对外汉语教学的对象是成年人、外国人这一根本特点,将其混同为对以汉语为母语的中国人的汉语教学。以汉语为母语的人,学龄前就掌握了汉语的基本语汇及其基本用法,他们在达意上没有困难,以后的任务是扩大词汇量及提高语言表达水平的问题。外国成年人学汉语要一个词一个词地学,要掌握每个词的用法,日积月累,熟能生巧,最终才能掌握这种语言。如果只学一些干巴巴的语法规则,充其量只能表达一些简单的标准句,稍一活用,常常是一开口一动笔就错误难免。特别是随着学习的深入,外国人会觉得语法条条不管用,而一个个词的用法才真正解决问题。以至于有的外国学者认为:"在学生看来,汉语语法规律不像其他语言那样严密、系统,而且有不少语法规律不好归纳,甚至等于学一个个词的用法。"[1]其实,早在上个世纪30年代,著名瑞典汉学家高本汉就说过:"学习中国语言有三大困难,其实只是一个,即中国语词的问题。"(高本汉《中国语与中国文》)这是因为语汇是语言存在的唯一实体,语法也只有依托语汇才得以存在。语法也可以说是无数具体语汇的具体用法的概括与抽象。因此,胡明扬说:"语汇教学的重要性是怎么强调都不会过分的。也正因为如此,加强语汇研究和语汇教学就成了当务之急。"[2]现在,我们看到,语汇及其

---

[1] 参见舆水优《通过常用语法错误来看处所词的用法》,《第三届国际汉语教学讨论会论文选》,北京语言学院出版社1991年版。

[2] 参见胡明扬《外国人学汉语语法偏误分析·序》,北京语言学院出版社1996年版。

教学的研究已经迈入新起点。《现代汉语常用词用法词典》的正式出版是其标志。这是一部为外国人编的汉语学习的原文词典,它收词3700多个,有准确的释文、丰富的例证、简明的用法,更宝贵的是备有错用的提示。这是语汇及其教学研究的新作,能在一定程度上满足汉语学习和教学的需要。

最近,语言学领域新出现一个叫做"最小程序"(Minimalist Programme)的新论点,这一论点将各种语言之间的不同归结为其虚词成分和词汇方面的差异。① 与此相关,又有"词汇语法"(Lexicon-grammar)之说,认为:"语法理论,无论是转换取向或功能取向,若不跟词汇分类相结合则不可能有任何实质意义的突破。"②理论语言学的这些新发展,必将对语汇和语汇教学研究产生一定的影响,带来新的契机。为对外汉语教学研究和教材编写注入新的思想。

2. 学习规律的研究将出现新推进

以往的对外汉语教学研究,重点多集中在"教"和"学"的内容,以及"怎么教"这两方面,对"怎么学"的研究重视不够。语言学习和获得是一种特殊的心理过程,研究语言的学习和获得的规律,使教学更具针对性,对提高教学质量是至关重要的。国内汉语学习规律研究起步较晚,真正引起人们的重视是1992年以后的事情。我国较早的学习规律研究是对比分析,即从两种语言本身的比较来预测学习中的难点,继而是中介语研究。研究

---

① 参见袁博平《第二语言习得研究的回顾与展望》,《世界汉语教学》1995年第4期。

② 参见郑定欧《"凝固"析——词汇语法(Lexicon-grammar)引介》,现代汉语配价语法研讨会论文,北京大学,1995年。

者认为在学习过程中的某一个特定阶段,学生使用的实际上是一套独立的语言体系。这套体系既不是学生母语的语言体系,也不是第二语言的体系,而是学生自己的一套语言体系。研究这套语言体系,可以了解第二语言习得的过程。而学生的语言偏误正可以观察中介语在学生头脑中的运作情况。20 世纪 70 年代,国外第二语言教学中,偏误分析曾风靡一时,风尚所及,对外汉语教学界曾把错误分析、对比分析和中介语分析结合起来进行研究,作为学习理论研究的突破口。① 近年来,克拉申(Krashen)的输入假设理论也曾影响学习理论的研究,如区分"习得"与"学习",采用吸收可理解的输入信息提高听力教学的质量等。80 年代,乔姆斯基提出了普遍语法理论,这不仅仅是一种语法理论,同时也是一种语言习得理论。普遍语法理论认为世界上所有的语言都有着某些共同的语言原则,这些原则是天生的,人的头脑中固有的。有人认为,目前世界上第二语言习得研究发展趋势是,以语言原则参数理论为基础的第二语言习得研究已成为近年来第二语言习得研究的主流。② 对外汉语教学的学习研究必将在这一趋势影响下,展开新的研究未来。

3. 电脑化教学研究将跨向新高度

应用现代技术进行教学,越来越受到人们的重视。80 年代,视、听材料进入对外汉语教学领域,仅仅是利用电视机、收录机的效能开展教学。近年来,计算机辅助汉语教学迅速发展,但也仅限于以常见情景、常用句型为线索,配以常用语词和有关的

---

① 参见吕必松《对外汉语教学研究》,北京语言学院出版社 1993 年版。
② 参见袁博平《第二语言习得研究的回顾与展望》,《世界汉语教学》1995 年第 4 期。

文化背景知识进行教学，还不能充分发挥这类设备为语言教学所能提供的多方面的可能性，如综合性、直观性、可选择性等，开辟教学的新路子。

现代信息技术的新发展，诸如笔输入技术、多媒体技术和信息网络技术的出现，为对外汉语教学带来新的希望。如何在对外汉语教学中利用这些先进技术，开辟教学的新途径，研制新一代教材，促进科学研究，已经提到了议事日程。

仅以多媒体为例，编写多媒体教材应立即着手去做，多媒体是既能处理文本信息，又能处理图像、图形和声音的多功能技术，并具有人机交互的能力。以这种技术研制的新一代教材，是一种文字、声音、图像立体发展的教材，必将给对外汉语的教学带来一场革命。又因多媒体信息量大，具有跨时空特点，可变平面教学为多元立体化教学，因之也更符合语言学习的心理过程，我们相信，这必将会为对外汉语教学带来一番新的景象。

第三节　对外汉语教学理论和实践的若干问题[①]

对外汉语教学经过最近20多年的发展和建设，在各个方面都取得了令人瞩目的成就。特别是中介语理论的引入、汉语水平测试研究、中高级汉语教学研究、教材编写研究、语言教学中

[①] 本节摘自李泉《对外汉语教学理论和实践的若干问题》，载赵金铭主编《对外汉语教学的跨学科探索——汉语学习与认知国际学术研讨会论文集》，北京语言大学出版社2003年版。

文化问题的讨论、"结构—功能—文化"相结合教学法原则的提出和探讨、语言学习理论研究、语言教育问题的提出和讨论,等等,不仅活跃了理论研究,对学科建设和教学实践的深入也都起到了很好的促进作用,成为学科发展和繁荣的重要标志。

进入新世纪初,如何审视学科发展的现状,如何提高教学质量和效率,如何推进和深化学科理论研究,是摆在我们面前的新课题。吕必松认为以下几个问题需要进一步引起重视:(1)教学和科研的关系;(2)理论研究和理论应用的关系;(3)单项研究和综合研究的关系。存在的主要问题是,"教学上需要解决的某些理论问题,还没有可供应用的研究成果","一些可供应用的研究成果还没有应用到教学中来";同时我们日常进行的单项专题研究也还缺乏"全面、系统和简明扼要的评述"。"当前需要进一步研究解决的一个最大的问题是教学路子问题。"教学路子是指帮助学生掌握所学语言的途径和方式,它必须与所教语言的特点相一致。长期以来对外汉语教学所采用的基本上是印欧系语言教学的路子,"不符合汉语的特点"。[1] 陆俭明指出,世纪之交有必要在回顾、总结的基础上,加强对外汉语教学的基础研究。在字、词、语法要点等方面制定必要的统一的规范。其次,需要加强汉外对比研究和外国学生偏误分析研究,使教学更有针对性。再其次,在上述研究的基础上编出各种门类的高质量的教材。最后要进一步研究、改进教学法。[2] 胡明扬认为,我们

---

[1] 参见吕必松《对外汉语教学学科理论建设的现状和面临的问题》,《语言文字应用》1999年第4期。

[2] 参见陆俭明《关于开展对外汉语教学基础研究之管见》,《语言文字应用》1999年第4期。

面临的迫切任务是：完善以本科、研究生教学为核心的对外汉语专业的学科建设，包括理论探讨、教学目的和教学要求的确定，课程设置、教学大纲的制订，教材和工具书编写等方面的工作。① 刘珣强调，"不论是从本学科作为语言教育的分支学科，或是从教育学是本学科重要的理论基础来考虑，加强对外汉语教学的教育学研究都是十分重要的。"包括语言教育学科的重要性、对外汉语教学与对外汉语教育的关系、对外汉语教育学科的性质和学科定位等。② 不难看出，由于个人的出发点和观察角度不同，对学科的现状及其主要问题的把握也就不同，但上述这些意见都很有针对性和导向性，值得认真思考和研究。

我们认为，在新的历史条件下，应该根据理论研究和教学实践的现状，围绕如何进一步提高教学质量和教学效率这一主题来提出问题开展研究。当前，对外汉语教学的现状大致是：(1) 理论研究总体上说近年来比较平稳，影响全局的热点问题的讨论较少；个别问题的讨论并没有引起更多的人参与和争论，比如随着语言教育问题的提出而引发的对外汉语教学学科属性（定位）问题的讨论；有些方面的研究还很不够，比如语言学习理论、以学生为中心的教育观念，等等。(2) 课堂教学尤其值得关注，教学语言的运用、学科性质的把握和体现、教学方式方法乃至教学观念都存在这样和那样的问题，并且有相当的普遍性。总体上说，课堂教学质量还不能让人满意。(3) 教师队伍中，以

---

① 参见胡明扬《对外汉语教学事业的展望和当前的任务》，载《对外汉语教学：回眸与思考》，外语教学与研究出版社 2000 年版。

② 参见刘珣《谈加强对外汉语教学的教育学研究》，载《语言教育问题研究论文集(2000)》，华语教学出版社 2001 年版。

20世纪60年代出国储备师资为主体的老一辈对外汉语教师绝大多数已经从教学和科研的一线退下来,这给学科发展和建设带来的损失是短时间内无法弥补的。事实上,20世纪80年代以来对外汉语教学在各方面取得的成就,与老一代对外汉语教师的辛勤耕耘和开拓创新是分不开的。与此同时,一大批新生力量——以硕士和博士为主的青年教师陆续充实到对外汉语教师队伍中来,成为事业发展的希望所在。但年轻教师在教学经验和理论研究方面还需要一个积累的过程。

根据以上这样一些基本事实,至少在新世纪初的一段时间内,对外汉语教学研究的着眼点应定位在如何进一步提高教学质量和效率上(实际上这是第二语言教学研究的永恒的主题和目标),研究的重点应立足以下三个方面:

(1)对课堂教学的调查和研究,包括对教学内容和教学过程等的调查、分析和研究;

(2)对学习者的调查和研究,包括对学习者及其学习过程等的调查、分析和研究;

(3)对教师的调查和研究,包括对教师及其教学过程等的调查、分析和研究。

应该指出的是,开展这三个方面的调查和研究应采用或制订科学的方法,进行系统性的调查,在定量和定性分析描写与实验研究的基础上,找出问题所在,找到改进措施。基于这样一种认识,本文试图围绕以上三个方面,从学习者的角度对当前对外汉语教学理论和实践上存在的某些问题举例性地加以讨论,意在抛砖引玉。所探讨的问题,是基于我们对课堂教学实践的观察和记录,以及跟学生座谈所获得的反馈。(此外,2001年2

月,我有机会参加国家公派汉语教师出国任教的选拔工作,连续听了120多名汉语教师的模拟试讲。对这些"试讲"的观察和记录,也是本文提出和分析问题的基础。)其中有的问题已有学者指出过,但未见有大的改善,在此予以重申和强调,希望能进一步引起更多的注意和研究。

一 来自课堂教学方面的问题

1. 研究课堂教学的意义

课堂教学是对外汉语教学的基本组织形式,教学计划的实施、教学内容的完成、教学方法和原则的运用、教学目标的实现等,主要都是依赖于课堂教学。因此,提高课堂教学的质量和效率,是提高整个对外汉语教学质量和效率的关键所在。事实上,审视学科发展的现状,评价教学质量和效率,改进教学方式和方法,其根本的着眼点应是观察和研究课堂教学。课堂教学活动能够体现语言学习规律和语言教学规律,能够体现教师的自身素质、知识水平和教学方法,也能够体现学习者的情感态度、参与程度和认知特点,等等。走进课堂,了解课堂教学的实际状况,看一看实际教学过程是怎样的、教师和学生都做了些什么、效果如何,等等,只有对课堂教学活动进行充分的调查、描述和分析,才可能找到改进课堂教学的措施,进而提高教学质量和效率。这样的调查和研究决不时髦,甚至说不上有多么科学,但绝对实在和管用。实际上,早在1992年孙德坤就曾明确指出,过去对课堂教学问题的讨论,往往只是提出某些规定,即课堂教学"应该如何如何",而对课堂教学"究竟如何如何"的调查研究基本无所涉略。研究课堂教学就是要调查课堂上师生的实际表现以及这些表现的前因和后果,以便确定是哪些因素对教学效果产生影响以及产生什么样的影响,从而去帮助我们控制这些因素。这种研究的成果"对大纲制定、教材编写、课堂教学方法和手段的选择以及教师培训等,将可提供坚实的理论基础"。①

对课堂教学活动本身的研究,宏观上讲可以有三个角度,即对课堂教学"实际如何如何"的实然性调查分析;对课堂教学"应该如何如何"的应然性研究;对课堂教学"不该如何如何"的否然性研究。这三个方面的调查和研究是相互联系、相互补充的,只是角度和侧重点不同而已。

下面试就当前对外汉语课堂教学存在的几个问题进行探讨。

2. 问题之一:教学方式上普遍存在"以讲解为主"的现象

第二语言课堂教学的基本任务是,进行语言知识的传授和语言技能的培训。毫无疑问,语言知识的传授是必需的,讲解更是必要的。没有知识的传授和讲解,也就失去了课堂教学的意义。同时成年第二语言学习者普遍希望教师能把语言结构规则和使用规则解释清楚,以满足他们知其所以然的心理要求,这种要求得不到恰当的满足,学习(包括教学)是会受到影响的。而事实上"知其所以然"对理解、掌握和运用语言也的确具有重要的作用。但是,知识的传授和讲解始终不能占据课堂教学的主导地位,更不能成为课堂教学的全部内容。这是因为,(1) 第二语言教学的性质和目的决定了知识传授必须服务和服从于语言能力培养的需要。(2) 学习者掌握了词汇和语法等语言知识,

---

① 参见孙德坤《关于开展课堂教学研究的一些设想》,《世界汉语教学》1992年第2期。

并不意味着自动地具有了目的语的交际能力,即掌握语言事实不等于掌握了语言能力。因此,知识的讲解决不应该成为课堂的主要语言活动,更不能成为课堂的全部语言活动。

然而,我们的课堂教学多数情况下恰恰是以讲解为主,"教师讲、学生听"仍然是一种惯常现象和主要的教学方式,"填鸭式"的满堂灌几乎随处可见。有的教师唯恐讲得少、讲得不深、讲得不细,一门心思寻找和讲解语言点。不但不安排练的机会,连学生提问的机会都不给。有位口语老师,在两节课的时间里,让四个同学以两两对话的形式共读了两遍课文,就再也没有请学生"动过口",自己讲了 12 个语言点。这样的课堂教学,效果自然是可想而知的。事实上,我国的英语教学同样存在"以讲解为主"的问题,《北京地区普通高等学校课堂教学状况调研报告》中,对 43 所院校 184 位教师英语课的评估中就有这样的评语:"所听大部分英语课的教学模式,基本上仍是学生课前预习,教师课内讲解的传统套路。这种'你讲、我听'的注入式教学模式,占去了许多课堂时间,致使学生很少甚至没有实践的机会。""课文讲解重点不突出,讲得过多、过细,学生操练太少,以被动学习为主。"[①]可以说,课堂教学"以讲解为主"是我国第二语言教学界较普遍的现象。扭转这种局面,应当首先从理论上深刻地理解第二语言的性质、目的和特点,把握好知识讲解跟技能训练的关系;同时改变以教师为主、以教为主的观念,树立以学生为主、以学为主的观念,这样才可能找准第二语言教学的路子,并在教

---

① 参见北京市教委《把目光瞄准 21 世纪——1998 年北京高校教学状况巡览》,中国广播电视出版社 1999 年版。

学实践中充分地体现出来。

3. 问题之二:教学原则上对"精讲多练"有片面理解的现象

"精讲多练"是对外汉语教学的一条重要原则。但这条原则的含义并没有一个公认的说法。有代表性的解释是:(1)钟梫:"精讲"指的是:讲得确切、精练、指点关键、掌握主动。其中,确切,要求讲的时候言简意赅,一针见血;如果说话不利索,啰里啰唆,就不是"精练";指点关键,是说要启发学生思考、回忆,教师要抓住关键,如果到了短文后期还逐字逐句串讲课文,则是不合适的;掌握主动,是说只要不是大讲特讲或是讲些没有用的东西,那么该讲的还是要主动讲。"多练"是比较容易贯彻的,但要注意:安排练习方式,要从实际出发,并不是任何方式只要多练就算贯彻了这条原则。① (2)吕必松:理论讲解的时间不宜过多,一般不宜超过课堂教学的四分之一,语言课上讲解语言理论的时间最好也不要超过课堂教学的三分之一。这就是"精讲多练"的原则。② (3)刘珣:"精讲"是对教师的知识讲授而言,知识不能不讲但要讲得少而精;"多练"是指学生在课上、课下要进行大量的练习,培养语言运用的熟巧度。③ 以上几种说法,或侧重对精讲多练要义的阐释,或侧重对精讲多练时间上的规定,或侧重对精讲多练所指对象的说明。实际上是互相补充的,可以看作是从不同角度对精讲多练原则的揭示。

我们认为,精讲多练的原则符合第二语言课堂教学从总体

---

① 参见钟梫《15年汉语教学总结》,《语言教学与研究(试刊)》1979年第4集。
② 参见吕必松《对外汉语教学概论(讲义)(续四)》,《世纪汉语教学》1993年第2期。
③ 参见刘珣《对外汉语教育学引论》,北京语言文化大学出版社2000年版。

上说属于技能课的性质,符合第二语言课堂教学从根本上说是为了培养学生目的语的交际能力这一基本要求。这一原则是第二语言教学实践性特点的重要体现,对以知识讲解为主的观念和做法可以起到很好的制约作用。但是,也许是我们对这一原则还缺乏结合实际的更为深入和全面的阐述,致使一些教师对这一原则理解片面,运用不恰当,主要表现为:

(1)"该讲的也不讲":有些教师课堂上就是反复地读——教师读、学生读,然后就是复述和回答课文内容。不鼓励学生提问,更不去主动地讲解该讲的问题。有位语言学专业出身的教师,在试讲过程中除了朗读课文以外显得无所事事,整个课堂枯燥乏味。事后有听课教师问他"你为什么不讲点语法点?比如课文中的'病好了就出院'、'你大了就懂了'这样的句子"。他回答:"不讲,第二语言教学提倡精讲多练,像这样的句子如果学生问我,我就告诉他'这是一个句型,你记住就可以了'。同时我可以再给他几个类似的例子让他体会。"显然,如果不是这位教师备课不认真或缺乏应有的语言学知识,那就是他对精讲多练原则的误解。把精讲多练理解为"基本上是不讲",如果学生问到就告诉他这是个句型或其他什么,然后再给他几个例子让他自己去体会。这显然是错误的。"精讲"不但要求讲,而且该讲的还要主动讲。

(2)"以词释词和大量使用语法术语":一些教师在释词时经常是以词解词;在解释语法现象时大量使用语法术语。比如,解释"可惜"时,在黑板上写上"令人惋惜"就算完事。还是这位老师以"请拿好"为语法点,解释说:"这是一个兼语句的省略句,应该是'我请你拿好'的省略。'我'是主语,'请'是谓语,'你'是

'请'的宾语兼做'拿'的主语,'好'是补语。"我们曾直截了当问这位老师:你用"令人惋惜"解释"可惜",学生能听懂吗?你解释"请拿好"用那么多语法术语合适吗?这位老师解释说:主要是为了精讲多练,如果用我自己的话来解释什么是"可惜",那得用去很多时间,而且还不一定准确,用词典上的解释,学生不懂他可以回去查词典。还说,用语法术语也是为了省时间,而且不用语法术语怎么解释这样的句子?可以看出,这位老师并不是想"偷懒",而是对精讲多练原则理解和运用有偏差。

（3）"对所讲的语言点力求讲全讲细":有人把"精讲"理解为,语言或语法点要少讲,但讲就要讲全、讲细、讲透。比如,讲"把"字句就要把有关情况一次性讲个明白;遇到一种补语,就要把教师所知道的补语类型都讲出来,认为这就是"精讲"。显然,这种"地毯式"或"词典搬家式"的所谓"精讲"是不符合语言学习规律的,不结合课文和具体语言环境,干巴巴地列出一些语法规则是毫无用处的,也不是精讲多练中"精讲"的真正含义。当然,对"精讲"的内涵、对象、方式等还要进一步加以研究。

（4）"练是练但不管效果和质量":对"多练"也有一种误解,即不管有无必要,见到什么练什么,也不管练的方式方法是否合适,不厌其烦地进行随意而低效的问答、造句或随便说说之类的练习。这种不讲究效果和质量的练习,表面上看是练了,开口率也上去了,实际上多数情况下只是一种低效益、低水平的练。这种不问效果的练,多练反而无益。如果教师讲得不准确,或学生的理解有误,进行这样"大剂量"的练习,其后果反而令人担忧。因此对"多练"的内涵、对象、方式及质量和效果方面的要求,也要进一步加以研究。

4．问题之三：课程设置上存在"重视精读忽视泛读"的现象

严格地说，课程设置不能算做课堂教学方面的问题。但是，通过对课堂教学活动的观察和研究可以发现，目前对外汉语教学界普遍重视精读类课程，特别是中高级阶段不但普遍开设综合汉语、中级汉语、高级汉语或直接叫精读课，而且课时量也占到三分之一左右。对泛读课却不够重视，课时量很少。有时只是点缀性地开上两节课，甚至根本就不开。对精读课如此重视，对综合性泛读课如此不重视，这本身就是有问题的。精读课不应该、也不能够"包打天下"。

站在学习者的角度来看，就算是精读课"输入的质量"比较高，(实际上未必如此，下文还将谈到)但是，总的看"输入的数量"比较少。这是因为，精读课讲究以少量的课文为核心，细细串讲课文，对重点词语和语法点仔细讲解，反复练习，同时还要有意识地结合课文进行语言要素、文化背景知识和语用规则的教学，结合课文进行听、说、读、写技能训练。显然，精读课承担的任务过重，造成的直接后果就是精读课"步履维艰"，进展缓慢。如果一个学期按 18 周、每周 6 课时算，一篇课文按平均 2500 字算，一个学期也就学上十篇左右的课文。那么一个学期 100 多个课时，大致输入了 25000 字左右的语料，实在不多。况且所谓的"输入"不少只不过是"见过面"，除了重点讲练的词语和语言点之外，多数翻开书还"认得"，合上书就没什么印象了。当然这只是一种粗略的算法，精读课的效益不能完全看输入量的多少，但也不能完全不看输入量的大小。根据胡明扬的观点，常规的语言学习都是输入大于和早于输出，儿童学习第一语言口语、中国人学习书面语文言文、常规的外语教学，都是通过大剂量的输入来保证小剂量的优质输出。① 常规的语言教学和学习规律,应该同样适合第二语言的教学和学习。不仅精读课本身的输入量不大,而且由于精读课课时量多,从而影响了泛读类课程应有的课时量和输入量。最近鲁健骥就"精读"和"泛读"问题撰文强调,"精"和"泛"互相依存,互相补充,体现了语言教学中"质"和"量"的辩证关系,精泛并举符合外语教学的规律。对外汉语教学目前的问题是对泛读的认识不足,不落实,形成了精读一条腿走路的局面,影响教学质量的提高。因此,加强泛读已经成了当务之急。②

　　作为题外话,我们还想说,重视精读课并没有错,精读课应该有其自身的价值。但是因为重视精读而忽视泛读,造成语言输入量过小,则不能不引起我们注意。此外,中高级阶段教学效果普遍不如初级阶段,原因自然是多方面的,但是,跟精读课教学一定程度上存在的"少、慢、差、废"是否也有关系呢?我们对精读课如此偏爱,其深层原因是否跟我们"根深蒂固"的以教师为主、以教为主、以讲课为主乃至学语言就是学词汇和语法这样一些观念有关呢?如果精读课确实值得偏爱,那么理由何在?这些理由是否又都真的站得住脚呢?

5. 问题之四:教学内容上仍然存在"以文学作品为主"的现象

　　一般来说,学习第二语言或外语不能不涉及目的语的文学作品,别的不说,它至少是一种重要的语体。问题是学习什么样

---

　　① 参见胡明扬《语言和语言学习》,《世界汉语教学》1993 年第 1 期;《语言教学的常规:输入大于输出》,载《语言教育问题研究论文集》,华语教学出版社 1999 年版。
　　② 参见鲁健骥《说"精读"和"泛读"》,《海外华文教育》2001 年第 3 期。

的文学作品和什么时代的作品,常规的语言学习中文学作品应该占多大的比例?这是值得考虑的。从20世纪80年代中期以来,对外汉语教学界的学者,针对中高级阶段教学内容文学作品过多、过旧的现象不断提出质疑和批评。学生也一再呼吁文学作品"内容太旧、词汇太多而且用不上"、"课文太长,内容跟真实的中国情况没什么关系"等等。① 对文学作品作为教材内容的批评主要有②:(1) 文学作品难以提供由浅入深、由易到难、循序渐进的语言训练素材;(2) 冗余成分(如外国人不熟悉的社会背景知识、文学知识等)太多,不利于语言技能全面而集中的训练;(3) 文学作品语言本身的描写性文字、特殊语言风格、古代与近代汉语,不适用于语言技能训练或不适用于现代汉语教学;(4) 文学作品虽有趣味性,但在实际交往中很难用得上;(5) 有些作品中反映的社会情况和中国人的心态等,往往不是学生必须要了解和知道的,而这些又需要讲解和交代,占用很多时间。(6) 生词量过大,而且许多词语离现实生活太远,学了也用不上,等等。

当然,赞成以文学作品作为教学内容的人同样也会找出一些理由来,甚至对上述批评意见也会提出不同的看法。问题是,如果真正从学习者的角度来考虑问题,就不能不对文学作品过多所带来的负面效应认真加以对待。学生想学和急于要学的,学不到;而课上费时费力学的,又大都用不上。就词语而言,有的对多

---

① 参见高彦德等《外国人学习与使用汉语情况调查研究报告》,北京语言学院出版社1993年版。

② 参见施光亨、李明《文学作品与中高级汉语教材》,载《第二届国际汉语教学讨论会论文选》,北京语言学院出版社1988年版;王晓澎、倪明亮《高级阶段汉语教学散论》,载《中高级对外汉语教学论文选》,北京语言学院出版社1991年版。

数学生来说可能也永远用不上,比如"水军、典质、勾留、勤谨、绿林好汉、卓然不俗",等等。我们不应一味排斥文学作品,但也决不能无视多数学生的需求和期待,无视学生的焦虑和不满。可喜的是,近年来有些新教材在这方面作出了很大的改进,初步改变了中高级教材以文学作品为主的格局。但是,要彻底改变教材以文学作品为主的局面,从理论研究、观念转变,到教材编写实践都还需要一个过程。比如,在一套《实用汉语高级教程》(1996—1997年出版)中,40篇课文里,文学作品占四分之三,非文学作品的课文仅占四分之一。文学作品里现、当代作品几乎各占一半,其中绝大多数课文,无论从学习者当前还是今后对汉语使用需求的角度看,都是价值不大的。例如,有课文里有这样的话:

"刘家峧有两个神仙,邻近各村无人不晓:一个是前庄上的二诸葛,一个是后庄上的三仙姑。二诸葛原来叫刘修德,当年做过生意,抬脚动手都要论一论阴阳八卦,看一看黄道黑道。三仙姑是后庄于福的老婆,每逢初一十五都要顶着红布摇摇摆摆装扮天神。……"

"阿Q不独是姓名籍贯有些渺茫,连他先前的'行状'也渺茫。因为未庄的人们之于阿Q,只要他帮忙,只拿他玩笑,从来没有留心他的'行状'的。而阿Q自己也不说,独有和别人口角的时候,间或瞪着眼睛道:'我们先前——比你阔的多了!你算什么东西!'……"

一套近年来很受师生欢迎,在同类教材中发行量最多的《实用汉语中级教程》(1996—1997年出版),也还有个别这样的课文:

"鲁镇的酒店的格局,是和别处不同的:都是当街一个曲尺形的大柜台,柜台里预备着热水,可以随时温酒。做工的人,傍午傍晚散了工,每每花四文铜钱,买一碗酒,……倘肯多花一文,便可以买一碟盐煮笋,或者茴香豆,做下酒物了,如果出到十几文,那就能买一样荤菜,但这些顾客多是短衣帮,大抵没有这样阔绰。只有穿长衫的,才踱进店面隔壁的房子里,要酒要菜,慢慢地坐喝。……"

仔细想想,假如上述这样的课文占据教材的多数,那么对把汉语当作工具来学,并且绝大多数将来以从事经贸活动为主的学习者来说,能有多大的吸引力?课堂上不以讲解为主才怪呢!而且在有限而宝贵的时间里,需要费时费力才能学到的一些词语和社会文化知识何时才能用得到?"细细地串讲"而输入的这样一些语料究竟有多大用处?当然,这样的课文对习惯了以教师为中心、以讲解为主要方式、以文化教学为第一要素的教师来说,也许是很合适的。但是,我们实在应该反思一下:我们的某些观念是否陈旧?习惯了的做法是否合适?在教学内容的选择上,是应该以教师的爱好和兴趣为主,还是应该以学习者的实际需要和有利于他们的语言能力的提高为主?中高级阶段教学效果不理想,究竟是什么原因造成的?跟以名家名篇为主、以文学作品为主的观念和做法有无关系?

二 来自教师方面的问题

1. 研究教师的意义

毫无疑问,任何称得上教学的活动都离不开教师。教师是教学活动的操持者、引导者。课堂教学进行得如何,效果如何,绝大程度上取决于教师;提高教学质量和效率,绝大程度上依赖于教师。因此,对教师进行全方位的研究,包括教师的素质、学识、品德、教学观、学生观、敬业精神、知识结构、教学方法,等等,其意义应该是不言而喻的。近些年来,国内外第二语言和外语教学理论研究的中心正逐渐由"教"转向"学",转向学习的主体(学生);整个教学活动的组织也越来越强调"以学生为中心"(student-centred)的原则。"这一趋势固然纠正了传统的外语教学中以教师为中心、忽视学生的主观能动性和语言创造能力的倾向,但是如果因此而低估甚至忽视了外语教师在整个外语教学过程中的地位和作用,那就又走上了一条通向极端和危险的歧路,有碍外语教学质量的真正提高。可以毫不夸张地说,在任何时候强调外语教师在整个外语教学过程中的作用都是不过分的。"①在理论研究和教学实践逐渐向"以学生为中心、以学为中心"转变的过程中,研究教师具有什么样的地位和作用,则又有着特殊的价值和意义。

就对外汉语教学的现状来看,对教师本身的研究,从宏观上讲同样可以有三个角度,即对课堂教学过程中教师"实际如何如何"的实然性调查研究、对教师"应该如何如何"的应然性研究、对教师"不该如何如何"的否然性研究。三者同样重要,不可偏废。

下面试对目前对外汉语教学中来自教师方面的几个问题进行探讨。

2. 问题之一:忽视学习者的主体地位

从主客体关系上看,学习是发生在学习者身上的事,"教"是

---

① 参见束定芳等《现代外语教学——理论、实践与方法》,上海外语教育出版社 1996 年版。

为"学"服务的;"教学"是站在教师的立场上说的,"学习"是站在学习者的角度上说的;"教学"是为学习者的"学习"服务的;教学过程的实质应该是学习者的学习过程;因此学习者理所当然是这一过程的真正主体。教学内容是认识活动的客体;教师则是这一特殊认识过程中不可缺少的助体。这样一种主、客、助"三体"关系是教育和教学过程本身的特性所决定的。在通常情况下,主体有自主性,能够自主确定认识活动的目的、内容、方式和进程等。然而在教育和教学实践过程中,主体的自主性事实上是很难完全施行的。因为不同主体的自主意愿和倾向并不完全相同;更重要的是主体——学生缺乏相关的知识、经验、判断能力和组织能力;如果一定要由主体自主确定学习活动的目的、内容、方式和进程等,那就很可能走上极端的学生中心主义,以致教学活动无法进行。因此,主体学生的自主性往往是由作为助体的教师来"代行",这可能就是教育活动的特殊性的体现。

就对外汉语教学的现状来讲,从理论到实践,都存在着忽视学习者主体地位和作用的倾向。表现为:(1) 理论上一些学者主张"以教师为主导,以学生为主体",或说成"以学生为中心,以教师为主导"。这种"两点论"的提法,看起来十分周全和合理,但实际上未必如此。首先,如上文所说,主、客体的关系是由教学过程本身的特性决定的,而不是人们的主观意愿可以决定的。换言之,不是人们想"以谁"为主体(或客体)谁就是主体(或客体)。也就是说,学习者的主体地位是"不容讨论的"。相反,以谁为"主导"或"中心"是可以随人们的主观意愿和需要来决定的。比如,强调"教",则可以提以教师为主导(或中心);强调"学",则可以提以学生为主导(或中心);强调"课堂教学"比教材编写和测试等更为重要,则可以提"以课堂教学为主导(或中心)",等等。把不可以更改的事物——"主体",跟可以主观认定为"主导/中心"的事物放在一起来"两点论",既有逻辑上的问题,也有认识上的问题。"主导/中心"应该跟"从属/附属"之类的概念相对;"主体"是相对"客体"和"助体"而言,"主导"跟"主体"是不同层面上的东西。所以"以教师为主导,以学生为主体"的提法是有问题的。而"以学生为中心,以教师为主导"这样一种"两点论"的实质跟"师生共为中心"旨趣相同,而"双中心"实际上是做不到的,往往顾此失彼,其结果恐怕仍然是以教师为中心。① 总起来说,目前的"两点论"提法实质是忽视学习者主体地位的理论表现。(2)虽然学生是教学(学习)过程中的主体,但这一主体的自主性事实上又很难完全施行,那么就只能由教师来代行学生的"自主",并且是代行符合绝大多数学生意愿和认知规律的"自主"。这是学习者的主体地位决定的,也是教师作为不可缺少的助体的作用和价值的体现。但由于我们观念上忽视学习者的主体地位,感情上可能也不愿意承认教师在学生学习过程中的助体地位,因而往往有意无意地以教师自己的"自主"当作是学生的"自主",把教师自己的意愿当作学生的意愿,偏离了作为"代行其事者"的助体,应真正按"当事人"——主体的特点、意愿和实际需求来"办事"的原则。教学中以讲课为主的模式、教材中大量以文学作品为主的做法,以及因此造成学习者的不满,就是忽视学习者主体地位的实际表现。

---

① 参见李泉《试论对外汉语教学的教学原则》,载《中国对外汉语教学学会北京分会第二届学术年会论文集》,北京语言文化大学出版社2001年版。

3. 问题之二:忽视对学习者的了解

事实表明:除了其他方面的原因以外,深受学生欢迎的老师,对学生都非常了解;不受学生欢迎的老师大都缺乏对学生的了解。这就是说,是否了解学生、了解的深度和广度如何,直接影响一个教师是否受学生的欢迎和欢迎的程度。优秀的教师之所以优秀,原因之一就在于他们愿意主动地接近学生、愿意跟学生交流、愿意了解学生的看法、愿意听取学生的意见(包括对教师的批评),这样一些意愿和行为本身就是友好和尊重学生的表现,自然会获得学生对教师的友好和尊重。不受学生欢迎的教师,原因之一就在于他们没有了解学生的意愿和行动。仅从这个意义上来说,教师也应该重视对学生的了解,因为没有人甘愿做一名不受学生尊重和欢迎的老师。

实际上,了解学生是对教师最起码的要求。而我们的教学对象是来自不同国家的外国学生,了解学生更成为必需。了解学生是由学生在学习过程中的主体地位决定的,也是"以学生为中心"教学原则的基本要求。这里强调的了解学生,还不仅限于了解学生的性格特征、认知风格、文化背景和目的语水平等方面的内容,更在于要求教师通过课堂教学、测试、作业、课下座谈以及组织和参加学生的各种课外活动等手段,全面地了解学生对目的语、对中国及其文化的情感态度,了解他们学习上的难点和生活中的困难,了解他们对教师的看法和期待,了解他们的满意和不满意之处;所有这些都有助于我们检验教学质量、评估教学效果、更新观念、调整教法,以便不断增强教学的针对性,从而提高教学质量和效益。积极地了解学生就是主动地获得反馈,这种反馈不管是肯定的、否定的、合理的、不合理的、想到的、没想到的,还是积极的、消极的、友好的、不友好的;也不论是知识方面的、情感方面的,还是教材教法方面的,等等,对教师来说都是非常宝贵的"营养";教师从中可以受到鼓励和启发、发现缺点和不足、增长知识和见闻、积累经验和教训、找到受学生欢迎与否的奥秘,乃至获得提高教学能力和水平的途径。这可能就是教学相长的原理在对外汉语教学实践中的体现。

然而,在教学实践中,有些老师不注意有意识地去了解学生,忽视跟学生进行课上课下的心理沟通。有的老师"上课望着天,课间呆一边;作业很少有,下课赶紧走;方法老一套,不管要不要;春夏又秋冬,全是冷面孔"。这样的教师当然主要不在于不知道了解学生的重要性,而是缺乏敬业精神和责任心的问题。但是也确实有一些老师主观上想把课上好,备课也很认真,但只管在自己身上"打主意、挖潜力",而不关心学生的反映,不注意通过跟学生交流和沟通来获得学生对教学的评价,这实在是一个很大的失误。实际上了解学生的过程,也是学生了解老师的过程,相互了解才能相互理解。得到学生理解才能得到他们的积极配合,教师的意图就容易贯彻和落实;而了解学生的过程也应是教师不断改进教学方式方法的过程。从而使"教"和"学"进入一个良性循环的轨道,教学效果自然会不断提高。因此,了解学生实在是一件一本万利的事情,师生双方都能从中获得巨大的利益。

4. 问题之三:忽视教学语言的可接受性

教学语言的可接受性是说,教学语言本身应难易适度、规范有用、语气恰当。但是,从学习者的角度来看,我们的课堂教学语言在相当程度上存在着不可接受性。

(1) 无效的教学语言：教师释词和讲解的语言如果过难,致使学生完全听不懂,即是一种无效的教学语言。其中,有些可能是因为教师没经验,没意识到输入给学生的语言偏难,这种情况尚可谅解。有时用来组织教学的语言,从学习者方面来看,都是些不知所云的"废话",这是另一种无效的教学语言。例如在一个学汉语不到一个学期的初级班里,使用这样一些教学语言就等于废话:"嘴要张开,不要怕,不要不好意思。舌尖要翘起来,顶住上颚。""你哪怕只知道一句也讲出来,讲错了没关系的,老师不会笑话你的。学语言就得脸皮厚着点儿。"

(2) 不良的教学语言：

A. 这个、这个……；就是说,就是说……；"啊,在山上,啊,在山上,啊,不是在家,不是在家里丢的。"

B. （这句话的意思）我感觉是……,我觉得好像是说……,应该是这个意思吧……

C. 懂了吗、明白了吗、你听懂了吗、都听懂了吗、不明白的举手。

D. "对！很好！""噢,好极了！回答得真对！""铃木的汉语真有进步,老师太高兴了！""下面呢,老师给你们留几道作业,明天,你们都交给老师。"

E. "噢,大家一定要注意语音问题。""韩国同学的语调也有些问题,你们一定要注意。""××在这里表示强调。""××表示转折的语气。"

F. "韩素珊,你去过动物园吗？""你怎么穿得这么少,不冷吗？可别感冒喽！""感冒你得多休息,多喝水,你房间里有热水吗？"

G."你们这个班,是我教过的最差的班级。""别人都会怎么就你不会?""怎么,连这句话也不懂,一年级就学过了。""你们的基础也太差了!""你怎么不问'水灵的小伙'可不可以说?为什么单问'水灵的姑娘'能不能说?哎,大家说说唉,他就对姑娘有兴趣?"

其中,A类纯粹属于个人的不良语言习惯;B类系不确切的教学语言;C类语言不是绝对不能用,但一定不要成为口头禅和"习惯动作",尤其要注意语气语调不能太生硬;D类是学生"深恶痛绝"的教学语言,拖着长腔、用夸张性的语调进行肉麻式的表扬,还不如不表扬,酸溜溜、哄孩子式的教学语言,学生普遍表示"受不了";E类教学语言几近废话:"注意哪一个语音,注意什么问题,怎么注意?"、"何谓强调?强调什么?"、"转折的语气又是个什么东西?"所说语焉不详。这类连老师都说不出、说不准的问题或语法术语,学生怎么能确知其义。把这类模棱两可的语言输入给学生只有坏处没有好处。F类语言不一定都出现在课堂上,也见于师生平时交往中。这类语言往往也令学习者大伤自尊、难以忍受,甚至极度反感。认为说这类话的人,是把他们"孩子化"甚至"弱智化"。上面例子中的那位韩素珊来自德国,她听到这样的问话以后非常生气,回答说:"你一直把我看成小孩子,是不是?告诉你,我已经22岁了。请不要问我这样的话!"然后"愤然"离去。——这是课间休息时发生的一次不愉快的对话,令在场的人都很尴尬。说"F类语言"的中国人实际上并没有恶意,顶多是"好心办了错事"。而外国学生特别是某些个性较强的西方学生,倒显得有点"无理"和"没良心",可他们却认为"问我去没去过动物园?当然是把我当成小孩子了"。"连感冒都不知道休息和吃药的人不是弱智又是什么?"G类是最可怕、最不良也最可恶的教学语言。不论教师是否意识到,这类语言对学生的打击都是"毁灭性"的,有的甚至是十分危险和不堪设想的。对学生的批评和教育是应该的、允许的,但应该是善意的;挖苦、讽刺和打击性的语言,无论是否出于有意,都是不允许的。

无效的教学语言和不良的教学语言,都是不可接受的语言。使用这样的教学语言,不但浪费时间,给学生造成语言负担,增加焦虑感,或者挫伤自尊心,而且如果过多过泛还会造成师生关系紧张,造成学生对教师的极度反感,以致影响教学和学习活动的正常进行。

5. 问题之四:忽视教学活动的可预知性

第二语言学习者大都是成年人,他们遇到过各种各样的老师及教学方法,他们都有各自独特的需要、认知经验和智力结构。有些学习者甚至对怎么教书和怎么学习还有自己的"一套理论"。而学习者的这些经验、方法和认知特点等等,都是在本国(或中国以外的其他国家)历史文化和教育传统的基础上形成的,跟中国老师在中国的历史文化和教育传统基础上形成的教学经验和教学方法等,有很大的差异。这种差异,有的学习者能理解和适应,有的则不然,甚至因缺乏了解和理解而失去对教师应有的尊重和认可。同样,教师如不了解第二语言学习者的这一特性,也可能对学生的"不理解和不配合"产生不满。这便是对外汉语教学跨文化性的重要体现。看不到这种差异,不能有效地避免这种差异可能给教学带来的负面影响,就不可能取得应有的教学效果。

这就要求教师的课堂教学应具有可预知性，简言之，就是增强教学过程及其意图的透明度。具体来说，教师在任课之初就应该"有言在先"：向学习者展示你的教学意图和计划，说明本课的教学要求和教学方法、测评方式，以及个人对第二语言教学的认识、对学习者的常规性要求等，目的是听取学习者的反映，吸收他们的意见和建议；而且在教学过程中也要适时适当地向学习者展示教学活动和各环节的目的、要求和做法。这样，从宏观到微观，让每一个学习者都知道这门课是干什么的、基本环节和方法有哪些、教师有哪些特别要求；并且知道在每一个环节中他应该干什么、怎么干以及为什么要这样做，从而可以大大减少学习者的焦虑感，增强他们的兴趣和配合意识，这对提高教学效率所起到的作用是不言而喻的。

应该指出的是，增强教学活动的可预知性，并不是为了让学习者必须接受教师的意图，而是要学习者了解教师的意图，并借机听取和吸收学习者的意见。因为得不到学习者理解和认可的教学方案，再好也没有实际价值。正是通过这种互动和整合，师生双方才能达成共识和默契，教学目标的实现才有可靠的保证。当然，教学的可预知性强、目的性强，并不就等于教学的高质量和高效率，但是，师生双方意图明确、目标清楚，无疑有利于教学过程中形成合力，造成一种"心往一处想，劲往一处使"的局面，这对教学质量和效率的提高无疑具有重要的作用。需要指出的是，展示教学意图固然重要，但更重要的还在于所要展示的"意图"应该科学实用，符合语言学习和教学的规律，并且教学过程中还要根据实际情况不断地进行调整，发挥师生双方的创造性。从对外汉语课堂教学的实际来看，忽视教学活动的可预知性是很普遍的现象。有些教师自身对所教课型的性质、特点、要求和教法等并不很熟悉,课堂操作程序紊乱,教学指令目的不明确,有时甚至显得无所事事,这样的教师自然也就谈不上展示可预知性的问题了。遗憾的是,许多教师并不是没有自己的教学计划和意图,缺乏的是向学习者展示这种计划和意图的意识,以及听取学习者意见的真诚态度。而忽视教学活动的可预知性,就难以做到教学的高质高效。

6. 问题之五:缺乏平等观念和包容意识

我们的教学是在中国传统文化和传统教育思想的土壤上进行的,这样一种背景,无不深刻地影响着教师的教学工作和整个教学活动的进行。总体上说,中国的教育教学观更多地重视教的一面,强调发挥教师的主导作用,忽视学生的学习能动性。"以教师为中心"、"我讲你听"的观念和做法,即使是在一些青年教师那里也有相当广泛的市场。而我们的教学对象都是在别类文化和教育传统中成长起来的,他们习惯的教育观念、师生观念、教学模式等跟中国有很大的不同。因此,在对外汉语教学中,教师要尽量克服"以师为主、以师为尊"、"以教为重、以讲为主"观念和心理,更加积极地树立师生平等的观念。树立师生平等的观念目的是为了建立民主化的课堂,其基本要求应该是:对教师来说,要充分尊重学生的意愿和主张,而不把自己的意愿和主张强加给学生;要鼓励学生参与对诸如教学内容、教学方式和进度、测试方式和标准、实践活动的次数和安排等问题的决策;提倡民主和协商而不是强迫和压制;一视同仁地对待和鼓励所有的同学,给所有的同学(包括所谓的"差生")以均等的机会。一位在中国任教的美国教授说,他在国内上课时经常是教师和学生肩并肩地围坐在一起开展讨论,轻松自如;但在这里不同:教师站在讲台上,给学生以"权威在上"的感觉,不利于平等参与。① 中国教师对中国学生"权威在上"尚可理解,因为文化和教育观念相同;而对外汉语教师给学汉语的外国学生这样一种"权威在上"的感觉,就不容易得到学生理解和支持,自然不利于学生的平等参与。

对外汉语教学的课堂实际上是由多元文化背景组成的集体,因此,教师在树立平等观念的同时,还要增强文化和观念的包容意识。教学过程中难免不涉及历史、文化、思想、观念和习俗,以及社会生活、国际问题、道德标准及其价值取向等问题,对此教师要充分尊重各种不同的意见,可以平等地表明自己的观点,但不必事事强求"跟我保持一致"。当然,对于诸如"1840年英国和中国打起仗来"、"中国人民和西藏人民是邻居"这类原则性的问题,要予以"严正指出",并要有理有据地加以纠正。但即使是这类问题也不一定就是学生有意在"挑衅",多数情况是不明真相。可以把了解和认识事情真相的过程留给学生,而不必当场让学生"认错"。要相信,历史和事实终究是不可改变的。因而,我们需要不断强化平等观念、民主思想和包容意识,如此我们将在师生关系、课内课外等多方面都获得效益。

7. 问题之六:缺乏汉语知识和"乱讲汉语"

实际上,缺乏汉语本体知识可能是一个更具有普遍性和根本性的问题。从我们自己15年的教学实践来说,我们深深感

---

① 参见戴炜栋等《转变观念,全面推进外语教学改革》,《外国语》1997年第6期。

到,了解学科性质、掌握教学原则、认识教学对象乃至树立以某某为中心的观念,等等,比之于掌握汉语本体知识来说都是不难做到的。因为,走进课堂或翻开学生的作业,几乎随时都会遇到说不清的语言现象。"正"和"正在"、"反"和"反而"、"刚"和"刚刚"、"走走"和"走一走",等等,究竟区别何在?"了"、"把"等到底表示什么样的语法意义,何时必得使用,何时可用可不用? *我有很少钱、*今天一点冷、*他打我得很、*她把我打了一巴掌,这类句子为什么是错句,诸如此类的问题,一般性的说说也许还可以,结合实例有些时候也可以解释得头头是道。但更多的时候,特别是遇到似是而非的句子,要说出"非"在何处绝不容易,甚至根本就说不出个所以然来。这是事实,无须回避和遮掩,并且原因也不一定都在教师身上,主要还在于汉语本体研究不够。朱德熙曾指出"上课许多问题说不清,是因为基础研究不够。"①邢福义认为,"就汉语本体研究而言,事实的深入挖掘,规律的有效揭示,至今还存在大片大片的薄弱点和空白点,远远不能满足对外汉语教学的需求。"②

但是,也有教师连最基本的语言知识都不具备,举不出离合词的例子,更说不出这类词的基本特点。有的老师课堂上随意讲解汉语,比如,在解释"小王喜欢的是足球,不是排球"时,告诉学生"'的是'表示强调,你们要强调某事的时候,就可以用'……的是……'来表示"。把"的"和"是"放在一起,看成一个东西,说

---

① 参见朱德熙《纪念〈语言教学与研究〉创刊 10 周年座谈会发言》,《语言教学与研究》1989 年第 3 期。

② 参见邢福义《关于对外汉语教学》,载《对外汉语教学:回眸与思考》,外语教学与研究出版社 2000 年版。

是用来表示强调,这真是想怎么讲就怎么讲。还有位试讲老师,根据"吃得饱"和"吃不饱"等少数几个例子就挽起袖子在黑板上"总结汉语规律",告诉学生说:"V 得 C"和"V 不 C"是可能补语的两种形式,它们的共同特点是,C 后面不能再加"了"。于是,有听课教师马上说:"以前我老睡不着觉,最近我加强了锻炼,晚上<u>睡得着了</u>。听你这么一讲我又<u>睡不着了</u>。""你要是这么讲课你的工作可就'保不住了'"。这种"乱讲汉语"的情况虽然不多,但不是没有。课堂上更多的是,教师随意性地以"表示强调"、"汉语就这么说"、"我看这两个句子没什么区别"、"好像可以这么说吧"或"我回去查一查"来搪塞学生提出的各种问题。可见,比之于这个法那个法、这个原则那个原则,缺乏汉语知识,是课堂教学最令人担忧的现象。当然,造成这种现象的原因不应都归咎于汉语教师,但课堂上"乱讲汉语"的责任肯定在教师。

第二章
对外汉语教学理论探讨

第一节　对外汉语教学理论研究的基本框架[①]

《国家哲学社会科学研究"十五"(2001—2005年)规划要点》中,在"语言学"门类下列有"外语教学理论与教学模式研究"和"汉语教学理论与学习理论研究"两项。[②]《国家社会科学基金项目 2001 年度课题指南》中,在重点项目下列有"第二语言教学与习得研究:包括中国人学习外语、少数民族学习汉语和外国人学习汉语的教学研究与习得规律、习得过程、习得顺序研究"。[③] 可见,在"十五"期间,国家在社科领域对对外汉语研究十分重视。

对外汉语教学从所教内容来看是一种汉语教学,从教学对象来看是一种外语教学。作为一种语言教学,我们在预测对外汉语研究走向时,就必须把它置于国家人文社会科学研究的总体框架中通盘考虑。

一　对外汉语教学的学科定位

对外汉语教学是不是一个独立的学科,以及它的归属问题,

[①]　本节摘自赵金铭《对外汉语研究的基本框架》,《世界汉语教学》2001 年第 3 期。
[②]　参见《国家哲学社会科学研究"十五"(2001—2005 年)规划要点》。
[③]　参见《国家社会科学基金项目 2001 年度课题指南》,《中国语文》2001 年第 1 期。

即它的上位学科究竟是什么,目前还存在不同的认识。

我们认为,对外汉语教学是否被看作是一个独立的学科并不重要,重要的是找准自己的位置,把握住自己的学术方向,以便寻求准确的研究切入点,切实地进行基础研究与应用研究,使对外汉语教学的学科水平得以真正的提高。如果我们还盘桓于"对外汉语教学学科地位上进一步论证"①,一味在对外汉语教学的"名"与"实"之间辩诘,甚至在对外汉语教学隶属于哪一门学科上纠缠,加强对外汉语教学的学科建设,岂不是会流于一句空话。对外汉语教学是语言教学的一种,是应用语言学的一个分支学科,这已成为对外汉语教学界大多数人的共识,本文的总体思路,就是基于这样一种共识而展开的。

目前我国已有人建议,把"语言学"列为一级学科,而语言教学是其下属学科应用语言学的重要分支学科。回顾历史,19世纪初,语言理论方面的研究与语言应用方面的研究开始分化。那时,作为应用语言学一个分支的语言教学同当时着重探讨历史问题的语言学分了手。可以说,语言教学,它是应用语言学中最古老的一个分支,但语言教学成为一个独立学科还是近几十年的事,也有人说有了上百年的历史。戴维·克里斯特尔所编《现代语言学词典》认为,应用语言学"主要关心的是如何应用语言学理论、方法和成果来阐释其他经验领域遇到的语言问题。应用语言学发展最充分的分支是外语教学,有时这个名称似乎只指这个领域。但是近年来,出现了好几个其他应用领域,包括

---

① 参见《1998—2000 年对外汉语教学科研课题指南》,《世界汉语教学》1998 年第 2 期。

语言故障的语言学分析(临床语言学)、母语教育中的语言使用(教育语言学)、词典学的发展、翻译和风格学等"。① 这就是说,狭义的应用语言学是以语言教学为对象的应用学科。这里的语言教学,特指外语教学。我们还特别注意到,只有母语教育中的语言使用,才是"教育语言学"范围内的事。

于是,我们可以为应用语言学(语言教学)绘出中国的应用语言学谱系图:

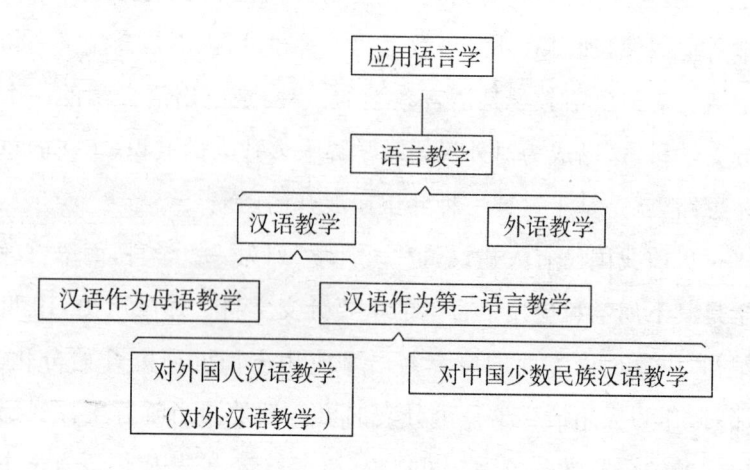

```
                    应用语言学
                        │
                     语言教学
                    ┌────┴────┐
                 汉语教学    外语教学
            ┌───────┴───────┐
        汉语作为母语教学  汉语作为第二语言教学
                    ┌───────┴───────┐
              对外国人汉语教学   对中国少数民族汉语教学
              (对外汉语教学)
```

图 1

这样,我们既找准了对外汉语教学所处的位置,就为对外汉语研究的学术定位打下了扎实、稳妥的基础。

从事对外汉语教学,自然要对教学中的各种现象进行研究,严格讲来,这并非学科建设。作为学科的对外汉语研究,是要探讨对外汉语教学中"有可能严格体系化的那个部分"。② 也就是

---

① 参见〔英〕戴维·克里斯特尔《现代语言学词典》(第4版),沈家煊译,商务印书馆2000年版。

② 参见龚千炎、冯志伟《应用语言学研究刍议》,《语文建设》1991年第6期。

说,对外汉语研究,尤其应该探讨对外汉语教学中的一般原则、方法和规律,以建立自身的科学研究体系。

关于这门学科的内部构成,邢福义先生有很好的概述:"作为一门学科,'对外汉语教学'具有两属性、三要素。学科以汉语为主,以对外教学为用。汉语是学科的本体属性,是学科构成的第一要素。对外教学是学科的应用属性,'对外'是学科构成的第二要素,'教学'是学科构成的第三要素。两属性、三要素的相互制约,形成学科的内在机制,编织成学科的自身系统。这一学科的发展与成型,有赖于两属性、三要素的有效结合。"①

为了清楚地显现对外汉语教学的"两属性、三要素",我们将其与"对中国人的外语教学"、"对中国少数民族汉语教学"和"母语教学"进行对比,察其异同,观其联系,表示如下:

表1

用	作为第二语言	对外国人	教　学	对中国人
		对中国少数民族		
	作为母语	对中国人		
本	汉语			外语

第一属性:汉语(本)　第二属性:对外国人教学(用)

第一要素:汉语　第二要素:对外国人　第三要素:教学

从表中可见,三种汉语教学的目的语均为汉语,是为共同之处,所异者,教学对象不同。如果再加上外语教学,共四种语言教学,其共同之处则均为语言教学。四种语言教学所不同者何?教学内容不同,教学对象不同,教学性质、特点不同,教学目的不

---

① 参见邢福义《关于对外汉语教学的学科建设》(1996年6月致国家汉办函),转引自张德鑫《对外汉语教学五十年》,《语言文字应用》2000年第1期。

同,教学环境不同,教学策略不同,如此而已。由此引发出在研究层面上就会既有共同点,更有各自的特异之处。

目前,学术界普遍认为,我国对外汉语研究状况尚不十分理想。季羡林先生认为"我国语言学界在这方面的研究和所采取的实际措施,远远不能令人满意"。① 有人阐释得更具体,认为我国的"对外汉语教学起步迟,理论研究和课程设计实验和师资的培训都跟不上形势发展的需要,教材教法也多半未能令人满意"。② 但是,无论怎么说,"对外汉语教学从 80 年代,特别是从 1992 年以来,逐渐进入蓬勃发展时期,'对外汉语教学'已逐渐作为应用语言学的一个分支成为一个独立的学科",③这也是不争的事实,我们认可这种观点。

二 对外汉语研究的基本框架

对外汉语教学,经过几十年的发展,现在在业内基本形成了这样一种共识:作为一门学科,对外汉语教学的理论基础是语言学(包括心理语言学、社会语言学、人类语言学)理论、心理学理论、教育学理论,从根本上说,它是一门新兴的边缘交叉学科。对外汉语研究的主要目标是要解决"怎样教"这个核心问题。而要解决这个核心问题,首先必须明确"教什么"和弄清学生"如何学"这两个基本问题。④ 一个"核心",两个"基本",这三者的关

---

① 参见季羡林《卷首语》,《语言文字应用》2000 年第 1 期。
② 参见李如龙《应用语言学的性质和内容》,载于根元主编《世纪之交的应用语言学》,北京广播学院出版社 2000 年版。
③ 参见陆俭明《汉语言文字应用面面观》,《语言文字应用》2000 年第 2 期。
④ 参见仲哲明《应用语言学研究的现状与展望》,载许嘉璐、王福祥、刘润清主编《中国语言学现状与展望》,外语教学与研究出版社 1996 年版。

系如图2。

这些年来,对外汉语教学研究基本上是围绕这个三角展开的。其实,这三个方面,正好构成作为学科的对外汉语理论研究的整体框架,其内涵是作为第二语言或外语的汉语本体研究及其教学规律与习得过程研究。不过,我们认为,研究框架的核心应是作为第二语言或外语的汉语,即服务于第二语言或外语的汉语本体研究,也就是说,"教什么"的问题才是研究的核心,而不应是"怎样教"。

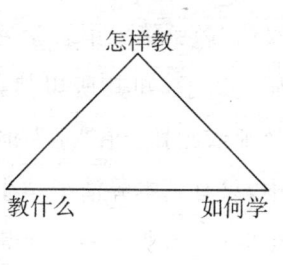

之所以如此,是因为对外汉语教学既是一种汉语教学,又是一种外语教学,我们习惯上所说的"对外汉语",其含义是指作为第二语言或外语的汉语,并不同于作为母语的汉语。研究"对外汉语"与研究作为母语的汉语,在目的、内容、方法、手段上均有很大的差别。研究对外汉语的目的,在于让学习者掌握汉语语音与韵律,了解汉语词语用法与搭配习惯,明白造句原理与句子组装规则以及正确、得体的汉语表达方法,从而养成新的语言习惯,培养学习者的汉语交际能力。在内容上,要求既要阐明汉语与其他语言的共通之处,更要揭示汉语所独具的特点,特别应点明学习者在学习过程中可能遇到的难点。在研究方法上多用语言对比分析、教育测量与统计等方法。这种作为第二语言或外语的汉语研究,体现了本学科的研究特点,是学科基础理论研究的重要组成部分,是"本"。

基于这种认识,我们把"教什么"、"如何学"、"怎样教"三者关系重新调整,得到图3。

首先要研究"教什么",即把"对外汉语"教给第二语言学习者,教学内容研究透了,知其所以然,学生据此学,教师依此教。在"学"和"教"这对矛盾中,只有基本弄清了学生习得过程、习得顺序、习得规律、习得策略之后,才能真正谈得上有针对性地实施教学。否则,"怎样教"的研究就会发飘,欠缺依据,底气不足,依然摆脱不掉经验之谈的毛病。当然,我们也充分肯定个人教学经验的积累与多年形成的习惯做法的价值,但应付诸具有一定规模的教学实验,反复验证,使之升华,成为理论,这也不失为一种研究路子。

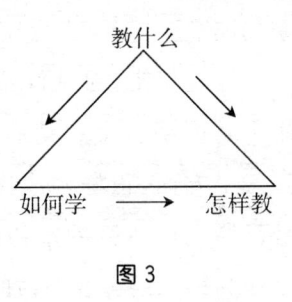

图 3

学术界持有类似观点者,亦不乏其人。陆俭明先生在论及对外汉语研究时,就提出了四个步骤的观点:"研究工作应紧紧围绕'怎样在尽可能短的时间里让外国学生尽快学好汉语'这么一个问题。首先需作基础研究,其次需加强汉外对比研究和外国学生偏误分析研究,以便尽可能有针对性地进行对外汉语教学。再其次,在上述研究的基础上编出各种门类的高质量教材。最后要进一步研究、改进教学法。"[①](文中的着重号为引者所加)其实,这首先研究的就是"教什么",其次研究的就是"如何学",再其次与最后研究的才是"怎样教",条理分明,步骤不紊。

在这进入新世纪之时,我们有必要在总结我国对外汉语研究的基础上,权衡利弊得失,认真思考并加强对外汉语研究,真正地把它作为一个学科来建设。为此,我们认为应开辟多视角

---

① 参见陆俭明《卷首语》,《语言文字应用》1999 年第 1 期。

的研究路向。综观全局,对外汉语研究既然定位于应用语言学研究范畴之内,那么,它应该是语言学、心理学、教育学、计算语言学和现代教育技术的交叉地带,这样看来,似应有四个层面的研究:

第一层面——本体论:从事汉语本体研究,其理论基础为语言学。

第二层面——认识论:从事汉语习得与认识研究,其理论基础是心理学。

第三层面——方法论:从事教学理论与方法研究,其理论基础是教育学。

第四层面——工具论:从事现代科技手段如何应用于教学与学习的研究,其理论基础为计算语言学和现代教育技术。

我们认为应走出单向研究模式,走向四个层面研究相结合的系统研究格局,研究思路与研究视野应有开拓性、原创性。于是,我们把对外汉语研究看成一个系统工程,列表如下:

表2

	理论基础	研究内容	研究目的
对外汉语研究	语言学	本体论:汉语本体研究	教什么
	心理学	认识论:汉语习得与认知研究	如何学
	教育学	方法论:教学理论与方法研究	怎样教
	计算语言学和现代教育技术	工具论:现代科技手段在教学与学习中的应用研究	用什么技术手段

我们还可以把这个表绘制成一个图(见图4),以观其会通。

作为一个系统工程,各领域之间应该是相通的,而不应该是封闭的,所以,从图中可以看出彼此没有边界。一个学科单独自足自主的日子已经一去不复返了。17世纪中国杰出的科学家徐光启早就有言:"欲求超胜,必先会通。"对外汉语研究应当是一种会通的研究。

三 对外汉语研究项目蠡测

在"九五"期间,有关专家针对当时对外汉语研究的状况,曾建议"在今后的五年到十年里,首先应该加强以调查为主的基础理论研究"。① 诸如对学习者的学习需求进行全面的综合调查;对汉语在不同职业、不同专业、不同场合的使用情况进行调查、统计和分析;对汉语习得过程和语言教学过程进行观察分析等。

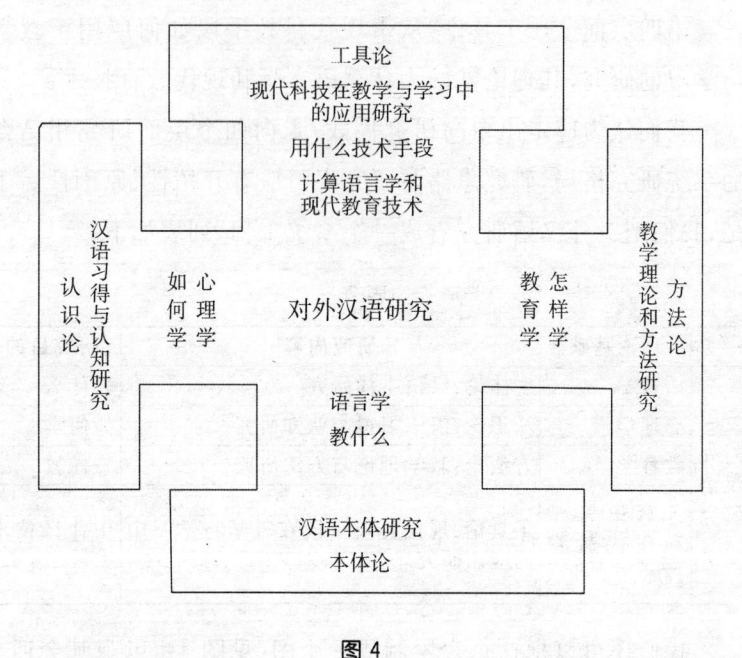

```
                  ┌──────────────────────┐
                  │        工具论         │
                  │ 现代科技在教学与学习中 │
                  │      的应用研究       │
                  │    用什么技术手段     │
                  │    计算语言学和       │
                  │    现代教育技术       │
    ┌─────────────┘                      └─────────────┐
    │ 汉  心                              教  教        │
    │ 语  理    对外汉语研究              怎  学  方    │
    │ 习  学                              样  理  法    │
    │ 得  如                              学  论  论    │
    │ 与  何                              教  和        │
    │ 认  学                              育  方        │
    │ 知                                  学  法        │
    │ 研                                      研        │
    │ 究                                      究        │
    │ 认                   语言学                       │
    │ 识                   教什么                       │
    │ 论                                                │
    └─────────────┐                      ┌─────────────┘
                  │    汉语本体研究       │
                  │       本体论          │
                  └──────────────────────┘
```

图 4

────────────

① 参见仲哲明《应用语言学研究的现状与展望》,载许嘉璐、王福祥、刘润清主编《中国语言学现状与展望》,外语教学与研究出版社1996年版。

这无疑是符合实际,十分正确的。目前,这种调查与分析仍在进行,仍是"十五"期间的重点攻关课题。但还应在对外汉语研究的整体框架内,对基础研究、应用基础研究和应用研究全面思考,统筹规划,按照科学研究的规律分清轻重缓急,排定孰先孰后,发展重点,填补空白。许嘉璐先生在谈到应用语言学研究时曾说:"我们不可能期望在一定的时间内把什么问题都研究清楚,因此自然科学界基础研究'有所为,有所不为'的原则同样适用于应用语言学。"① 当然,"有所为,有所不为"也同样适用于对外汉语研究。

1. 作为第二语言或外语的汉语研究

对外汉语教学不同于对本族人的语文教学。研究作为第二语言或外语的汉语,自然不同于研究作为母语的汉语。我们认为,研究服务于对外汉语教学的汉语问题,也就是研究"教什么"的问题,还要关涉到如下几个相关方面:教谁;教什么;教多少;何时教;如何教。

首先,要注意学习对象。第二语言学习者在学习第二语言时,严格说来,并非重新习得一种语言,而只是培养新的语言习惯,扩大言语行为手段,在熟悉自己母语的情况下,也就是说,在已掌握一套语言规则之外,再学习一种可以替代的规则。我们的第二语言学习者——外国留学生,他们的其他知识与技能正日趋完善,尤其是成年人的身心已经成熟,他们善于类推,精于比附,故而难免把已知的语言规则的某些部分用于学习之中。

---

① 参见许嘉璐《21 世纪——中国应用语言学成熟腾飞的时代》,《语言文字应用》2000 年第 1 期。

所以我们说,教师不是教他们习得语言,而是教授某种新的语言表现形式,培养新的语言习惯。王力先生以切身的研究告诫我们:"要学好外语,很重要的是改变自己的语言习惯。"又说:"学习外语没有别的秘诀,最要紧的是改变自己的语言习惯。"①"教什么"是汉语本体研究的中心,应该特别注意研究"彼无我有"或"彼有我无"的语言现象。比如,汉语虽缺乏严格意义的形态标志和形态变化,但是汉语在表达其他语言中的形态范畴时却有自己特殊的表达方式。汉语中有一些特殊句式,如"把"字句;汉语中有一些特殊的句法成分,如补语;汉语中有一些特殊的词法形式,如重叠;汉语有一些特殊的词类,如助词、量词;等等。再加上汉语表达注重意念关系,语法自由灵活,表达方式变化多样。这些既是学生学习的难点,也是我们研究的重点。

"教多少"是个"量"的问题,比如对汉语语法,我们就有取与舍、详与略之分,这个问题需要在与学习者的母语进行语言对比研究的基础之上权衡斟酌之后方可定夺。"何时教"是根据语言点的难易度排列教学顺序的问题,对这两个问题,陆俭明先生均有很好的建议。他认为在对外汉语教学中,就汉语言文字方面的知识来说,需进行以下一些基础研究:各年级学生应该掌握多少汉字、词语和语法要点?各个汉字、词语、语法要点在教材中出现时孰先孰后?复现率为几?递增率为几?以及怎样根据不同母语地区的特点,制定不同的字表、词表、语法要点表?② 这些研究,以前也做过一些,但或因语料选择不当,或因经验成分

---

① 参见王力《谈谈学外语》,载《王力论学新著》,广西人民出版社1983年版。
② 参见陆俭明《关于开展对外汉语教学研究之管见》,《语言文字应用》1999年第4期。

过重,科学性还有待加强。

至于"怎样教",那可真是"教无定法",因时、因人、因目的不同而各异,归纳法、演绎法、解释法、操练法……方法各异,唯我所用。

总之,我们应该充分认识研究"对外汉语"的价值,对外汉语教学的前辈学者林焘先生曰:"在对外汉语教学中有许多问题亟待深入的科研来解决,其中有一些可能成为汉语研究的新突破点。""对外汉语教学是一门综合性很强的新学科,必须从不同的角度进行多方位的研究,这不仅仅是为了提高对外汉语教学水平,更重要的是能够促进中国语言学的发展,提高中国语言学的研究水平。"①

这个层面似有如下课题应该研究:

(1)近年来国内外汉语研究成果整理与综述

(2)对外汉语教学语音、词汇、语法与汉字大纲之修订研究

(3)对外汉语教学参考语法研究(外国人用汉语语法手册,对外汉语教学语法体系研究,对外汉语教学用语法项目及其教学顺序研究)

(4)汉语韵律特征研究与外国人洋腔洋调之克服

(5)外国人学习汉语词汇状况的国别调查与汉语词汇研究

(6)基于大规模北京口语调查材料的汉语口语研究

(7)汉语篇章结构特点与汉语书面语交际能力研究

(8)汉字结构特点与外国人学习汉字研究

---

① 参见林焘《应用语言学是中国现代语言发展的动力》,载于根元主编《世纪之交的应用语言学》,北京广播学院出版社2000年版。

(9)基于外国人中介语语料库的汉语句法语义研究

(10)汉语语言类型学与对外汉语教学中的语言类型视野

2.汉语习得与认知研究

学习理论与学习规律的研究,属第二语言习得研究领域,具有跨学科研究的特点,它已迈出传统语言学的范畴,而广泛地借鉴了许多其他相关学科如心理学、社会学、人类学等学科的研究方法与成果。

这个方面的研究将涉及汉语与外语的对比分析、外国人学习汉语的偏误分析、外国人学习汉语中介语系统研究,特别是从第二语言习得的角度多所思考。它将包括三方面的内容:一是对学习者语言的研究,即按照一定的有关学习者言语行为的理论原则,来描述学习者的语言,这是对语言学习本身的研究。其次,要探讨学习者普遍性的认知规律与习得方式,包括语音、词汇、语法、语篇的习得。再次,从学习者的外部因素(比如社会因素)、学习者的内部因素(比如影响学习者的心理因素)以及学习者的个体差异(比如自身的生理、情感、学习动机、认知特点和学习策略)三个侧面对学习者进行研究。研究的基本出发点是,教师的"教"必须以学生的"学"为前提与依据。

这个层面似有如下课题应该研究:

(1)汉语习得研究

1)外国学生汉语语音、词汇、语法习得过程研究

2)外国学生(不同国别)汉语句式习得顺序与习得过程研究

3)外国学生汉语虚词的习得过程研究

4)外国学生阅读能力结构及学习过程研究

5) 不同母语学生汉字、汉语词汇认知加工及学习研究

6) 不同文化背景的外国学生汉语学习策略的发展研究

7) 外国学生母语的语言形态因素对外国人汉语学习之影响

8) 汉语句子的理解和语篇的理解过程研究

9) 国外第二语言习得研究综述

(2) 汉语认知研究

1) 外国学生汉字认知过程研究

2) 外国学生语音、词汇、句法认知加工过程研究

3) 汉语篇章阅读与写作过程研究

4) 汉语的元语言意识①(包括语音意识、句法意识、词法意识和正字法意识等)对汉语学习的影响

5) 欧美学生汉语语法的认知与学习专题研究

6) 日韩学生汉语学习与认知研究

(3) 汉语学习者的个体差异研究

1) 不同国家学生汉语学习动机调查与分析

2) 不同国家学生汉语学习策略使用及其与学习效果之间的关系研究

3) 不同母语及不同文化背景学生认知方式(学习方式)研究

4) 不同国家留学生汉语学习过程中的焦虑感研究

5) 不同母语学习者汉语学习能力倾向测验研究

6) 课堂教学与个别教学汉语学习效果对比分析

7) 不同学习环境对汉语学习之影响研究

---

① "语言意识"主要用于教育语言学,指对自己或他人使用的语言作出明达的、敏感的、批判性的反映,包括意识到相关的术语("元语言意识")。见《现代语言学词典》language awareness 条,商务印书馆 2000 年版,第 198 页。

3. 教学理论与教学方法研究

这个层面的研究将涉及课程与教学论、教材编写理论与实践、教学大纲的设计与制作、语言测试、对外汉语教师在职培训等诸多方面，这是一个"怎样教"的问题，这个问题一直是对外汉语教学界研究的重点。近年来，围绕对外汉语教学的"四大环节"研究，涌现了一大批科研成果，对教学原则、教学法路子、形形色色的教法，乃至各种各样的教材和教学技巧，讨论相当热烈，成果颇丰，这都充实并完善了对外汉语教学学科建设。

这个层面似可做如下课题研究：

(1) 50 年来对外汉语教学理论与教学方法研究综述

(2) 面向 WTO 的对外汉语教学设计与实验研究

(3) 对外汉语教学模式改革与创新研究

(4) 适应新世纪的对外汉语教学课程体系与教材研究

(5) 对外汉语教材的评估体系与创新体系研究

(6) 关于如何提高对外汉语教学质量与教学效率研究

(7) 体现汉语自身特点的汉语教学理论研究

(8) 以培养语言能力为导向的对外汉语教学体系研究

(9) 对外汉语教师业务素质及教师在职培训研究

(10) 汉语水平考试题库建设与自适应考试研究

(11) 汉语水平考试用词汇与汉字大纲的制定研究

4. 现代科技手段在对外汉语教学与研究中之应用研究

语言信息处理是一种手段，它的研究和开发工作，可以从以下三方面为对外汉语教学与对外汉语研究服务：一是以规则或统计数据的形式揭示汉语的规律，支撑对外汉语研究。二是为对外汉语教学与研究提供语料库和软件工具。三是开发计算机辅助对外汉语教学的素材库、课件及其他软件。

这个层面似可做如下课题研究：

(1)多媒体对外汉语教材的研制与多媒体对外汉语教学手段研究

(2)网络对外汉语教材的开发与网络对外汉语教学研究

(3)对已建成的语料库进行深加工研究，如中介语语料库的语法标注与检索

(4)利用现代高科技手段对对外汉语教学的字、词、语法等大纲进行修订研究

(5)各种类型的汉语课堂教学多媒体素材库建设研究

(6)计算机辅助条件下的语言认知加工过程研究

(7)多媒体条件下的汉语字、词识别和阅读理解过程研究

(8)外国留学生书面表达过程自动查错系统研究

以上四个层面的研究项目均为举例性质，挂一漏万，仅供研究者参考。但对外汉语研究如能兼涉上述四个层面，对完备学科建设，定不无裨益。对外汉语研究作为一个独立的学科，庶几近矣。

第二节 第二语言能力结构研究[①]

北京语言学院汉语水平考试中心在向海外推行汉语水平考

---

① 本节摘自陈宏《第二语言能力结构研究回顾》，《世界汉语教学》1996年第2期。

试(以下简称 HSK)时,经常会遇到一些汉语教师问到这样的问题:获取 HSK 各级证书的考生,其汉语能力分别相当于哪级水平的以汉语为母语者? 遗憾的是,我们已往并没有作过这方面的比较,因为从实证的角度看,这一类的研究至少不是单靠 HSK 这一类测量手段所能完成的。在一般的意义上,作为一种语言能力的测量工具,HSK 的外部效度不可能伸张得那么大。

然而,这些教师所提出的问题还是引起了笔者很大的兴趣,因为它使人不由得想到第二语言习得和语言测试研究领域近年来十分关注的关于第二语言能力的结构问题。笔者的考虑是,如果我们变换一个角度,不是从语言测试的效度出发,而是把 HSK 作为一种语言能力比较的手段,那么,我们是否有可能回答上面提到的问题呢? 当然语言能力的比较,不只是在以汉语为第二语言学习者和以汉语为母语者之间进行的,第二语言学习者中因母语背景等差异而形成的不同的群体之间都有一个比较的问题。然而,首先要解决的是,我们比较些什么呢? 这就是语言能力结构研究要回答的问题。

一 语言能力结构——语言能力研究的基本框架

关于语言能力的比较和研究,至少有两种方法:对学习者某一学习阶段的语言能力状况进行共时的、横向的研究和对语言能力的形成过程进行历时的、纵向的研究。语言能力结构方面的研究属于前者。

国外语言学领域对语言能力的研究始于乔姆斯基。乔姆斯基假设儿童生而具有一种适于语言习得的语言习得装置。通过这种装置,普遍语法得以内化(Internalization),并成为构成理解和产生语言的"语言学能力"(Linguistic Competence)的基础。这种语言学能力具有不依赖具体的语言环境而存在的普遍性,所以儿童能够在任何语言环境下习得任何语言。[①] 乔姆斯基试图在剥离语言习得过程中社会文化因素作用的高度纯净的条件下,通过演绎的手段研究最抽象的语言能力。遗憾的是,这种理想化的假设至今没能为建立语言教学和语言测试关于语言能力的理论模型提供任何实际的帮助。

在批判乔姆斯基理论的基础上,海姆斯(Hymes)首次提出了"交际能力"的概念。[②] 在他看来,交际能力(无论是语言的或是其他形式的交际)主要包括两方面的内容:语法性和可接受性。语法性即合乎语法规则;可接受性指在文化上是可行的,在一定的情景中是得体的,并实现了交际的目的。然而,海姆斯并没有指出语言能力到底是什么,没有提出一套研究和描述语言能力结构的模型或理论框架。他的交际能力的概念只是语言的学习者和使用者为了达到交际目的必须做出的判断,对于语言教学或语言测试而言,也仅仅是有效的语言交际行为的一部分特征和通过这种语言行为观察推断交际能力需要参照的基本范畴。

我们发现,支配着现代语言教学与语言测试理论的主要有两种不同的概念,一种是对语言能力的标准或一般化(Standard or Generalized)定义的概念;一种是对语言能力的多变(Varia-

---

① Chomsky, N. *Aspects of the Theory of Syntax*. Cambridge, Mass.: MIT Press, 1965.

② Hymes, D. Models of the interaction of language and social setting. *Journal of Social Issues* 23, 1965; 'On communicative competence' in Pride, J. B. and J. Holmes (eds). *Sociolinguistics*. Harmondsworth: Penguin, 1972.

ble)定义的概念。标准定义的概念来源于把语言能力看作是单一的(Unitary)能力,甚至仅仅包含语法能力的观点。这方面的代表是 Oller 的"单一能力假设"(Unitary Competence Hypothesis)理论。① 这种概念现在已经扩展到包括交际能力的所有组成部分。多变定义的概念在开发特殊目的英语课程的早期阶段开始受到重视。它主张语言教学和语言测试要重视学生的学习目的和个人特征的多变性,对语言能力的定义要考虑交际能力的各个组成部分。这说明随着研究的进展,人们更倾向于认为"语言能力不是一种单一的能力,而是由几个既有区别又有联系的能力构成的"。② 于是,对这种多元互动的语言能力结构给予理论上的定义,便成为语言教学和语言测试领域的一大课题。这方面 Canale 和 Bachman 的理论产生了重要的影响。

　　Canale 把语言能力归纳为四个方面的知识和技能,这四方面的知识和技能包括:(1)语法能力(能够掌握语言代码);(2)社会语言学能力(言语能够在意义和形式上都具有得体性);(3)成段话语能力(能够在口头或书面的成段表达中协调语法形式与意义,把二者有机地结合起来);(4)策略能力(能够运用语言的和非语言的交际策略对交际中断进行补救,更有效地完成交际行为)。③

---

　　① Oller, J. W. Jr. (ed.). *Issues in Language Testing Research*. Rowley, Mass.: Newbury House,1983.

　　② Bachman, L. F. *Fundamental Considerations in Language Testing*. Oxford University Press,1990.

　　③ Canale, M. 'From communicative competence to communicative language pedagogy' in Richards, J. C. and R. W. Schmidt (eds.). *Language and Communication*. London: Longman,1983.

因为缺少对于这四方面能力之间互动关系的描述，Canale 的这个框架显然还不能成为一个理论模型。Bachman 在 Canale 的理论框架的基础上进行了概括、重组和补充，提出了由语言能力、策略能力和心理生理机制三个部分构成的交际性语言能力(Communicative Language Ability)模型。图 1 就是对这一模型的直观的描述。

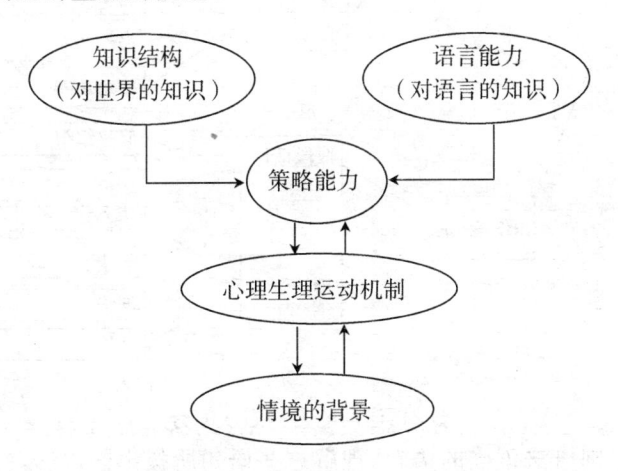

```
    知识结构              语言能力
   （对世界的知识）      （对语言的知识）
         \              /
          ↘          ↙
           策略能力
             ↕
         心理生理运动机制
             ↕
          情境的背景
```

图 1　交际性语言能力的各个组成部分

由这个模型不难看出，Bachman 特别强调交际性语言能力的各个部分之间和它们与语用环境及语言使用者的知识结构之间的相互作用。

在 Bachman 的理论框架中，人类通过语言进行交际时所运用的一组特定的知识按照各自的性质、地位、作用和相互关系构成了交际性语言能力模型中的语言能力部分。图 2 是 Bachman 提供的一个树形结构，它描述了作为构成语言能力的要素，这些不同性质、不同层次的知识和能力之间的等级关系。

图 2 描述的组织能力是那些通过控制语言的形式结构以创

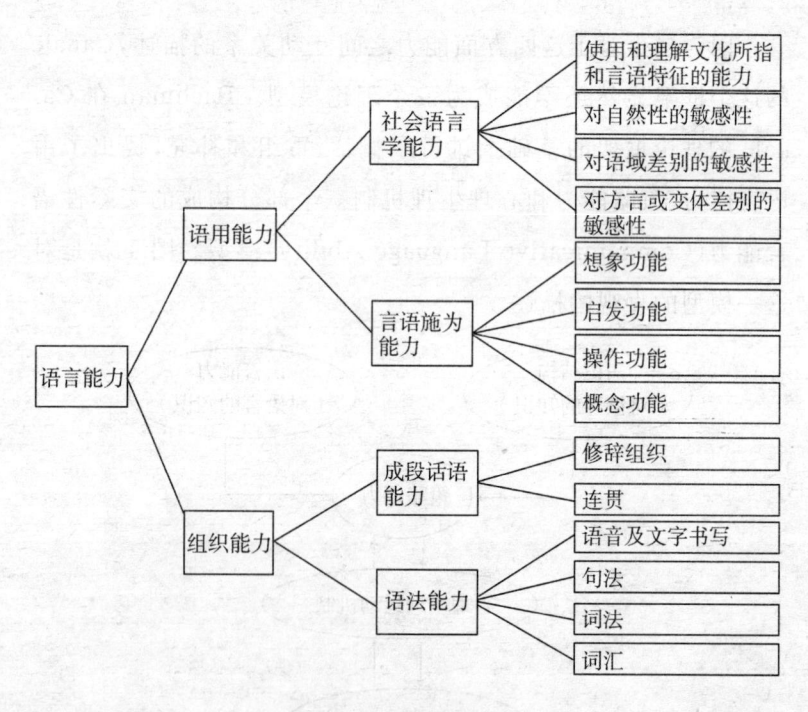

```
                                  ┌─ 使用和理解文化所指
                                  │  和言语特征的能力
                    ┌─ 社会语言 ──┼─ 对自然性的敏感性
                    │   学能力    ├─ 对语域差别的敏感性
                    │             └─ 对方言或变体差别的
         ┌─ 语用能力┤                敏感性
         │          │             ┌─ 想象功能
         │          │             ├─ 启发功能
         │          └─ 言语施为 ──┤
         │             能力       ├─ 操作功能
语言能力 ┤                         └─ 概念功能
         │          ┌─ 成段话语 ──┬─ 修辞组织
         │          │   能力      └─ 连贯
         │          │             ┌─ 语音及文字书写
         └─ 组织能力┤             ├─ 句法
                    └─ 语法能力 ──┤
                                  ├─ 词法
                                  └─ 词汇
```

图 2　语言能力的组成部分

造或识别语法正确的语句,理解这些语句所提出的内容,并将它们按一定的次序连接起来以构成口头或书面的成段话语的能力。简言之,组织能力即对语言交际中的语言符号进行组织并使其与所指按一定方式结合起来的能力。其中概括了 Canale 的框架中所有语言形式方面的要素。图 2 描述的语用能力指的是在特定的交际环境中发出和理解具有按语言使用常规可以接受的言语功能,按照连贯成段话语的需要及一定的社会文化习俗要求是得体的言语的能力。可见语用能力所概括的主要是语言的意义、功能和环境方面的要素以及这些要素之间最基本的两种关系:言语的意义和功能与语言使用者想要通过言语表达的意义和功能的关系;言语的得体性与决定这种得体性的语用环境的特征的关系。对于图2的整个树形结构而言,各种知识和能力之间以及它们与语用环境之间的相互作用,实际上是语言能力构成中最重要的一个要素。Bachman还特别强调,语言能力的任何要素都不能独立于其他要素而存在,这些要素之间以及它们与语用环境的互动作用正是交际性语言运用的主要特征。

为了说明交际性语言能力内部的这种相互作用,Bachman又提出了一个语用模型:

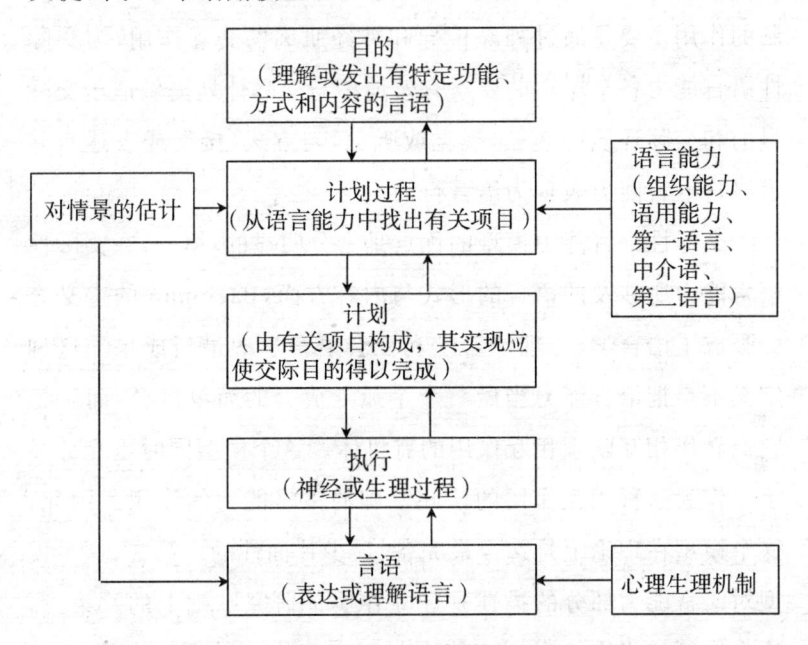

图3 语用模型

在这个模型中,策略能力主要包括三个部分:对情景进行估计,通过重现语言能力中的有关项目来构成语言交际计划,以及通过某种心理或生理过程以执行交际计划。可以说,策略能力是那种将语言能力与语言使用者的知识结构及交际环境的特征贯穿起来的心理能力。它的作用主要是调动交际性语言能力的各个要素,连接它们并使它们发生互动从而更有效地进行交际。因此,可以认为策略能力属于一般认知能力范畴。由这一点看来,Bachman 的理论框架实际上同时吸取了一般化语言能力定义和多变语言能力定义的合理成分。Bachman 的模型还有一点值得注意,即通常所说的听、说、读、写四项基本技能作为心理和生理过程并非语言活动所独有,所以没有笼统地归入语言能力部分,而是依其性质归入语言的心理生理机制。心理生理机制的作用主要是通过神经传导和神经肌肉的交互作用,为交际性语言能力各个层次的要素有效地参与交际计划提供适于交际目的和交际环境的途径(视觉或听觉)与方式(接受或表达),并最终将语言能力表现为语言行为。

交际性语言能力模型的优点是十分明显的:第一,在交际性语言能力所涉及的语言的形式与内容方面,Bachman 的定义充分吸取了语言学、心理语言学和社会语言学的最新成果。这种定义不是把语言能力当做一个个孤立成分的简单拼合,而是把它们看作相互联系相互作用的有机体。这个模型同时也充分显示了作为这种相互作用的认知基础的策略能力的作用。因此,这个模型在理论上是迄今最完备、最少片面性的。第二,这个模型对语言能力部分的描述是建立在实证研究基础上的。第三,这个模型初步描绘了语言能力与语言行为的关系。在图 3,我们可以看到各种不同层次的知识和能力是如何借助心理生理运动机制转化为技能并最终表现为言语的。

作为一个对语言能力结构的横向的剖面分析,Bachman 的模型无论对于语言教学还是语言测试研究都具有实际的参考和应用价值。当然,这个模型也有一些自身的局限性。最主要的是,尽管它揭示了语言能力结构内部各种成分之间、这些成分与语言学习者的整个知识体系以及外部环境之间的动态联系,但它并未注意到,或者是有意忽略了一个事实,即第二语言能力在其发展的任何一个阶段的静态的、多维的、共时的能力结构状况(各个组成部分在总体中的地位、作用等)只是另一种动态或一种历时的发展过程的中间状态,而且是无数这种中间状态的结果和出发点。在这种发展过程的各个点上,这种中间状态或语言能力结构内部的各种成分之间、这些成分与语言学习者的整个知识体系以及外部环境之间的关系都会有比例上甚或是质上的变化和差别。这种局限当然也是以往语言能力结构方面研究的一个通病。所以,语言能力结构方面的研究尽管有其课题自身的方向、重点和优势,因而是不可或缺的,但要使我们的研究更接近于发现语言能力的本质,就需要对研究对象进行更全面、立体、纵深的观察和概括。

在笔者看来,首先,我们可以仍然以语言能力结构研究的最新成果作为基本框架,同时我们需要一种能够使我们对语言能力结构内外各种关系的变化发展进行描述、概括和预测的手段,从而为语言能力结构的研究提供各个发展水平上的必要参照。笔者认为,第二语言习得研究中中介语研究近年来所取得的成果,它的基本理论及研究方法,恰好为我们提供了这样一个新的视角和操作手段。

二 中介语连续体——语言能力结构研究的新视角

中介语连续体的研究属于对语言能力的形成过程进行历时

的、纵向的研究。"中介语"这一术语是由 Selinker 首次提出的。① 它指的是第二语言学习者对这种语言的知识和能力体系。无论从语言学、社会语言学还是心理语言学的意义上说,这种语言都独立于学习者的第一语言和目的语。根据 Rod Ellis 以及其他一些学者的观点,② 中介语实际包含了两个相互联系而又相互区别的概念。第一,中介语反映了语言学习者在其语言发展的任一阶段所建立的静态的结构系统。第二,中介语反映了那种随着学习的进展,作为语言习得重要特征的动态的、渐进的、成系列的连锁系统,正是这种连锁系统构成了 Corder 称之为语言学习者的"固有大纲"(Built-in Syllabus)的"中介语连续体"。③

中介语理论起初把中介语连续体看作是一个从第二语言学习者的母语延展到目的语的"重构"连续体。④ 按照这种看法,所谓重构,就是学习者逐步以目的语的部件替代其母语的部件。⑤ Selinker 则认为,第二语言学习很可能以两种不同的方式进行。一种需要利用与母语习得同样的心理机制,另一种则

---

① Selinker, L. Interlanguage. *International Review of Applied Linguistics* X, 1972.

② Ellis, R. *Understanding Second Language Acquisition*. Oxford University Press, 1985.

③ Corder, S. The significance of learners' errors. *International Review of Applied Linguistics* V, 1967.

④ Corder, S. 'Language-learner language' in Richards, J. (ed.).: *Understanding Second and Foreign Language Learning*. Rowley, Mass.: Newbury House, 1978.

⑤ Nemser, W. Approximative systems of foreign language learners. *International Review of Applied Linguistics* IX, 1971.

很可能需要利用某种替代物,即人类负责语言习得以外的其他种类学习的心理机制。由于这种替代机制的作用,第二语言习得表现为一种"创生过程"(Creative Construction)。而中介语的实质是一种"再生连续体"(Recreation Continuum)。[1] 按照这种观点,中介语连续体的生成和发展是一个中介语知识逐渐复杂化的过程。即一种通过不断引入新的规则以改进、转换和扩大已建立的过渡系统的渐进过程。在这个过程中,第二语言学习者以一种非常类似于儿童习得母语的方式逐步创造出一套中介语的规则系统。

在有关中介语连续体的性质的观点由"重构"向"再生"转变的过程中,国外一些学者试图进一步论证第二语言学习遵循着一条"自然发展的道路"(Natural Route of Development),并为此进行了一系列着眼于学习者语言行为的实证研究。其成果在促成上述转变方面起到了重要作用。这些学者的研究提出了以下问题:(一)是不是所有的第二语言学习者都遵循着同一条发展道路,即中介语连续体是否带有普遍性?(二)如果这种中介语连续体在学习者个体之间存在差异,其主要表现是什么?根源在哪里?(三)既然第二语言学习和母语习得同样被视为创造性的发现过程,它们在多大程度上具有共同性?

在横向研究方面,Dulay 和 Burt 等学者在 20 世纪 70 年代进行了一系列语素分析方面的研究。[2] 这些研究有一个共同假

---

[1] Selinker, L. Interlanguage. *International Review of Applied Linguistics* X, 1972.

[2] Dulay, H. and M. Burt. Natural sequences in child second language acquisition. *Language Learning* 24, 1974.

设,即第二语言学习遵循着一种不变的次序。表面看来,他们的研究结果似乎表明,尽管被试的母语背景、年龄等个人特征不同,但所有的第二语言学习者似乎都以一种非常相似的方式发展他们的中介语连续体,因为各种语法功能项目的习得次序大体是一致的。他们认为这种现象证实了"固有大纲"的存在。同时他们也发现,第二语言学习者的习得次序不同于已往第一语言习得研究中发现的儿童习得语素的次序,而这一现象很可能归因于上面提到的第二语言学习与母语习得的心理机制不同。

对通过自然发展的道路再生成中介语连续体的理论,最有力的支持来自纵向研究[1]学者所提供的大量实证性依据。与横向研究相比较,这些研究的一个显著优点在于其数据取自习得过程中的不同时间,因而能够提供对这一过程的更为可靠的描述。Ellis 认为,这种中介语连续体在其发展的各个阶段都有着既不同于母语也不同于目的语的结构方面的特征。尽管学习者的母语有所不同,但有证据表明他们习得语法分支系统的过程具有很大的相似性,这对说明中介语连续体的再生有其自然的发展程序的观点无疑是有利的。然而,中介语连续体不仅具有一定的普遍意义,还因学习者母语及学习偏好等个体差异表现出个体发展的某些特殊性。[2] Ellis 在这里使用了两个相互区别

---

[1] Schumann, J. *The Pidginization Process: A Model for Second Language Acquisition*. Rowley, Mass.: Newbury House. 1980;'The acquisition of English negation by speakers of Spanish: a review of the literature' in Andersen, R. (ed.). *The Acquisition and Use of Spanish and English as First and Second Languages*. Washington. D.C.: TESOL,1979.

[2] Ellis, R. *Understanding Second Language Acquisition*. Oxford University Press,1985.

的概念:习得程序(Sequence of Acquisition)和习得次序(Order of Acquisition),并进一步解释说,习得程序指的是中介语连续体的全部创生过程及这种过程的产物。每一个第二语言学习者都要经过若干个过渡性、发展性的阶段,所有语法项目的习得都有一个基本程序。这一点具有普遍性。然而,在中介语自然发展的程序内部,习得次序又具有某种灵活性和不确定性,亦即每一个具体的语法项目何时习得,或是否在某一特定的时间习得因人而异。研究同时也证明,习得程序的普遍性和习得次序的特殊性不仅适用于第二语言学习,而且也适用于母语习得。这是迄今能够确认的两者之间唯一的共同性。

中介语连续体方面的研究发展到现在已经有20多年了,但有关第二语言与母语是否有着相同的习得过程的讨论仍然很难形成共识。同时这种研究也暴露出其理论与方法上的一些局限。要而言之,在这种研究中,语言习得实际上还仅仅被理解为获得某种语言学意义上的能力,因而对语言能力结构系统的研究主要还局限于语法领域,横向研究更是仅限于单个或少数几个语法项目,这样中介语的研究就把自己局限在一个历时的单维的过程中,而没有注意或是有意忽略了一个事实(而有关这一事实的理论和研究本应成为中介语连续体研究的基础),即语言能力首先是一种共时的、多维的体系,这个体系的发展实质就在于其内部结构不断发生的比例上甚或是质上的变化。因此中介语研究的深入有待于纠正这种思想方法的片面性,而纠正这种片面性首先就要回答语言能力结构这样一个基本的问题。笔者认为,语言能力研究必须以对其结构和动态发展的综合考虑为基础。只有这样,我们才有可能在语言教学和语言测试工作以及这些领域的相关研究中对中介语能力的本质认识得更自觉、更全面、更有深度,也更具预见性。

第三节 交际能力训练模式探索[①]

一

第二语言教学的目的是培养学习者运用目的语进行交际的能力,而不只是让学习者掌握目的语的语言知识和一定的听说读写技能,这个根本性的问题现在已经成为大多数第二语言教师的共识。

掌握语言交际能力是社会现实对第二语言人才的要求,为了掌握语言交际能力,当然又必须首先掌握一定的语言知识和语言技能。但我们不能指望学生掌握了一定的语言知识和语言技能之后,走出课堂就能在社会交际中自动形成交际能力。交际能力是需要经专门的、交际方式的培养和训练才能达到的。因此,在第二语言教学中,语言交际既是目的又是手段。教师应当努力设法把交际引入课堂。

第二语言的习得过程一般可用下图来表示:

| 课堂语言输入 | ⇒ | 语言表达操练 | ⇒ | 语言规则吸收内化 | ⇒ | 语言技能 | ⇒ | 社会自然语言接触 | ⇒ | 语言交际能力 |

第二语言教学的最终目的是培养学习者的语言交际能力,

[①] 本节摘自周健《论突出以目标为导向的交际能力训练》,《世界汉语教学》2001年第3期。

我们可以从改进教学的每个环节入手,更有效地达到这一目标。

首先是课堂语言输入,语言能力的发展始于语言输入,输入应是可理解的,输入不足或不能被学习者吸收,就无法达到习得语言的目的。课堂上的教学输入应保证充足、可懂、易接受,难度以略微超过学习者的现有水平为宜,即符合克拉申提出的 i+1 原则。语料的选择应以真实的、贴近现实生活的为主,我们反对那种为适应语法点安排而人为编造的、斧凿痕迹很重的、不自然的句子,要尽量避免"教科书语言"。当然,输入的形式可以是交际性的,也可以是非交际性的。例如,精读课文可能是叙述一个故事或评论一种现象,这是非交际性的;也可能是一段对话或讨论,这是交际性的。又如听力课文,可能是一段新闻或一段评论,这是非交际性的;但也可能是一段访谈或一段答问,这是交际性的。我们并不要求每一课的课文都是交际性的,但要保证每课都有一定量的交际性内容或话题,以便展开交际的训练。有的教师还进一步提出了"话题的优选",①认为"话题的优选不仅可以典型地概括现实交际生活,还满足学生的需求"。我们可以把话题按实用程度分为最常用(有关日常生活、学习、社交活动)、常用和次常用的话题。语言的输入要考虑学生交际活动时间和空间的发展顺序,兼顾语法点的合理安排以确定话题的编排顺序。

在"语言表达操练"这一环节中,词语的朗读、句型的替换、课文内容的问答和复述等机械性、模仿性的操练是不可或缺的,

---

① 参见马箭飞《汉语速成教学的最优化策略》,载《汉语速成教学研究》第一辑,北京大学出版社 1997 年版。

它有助于强化记忆。特别是对于初级阶段的外国学生,没有大量的、反复的、机械性的练习,就无法排除母语对目的语的干扰,阻碍掌握汉语的语言系统和交际模式。但我们也必须看到这种机械模仿练习的局限,它使学生完全处于被动的地位,束缚了他们的想象力和创造性发挥。学生做这种练习时不需要考虑语言环境、文化习俗和交际功能。他们学会的可能是正确的但却是孤立的句子,很难在实际交际中恰当地运用。长期做这种机械性模仿性训练也容易造成学生语言学习上的惰性思维方式。教学中常常对所谓"重要的"或困难的结构形式过分强调并进行大量的操练,还可能导致学生在交际中不分场合过度使用某些句式,产生另一种形式的偏误。

我们认为当学生基本上掌握了句子结构和课文内容以后,机械性的训练就必须转入到交际性的训练方面。从前述第二语言的习得流程示意图中,我们可以看出学生话语交际能力的最终实现是在与社会自然语言接触之后形成的,也就是说基本上是在课堂教学之后完成的。这即使不能说是课堂教学的失败,至少也是课堂教学的不足。现在我们提出把真实的交际和接近真实的交际引入课堂,目的就是力求在课堂教学中训练和培养学生的话语交际技能。作为第二语言教师,我们应当清醒地认识到,我们一切教学的终极目标是培养学生的言语交际能力,我们提倡突出以目标为导向的语言课堂教学,教学目标应当指导我们对教学内容和教学方法的选择。当然,学习者在第二语言学习的各个阶段,都会有社会自然语言的输入和社会交际的实践,但是这种语言接触由于缺乏指导收效一般并不明显。

既然语言教学培养的是目的语的言语能力和言语交际能

力,所以具有决定意义的不是语言理论知识和交际理论知识,而是自动化的言语熟巧。"而培养熟巧的心理活动规律又证明,任何熟巧在培养时,如果一个人意识并理解到为什么他要做这个或那个动作以及怎样去做它们的话,那么熟巧的形成也就更快、更容易,熟巧一旦形成,保留得也更持久。"① 所以,言语交际的训练应当成为师生双方的自觉行为。

二

课堂上言语交际能力的训练大致可以分为三类:模拟交际、接近真实的交际和真实的交际。下面我们分别讨论这三种训练的一些具体做法。

1. 模拟交际的言语能力训练方式很多,最常见的是围绕课文或所学内容进行的问答对话。由于问题的答案多半是限定的或双方共知的,而且师生双方均意识到他们正在做的是某种程式的语言操练,而不是交流信息,因此这种交际活动属于非真实的交际。如下面这段问答:

教师(拿着一个闹钟):这是什么?

学生:钟。

教师:这是哪国生产的?(把钟递给学生 A)

学生 A:(看见钟背面写着 Made in China)这是中国生产的。

教师(指着闹钟上的时刻,问学生 B):现在几点?

学生 B:11 点 20 分。

教师:对。(拨动闹钟后,问学生 C)现在几点?

---

① 参见章兼中《国外外语教学法主要流派》,华东师范大学出版社1983年版。

学生 C:3 点 10 分。

对学生来说,对话中尽管包含一定的未知信息,但对教师来说,却是明知故问,仍然属于非真实的交际。这种带有交际性质的课堂操练是很有必要的,一方面能巩固所学的语言知识,一方面能初步开展交际能力的训练。除了 6W 查询式问答(问发生的事件、人物、时间、地点、方式、原因等)外,还可以做改变表述方式(比如把叙述体改为对话体)、分角色表演、限词编对话、编故事、故事接龙、续完句子、比较两幅近似图画的不同之处、词语替换、词语联想、设置情境的会话练习以及语言游戏等等。形式多样,均属于模拟交际,目的在于培养学生的交际能力。

2. 比模拟交际进一步的是接近真实的交际。在这种交际中,双方感兴趣的是交流看法、获取信息,通常对方的回答是不可预知的。普拉胡(Prabhu)认为,比较难以预测的信息更具有交际意义。① 这种交际的基础是建立在信息差(information gap)之上,要把比较真实的交际引入课堂,关键在于说话人要告诉听话人他所不知道的信息。如果信息是共知的,那么交际是人为的、做作的、非真实的,不容易引起学生参与的兴趣。

教师可以在课堂上通过设置"信息差"来创造接近真实的交际。例如,运用"提示猜词"这个教学技巧时,先让坐在第一、三、五等单数排的学生转身向后坐,相对的两人为一组。这时教师在黑板上写下若干词语,要求面向黑板的人,不能直接说出这些词,而用侧面提示的办法使背朝黑板的人猜出来。老师最后可

---

① Prabhu, N. S. *Second language Pedagogy*. Oxford University Press, 1987.

以评议一下大家的"提示语"。这就是运用信息差设计的技巧。掌握了这一原理,我们还可以设计出很多类似的活动,比如给单双行学生发不同内容的资料,让他们通过问答了解对方的资料内容;也可以让单行的学生走到教室外边去阅读一个故事,留在教室里双行的学生听一段录音,然后让外边的学生进来,看谁能用最少的提问把对方掌握的信息弄清楚。

除此之外,还可以做"相片描述"(每人交一张人物照片,放在讲桌上,叫一学生抽取一张进行描述,直到照片的主人认定为止;或者叫相片主人坐在座位上描述,让另一位学生在讲台上众多的相片中找到所描述的那张)、"形象刻画"(每人书面描述一位老师或同学,不能写出其姓名,然后读给大家听,看大家能否猜出他所刻画的对象),以及"录像片段描绘"、"听歌记词"、"新闻发布会"、"电话约会"、"话题讨论"、"课堂辩论"等等接近于真实的交际活动。

3. 真实的交际通常是在课堂之外进行的。例如学生的日常生活及社交活动、语言实习活动、参观访问、社会调查等等,这对学生交际能力的形成是至关重要的,但我们也可以借助某些情境或契机把真实的交际引入课堂,比如师生的初次见面,可以互相询问有关的情况,教师应鼓励学生向自己提问题。以后来了新同学或新教师都可以这样做;有时或借助"来访者",比如学生家长、老师或学生的朋友、旅行社的经理或导游、产品推销员、医生、学校的工作人员等,引导学生开展问答交际;学校、系部或班级准备进行某项课外活动,均可引导学生对活动的内容、方式、时间、地点、注意事项等开展讨论;对于最近发生的国际时事,可以安排一位学生(最好是来自事件发生国的学生),为全班同学报告事件真相并发表评论,同时鼓励大家提问和讨论;又如组织学生对共同看过的电影、文学作品、表演、比赛、班级事件或共同参与过的活动开展评论或总结。

这些交际活动都是以获取信息、交流思想、联络感情为目的而展开的,都属于真实的交际。正如 Stern 指出的:"信息差作为一般交谈的特点,不仅仅存在于谈话之中,它也是学习新知识、聆听讲座和阅读文本的特征。"①我们要把握信息差的作用,开展多种形式的课堂交际活动。

学生在各种类型的汉语课堂学得了一些语言形式、结构、表达方面的知识和技能,这种语言能力训练所追求的是正确性,但孤立语句的正确性并不能保证交际的成功。正如吕必松所指出的:"实际上,交际技能不是通过语言技能的训练就能自动获得的。因为它不但跟言语因素有关,而且跟语言心理和文化背景知识有关。要使学生较快地形成一定的交际能力,必须通过一定的方式对交际技能进行专门的培养和训练。"②

三

上面举例说明了以学生为中心的课堂交际活动,教师只要牢记第二语言的教学目标,运用信息差的手段,就能创造出许多行之有效的交际活动。这些活动不仅能活跃课堂气氛,而且能够调动每个学生参与课堂交际的积极性。语言的运用是一个创

---

① Stern, H. H. *Issues and Options in Language Teaching*. Oxford University Press,1992.

② 参见吕必松《关于教学内容与教学方法问题的思考》,《语言教学与研究》1990 年第 2 期。

造性的过程,我们把难以解决的、富有挑战性的问题放在学生面前,迫使学生做出对某一特定内容的反应,表达自己的意思。学生必须调动已学过的语言形式和语义组合,还要放在连贯的话语中进行表述。这样既能锻炼用汉语思考,又能把功能和形式有机地结合到特殊的交际情景中。教师既作为导演,又作为演员参与其中。交际能力训练的要素有情景、功能、意念、社会文化及性别、心理作用、语体和语域、重音和语调、语法和词汇、语言辅助手段等。海姆斯(Hymes)为交际能力提出了4个参数:语法性、可行性、合适性和现实性。显然,除了语言知识和语言规则的正确性之外,重点主要应放在语用方面,即言语的得体性、文化的适切性和话语的连贯性,到了高级阶段还要考虑修辞手段的运用问题。当前,留学生跨文化交际中存在的大量语用失误现象说明了我们汉语课堂中语用教学的不足,我们必须重视这些问题,找到改进课堂教学的措施。交际性的文化知识介绍、社会角色的转换和语言变体的知识、交际策略的分类等等有关交际的理论和知识,无疑都是语言交际教学的内容,但目前最需要的还是加强交际能力的训练,让学生在交际的实践活动中培养交际能力,提高交际水平。

我们在加强课堂交际活动时,还要处理好以下一些矛盾:首先是交际训练与语言知识讲解、语言技能训练的矛盾。有的教师非常重视语言知识和语言技能的系统性,总是在交际训练之前先进行限定词汇和限定句型的讲解和训练,希望学生在交际中能尽量运用这些知识,但在实际交际(如话题讨论)中,学生常常自由驰骋,超出教师划定的疆界。我们认为,交际活动本身就是自由表达思想的过程,而不是限词造句和句型模仿的操练,在交际中必须注意强化学生的表达欲望,保护他们的积极性,事先不必限定词汇及语法的范围,教师倒可以在训练活动之后,把交际中产生的"好词语"和"好句子"写在黑板上,带领学生练习、巩固。实践表明,这种做法,学生的收获更大。随之而来的问题是如何处理交际训练内容与教学顺序的矛盾,交际中语言的运用是一种创造性的活动,表达的内容常常打乱教科书安排的顺序甚至超出教科书的范围。教科书通常是编者按照一定的语法和词汇的体系,试图"由浅入深"地、"系统"地安排语言输入的。我们认为,教科书所安排的顺序与第二语言学习者的实际习得顺序并不一致,一个明显的例子是,学生先掌握的是了$_2$而不是了$_1$。我们对汉语作为第二语言的认知习得顺序的研究才刚刚起步,教材所安排的顺序往往是编者主观的构想,我们大可不必拘泥于教材的限定。教材是为语言交际教学服务的,教师决不可削足适履,一味让交际去适应教科书。事实上,任何一本教材都不可能满足学习者对交际的需求,也没有一个语言学习者愿把自己的语言能力限制在教科书的范围之内。我们要牢记,学生交际的需要和兴趣才是语言习得发展的最大动力。此外还有词汇和语法的矛盾,在交际训练中既要扩大学生的词汇量,又要掌握一定的语言结构,当二者发生矛盾时,应当坚持什么原则?虽然结构形式正确的表达方式是我们一贯追求的目标,但在实际交际中,捉襟见肘的词汇量往往是束缚学生自由表达思想的主要障碍。因此,我们认为词汇量是矛盾的主要方面,应当不遗余力地扩大学生的词汇量。

第四节　对外汉语教学的途径和方式问题[①]

我们已经进入充满希望的 21 世纪。随着我国经济的发展、政治的稳定和对外交流的扩大，必然会吸引更多的外国人和华侨华人子女学习汉语。北京"申奥"成功和我国加入世贸组织，又为汉语学习增加了新的动力。我们终于迎来了加快发展汉语教学的大好机遇。但是，机遇往往与挑战相伴。在这时间对每一个人都更加宝贵的信息时代，要加快发展汉语教学，就必须进一步提高教学效率，打破"汉语难学"的神话，使汉语学习者能够在尽可能短的时间内达到他们预期的学习目标。

毋庸讳言，我国对外汉语教学的效率还不能令人满意。原因是多方面的，但是跟教学理论和教学方法的研究不是毫无关系。正如刘珣教授所说："中外汉语教学工作者普遍对目前汉语教学效果不满意。……我们不能把教学效率不高完全归咎于汉语本身的特点和难点，以及汉语学习者汉语水平起点低等客观原因。根本原因可能还在于我们没有完全找到针对汉语特点的学习规律与教学规律，汉语作为第二语言教学的教学法体系还不完善，教学方法还需进一步改革。"[②]

我国对外汉语教学理论和教学方法的研究跟对外汉语教学事业同步发展。从事业开创算起，已经走过了 50 个年头；从自觉

[①] 本节摘自吕必松《汉语教学路子研究刍议》，《暨南大学华文学院学报》2003 年第 1 期。

[②] 参见刘珣《对外汉语教育学引论》，北京语言文化大学出版社 2000 年版。

进行学科建设算起,也已走过了 20 多个年头。半个世纪以来,我们在教学理论和教学方法的研究上已经取得了不小的进展。但是我国对外汉语教学的理论和方法基本上是随着欧美英语教学理论和方法的发展而发展的。当然,引进是必要的,因为不同语言的教学毕竟有一定的共性,教学理论和方法可以互相借鉴。我们需要通过借鉴开阔自己的眼界,打开自己的思路。没有借鉴,我国对外汉语教学研究就不可能发展到今天的水平。在借鉴的同时不忘总结自己的经验,也是我国对外汉语教学研究的好传统。不过,我们本来还可以做得更好。我们需要不断地对自己的研究进行反思。就拿关于如何处理教学内容与教学方法的关系问题来说,有学者曾经提出教学方法应由教学内容来决定,教学方法必须与教学内容相一致。① 后来逐渐发现,仅仅提出这一点是远远不够的,还应当同时说明,教学内容是跟所教语言的特点联系在一起的。例如,汉语的音节与印欧系语言音节的性质截然不同,因此,我们不应当按照教印欧系语言语音的套路教汉语语音;汉字是记录汉语音节的,跟印欧系语言的文字的性质也截然不同,因此也不应当按照教印欧系语言的文字的套路进行汉字教学。在世界范围内影响较大的各种语言教学法,例如语法翻译法、直接法、听说法、功能法等等,都是根据印欧系语言特别是英语的特点研究出来的,汉语有不同于印欧系语言的明显的特点,因此上述种种教学法所规定的原则和方法,并不能完全解决汉语教学中的特殊问题。例如,所有这些教学法都不能告诉我们应当

---

① 参见吕必松《关于教学内容与教学方法问题的思考》,《语言教学与研究》1990年第 2 期。

如何根据汉字的特点教汉字,如何根据汉语语音、语法的特点教语音、语法,如何正确处理书面汉语教学与口头汉语教学之间的关系。汉语教学中的这些特殊问题,必须靠我们自己去研究解决。只有把这些问题研究清楚了,才能逐渐形成符合汉语特点的语言教学法流派;也只有形成符合汉语特点的语言教学法流派,才能对一般语言教学法的研究作出贡献,因为共性就存在于个性之中,一般规律是从特殊规律中概括出来的。

我们在汉语教学理论和教学方法研究上存在的最大问题就是对汉语的特点缺乏足够的认识,总是在西方语言学理论和语言教学理论的框架内思考问题。不同意见的讨论和争论,也总是拿西方语言学理论和语言教学理论作为立论的根据,很少从汉语的特点出发研究问题。即使提到汉语的特点,也缺乏更深一层的思考。这说明我们在汉语教学的研究上存在着一个误区。正因为如此,我们至今还没有找到一条符合汉语特点和汉语学习规律的教学路子。现在占主流地位的教学路子,基本上是西方语言教学路子的翻版。教学路子不对头,就不可能取得最佳教学效果。

一 什么是教学路子

第二语言教学的路子,跟第二语言教学的目的和内容有关。

人们学习一种第二语言,是为了获得这种语言的语言能力和语言交际能力。当然,学习第二语言还有其他目的,例如开发智力、准备升学、提高文化素养等。但是这些目的只有通过获得一定的语言能力和语言交际能力才能达到。因此,进行第二语言教学要把帮助学生获得所学语言的语言能力和语言交际能力作为直接的教学目的。

语言能力和语言交际能力是由知识和技能两个方面的要素构成的。这里所说的知识,是指语言知识、语用知识和相关的文化知识。语言知识又包括语音、词语、语法和文字等语言要素以及关于语言和语言要素的理论知识。这里所说的技能,是指听、说、读、写等言语技能和相应的言语交际技能。这些也就是第二语言学习和教学的基本内容。

我们知道,语言知识、语用知识和相关文化知识是客观存在的,不会因为任何个人是否存在而受到影响;而言语技能和言语交际技能则总是跟具体的人联系在一起,是具体的人的技能,离开了具体的人,就无法体现这样的技能。客观存在的知识可以由传授而获得,属于个人的技能却需要经过训练才能掌握。言语技能和言语交际技能必须以客观存在的语言知识、语用知识和相关文化知识为基础,但是这些知识必须通过转化才能成为学习者个人的技能。转化的办法就是结合知识传授进行技能训练。因此,所谓语言教学,实际上就是通过适当的途径和方式以及相应的方法和技巧,把客观存在的语言知识、语用知识和相关的文化知识转化为学习者个人的言语技能和言语交际技能。语言教学的任务就是通过知识传授和技能训练去促进由知识向技能的转化。

要通过知识传授和技能训练来帮助学生完成由知识向技能的转化,就必须设计出进行知识传授和技能训练的途径和方式。这样的途径和方式就是教学路子。例如,把各种知识的传授和各项技能的训练放在同一门课中进行,就叫做"综合教学";通过开设听力、口语、阅读、写作等专项技能课分别训练不同的技能,并围绕不同技能的训练进行相关知识的教学,就叫做"分技能教学";既开设综合课,又开设专项技能课,就叫做"综合教学与分技能教学相结合"。"综合教学"、"分技能教学"、"综合教学与分技能教学相结合"就属于不同的教学路子。又如,用同一种教材在同一门课中既教语言又教文字,就叫做"语文一体";通过不同的课型分别教授口头汉语和书面汉语,就叫做"语文分离"。把"词"作为基本语法单位进行教学,使汉字教学附属于词汇教学,可以叫做"词本位"教学;把"字"作为基本语法单位进行教学,可以叫做"字本位"教学。"语文一体"教学和"语文分离"教学、"词本位"教学和"字本位"教学也属于不同的教学路子。

总起来说,所谓语言教学路子,就是经过人工设计的为实现某种教学目的而进行知识传授和技能训练的途径和方式。

二 为什么要研究教学路子

人们走路,从出发点到目的地,走直线就是走近路,走曲线就是走远路。走远路就要多花时间和气力。语言学习和教学也好比走路,存在着走近路还是走远路的问题。按照正确的路子学习和教授语言就等于走近路,按照错误的路子学习和教授语言就等于走远路。教学路子对于语言学习和教学的重要性就在于此。

语言教学路子是一种客观存在,只要进行语言教学,就必然会遵循一定的教学路子。我国对外汉语教学现行的教学路子不是只有一种,但是有一种教学路子已占据主流地位。这种占主流地位的教学路子的特点可以归结如下:

1. 以培养汉语能力和汉语交际能力为基本教学目的;
2. 以"语文一体"和"词本位"为基本教学模式;

3.按照综合教学与分技能教学相结合的思路设计课程；

4.主张结构与功能相结合,重视跟语言理解和语言使用相关的文化知识的教学；

5.提倡交际性原则和实践性原则,要求"精讲多练"。

上述教学路子是在借鉴西方语言教学理论和教学方法并不断总结自己的教学经验的过程中逐渐形成的。这种教学路子虽然融合了自己的教学经验,但是并没有突出汉语教学的个性。"语文一体"和"词本位"教学模式则在很大程度上背离了汉语的特点。

"语文一体"的教学模式不严格区分口语和书面语,不系统介绍口语体语言和书面语体语言的区别,不作语体转换练习；对阅读训练,尤其是大量和快速阅读训练的重视程度远远不够。这种教学模式培养的学生阅读能力普遍滞后,不能通过课外阅读吸收更多的知识；书面表达能力更差,即使是高年级的学生,写出的文章语体不伦不类的现象也相当严重。有些国外同行反映,他们的学生到中国学了一年半载以后,口头表达能力有了明显的提高,书面表达能力却不见长进。其实,学生口头表达能力的提高,除了得益于课堂教学以外,还得益于中国的语言环境。

"词本位"教学把词作为基本语法单位,把汉字作为单纯的书写符号,使其附属于词汇教学。把词作为基本语法单位,学生难以对双字词和多字词中的汉字形成独立的概念。汉字不能形成独立的概念,就不便于在大脑中单独储存和提取。例如,学了"欢迎"以后,头脑中就只有"欢迎"这个概念,而没有"欢"和"迎"这两个概念。只有当这两个字连在一起的时候他们才能识别,如果分开来,就有可能发生混淆,把"欢呼"念成"迎呼",把"迎接"念成"欢接"。同样,学了"唱歌"以后,头脑中就只有"唱歌"

这个概念,而没有"唱"和"歌"这两个概念,看到"歌唱"仍然念成"唱歌",看到"歌舞"会念成"唱舞"。学了"汉语"以后,头脑中也只有"汉语"这个概念,而没有"汉"和"语"这两个概念,以后再学习"汉字"和"英语"时,不能把"汉字"中的"汉"与以前学过的"汉"字联系起来,也不能把"英语"中的"语"跟以前学过的"语"字联系起来。这说明,"词本位"教学不符合汉字的认知规律。不仅如此,由于不了解字义,也就难以掌握确切的词义。例如,我们把"学习"翻译成 study,但是 study 并不能传达"习"字所含有的"温习、练习"等意思。我们把"汉语"翻译成 Chinese language,译文与原文的意思相去更远;如果翻译成 Han language,就必须对 Han 作专门的解释。我们把"人山人海"翻译成 a sea of people 或 huge crowds of people,把"情不自禁"翻译成 can not help 或 can not refrain from,译文虽能达意,却不如原文生动和传神。以上关于汉字认知和词义理解的问题随处可见,足见问题的普遍性和严重性。上述汉语词语也代表了汉语的某些结构方式,而汉语的结构方式又反映了说汉语者的思维方式。汉语学习者只有深刻了解汉语的结构方式,才能学到中华文化的精髓,逐渐学会用汉语思维。而"词本位"教学却不介绍汉语词语的内部结构规则。

与"语文一体"和"词本位"教学相联系的是教说什么话,就教写什么字,无法按照汉字形体结构的特点由易到难地进行汉字形体结构的教学。假设第一课教的是"你好、谢谢、再见"这 3 句话,就要同时教"你、好、谢、再、见"这 5 个字。虽然这 3 句话很有用,也不难学,但是这 5 个汉字却比较复杂。初学汉语的外国人看到这些汉字,就认为汉字都像图画,一开始便产生了"汉字难学"的心理障碍。可见,"语文一体"和"词本位"教学模式是造成"汉字难学"的直接原因。

上述情况说明,要提高汉语教学的效率,必须改变"语文一体"和"词本位"的教学模式,探索新的教学路子。

一种语言的教学路子,必须与这种语言的特点相一致。我国对外汉语教学现在占主流地位的教学路子存在的主要问题就是在很大的程度上背离了汉语的特点。因此,探索汉语教学的新的教学路子,必须首先在汉语特点的研究上下工夫。

第五节 中高级阶段对外汉语教学的理论探讨[①]

我国的中高级对外汉语教学是从20世纪50年代初起步的。但是,真正就中高级对外汉语教学进行较大规模的实践和系统的探索,还是近十几年的事情。与初级阶段的教学相比,中高级阶段的教学还缺乏理论总结与建树。教学呼唤理论。科学理论总结将推动中高级对外汉语教学进入一个新阶段、新格局。本文试图以十几年群体性的教学实践和探索为基点,生发开去,提出中高级阶段对外汉语教学五论,以便抛砖引玉。

一 定性定量论

定性分析必须建立在定量分析的基础上,这是当今科学研

---

① 本节摘自刘英林《中高级阶段对外汉语教学的理论探讨》,《语言教学与研究》1991年第2期。

究的一项基本原理。我们提出定性定量论,就是要改变过去中高级对外汉语教学长期没有统一标准的状况,进一步明确它的性质、目的,科学地规定质与量的等级和指标。

1.定性,即明确界定中高级阶段对外汉语教学的性质和目的。

李扬同志在国家对外汉语教学领导小组办公室教学业务部召开的"中高级阶段对外汉语教学研讨会"(1990年6月2—4日在北京召开)上提出:"中高级阶段的对外汉语教学,以培养学生的交际能力为目的,以技能训练为核心。"我们基本同意这一观点,但又主张在这句话的前后各加半句话,即中高级阶段对外汉语教学的性质和目的应该这样表述:"中高级阶段的对外汉语教学的性质是当代实用汉语教学,它以培养学生的语言交际能力为目的,以语言技能训练为核心,以交际文化导入为特征。"

当代实用汉语教学。它不是近代汉语教学,也不完全是现代汉语教学(《现代汉语词典》对"现代"的释义是:现在这个时代,在我国历史分期上多指五四运动到现在的时期),而是当代实用汉语教学。

以培养学生的语言交际能力为目的。中高级阶段的对外汉语教学是初级阶段的对外汉语教学的继续和发展,它必须保持与初级阶段的连贯性和协调性,必须在初级阶段的基础上,继续强调和强化语言交际能力的培养。

以语言技能训练为核心。所谓语言技能,即我们通常说的听、说、读、写四种语言能力,中高级阶段的汉语教学仍要以此为核心展开,同时又要逐步增加"译"的技能训练和培养。

以交际文化导入为特征。(这个问题将在第四部分讨论)

2. 定量,即明确界定中高级阶段对外汉语教学内容的等级、数量和指标。

这种界定不是随意性的,它必须源于对外汉语教学,又高于对外汉语教学。它应该以我国四年制对外汉语教学系列为总的参照系。

初级阶段,即一年级。年学时不少于800,与《汉语水平等级标准和等级大纲》(简称《标准和大纲》,中国对外汉语教学学会编制,国家对外汉语教学领导小组办公室审订)一书中的一、二级相对应。应掌握词语3028个,汉字1624个。

中级阶段,即二年级。年学时不少于800,一、二年级共计1600学时。与《标准和大纲》中的三级相对应。应掌握词语5168个(含一年级的3028个),汉字2181个(含一年级的1624个)。中级阶段,又可称为"基础后阶段"。

高级阶段,即三、四年级。年学时不少于700,两年共计1400学时,四年共计3000学时。与即将制订的《标准和大纲》中的四、五级相对应。应掌握词语8500个左右(含一、二年级的5168个),汉字2700—2800个左右(含一、二年级的2181个)。

3. 在进行定性定量分析时,要充分注意以下三个问题。

(1)对"基础后阶段"的认识问题。在过去相当长的一段时期内,我们都把一、二年级对外汉语教学统称为基础阶段,这样划分似乎太宽泛了些。我们认为,将一年级称为初级阶段,将二年级称为中级阶段或基础后阶段,可能更符合实际一些。

基础后阶段是一个特殊的教学阶段,具有复杂而又显著的特点。

中介性(或称过渡性):它介于初级和高级阶段之间,一方面,它是初级阶段的继续和延伸;另一方面,它又为高级阶段作必要的准备、铺垫和过渡。

灵活性(或称伸缩性):与初级阶段课程的统一性和规定性相比,这一阶段课程的伸缩余地大大增加,即在开设必修课的同时,根据学生的实际需要开设众多的选修课程。在这些选修课程中,当代汉语课程仍占主导地位,同时又增加了近、现代汉语文化课程(如《中级汉语阅读》内含部分名著选读,《中国现代史》)和古代语言文化课程(如《文言阅读》)。

选择性:学生根据自己的学习目的和现有水平,对课程具有相当大的选择余地。

(2)初级和中级之间、中级和高级之间的坡度问题。这既是一个理论问题,又是一个现实认识和操作问题。

1)理论问题。语言教学是分阶段进行的,第二语言教学更是如此。这种教学阶段的划分是与教学内容和难度紧紧连在一起的。根据语言教学的阶段性理论和长期的教学实践,初级与中级阶段之间应该有较为舒缓的坡度,中级与高级之间应该有较为明显的坡度。也就是说,初级和中级阶段之间的水平间距,和中级与高级阶段之间的水平间距相比,后者的水平间距要比前者大。这种坡度的出现,是语言教学与语言学习规律的一种必然反映。

现在的情况是,由于初级阶段的教学内容容量偏小,中级阶段的教学内容又缺乏较为科学的定量分析,因此,显得前者的间距过大,而后者的间距过小。

2)认识问题。解决初级与中级阶段之间的坡度问题,必须从名家名篇文学作品的圈子里跳出来,特别要从现代名家名篇文学作品里跳出来;在"基础后阶段",还应打破选材时不准修改原文的桎梏。

3)实际操作问题。操作前,必须对初级水平有较为准确的定量分析——词汇、汉字、语法点等等的定量分析。只有这样,才能对中级阶段的起点有一个总体的精确把握,才能逐步克服中级阶段教材编写的盲目性和模糊性。操作中,必须对入选内容及其词汇、语法点等等,逐一进行精确的过滤,切忌凭印象确定词语是否入选。

(3)初、中、高三个阶段与汉语水平考试的适应性问题。汉语水平考试与我国四年制对外汉语教学具有一种"若即若离"的特殊关系。总的说来,汉语水平考试基本上是以我国四年制对外汉语教学水平为总的参照系的,但是,它又高于目前的对外汉语教学水准。初等水平的合格界标基本上是以初级阶段一年级的平均水平为标准的;中等水平的合格界标是以中级阶段二年级的平均水平为标准的;高等水平的合格界标不是以三年级的平均水平为标准,而是以四年级的优秀水平为标准的。

二 序列共核论

序列共核论是在总结我国对外汉语教学正反两个方面经验的基础上提出来的,是逐步形成和发展的,[①]它是第二语言教学的一个共同性规律。

---

① 1982年北京语言学院留学生一系《现代汉语教程》编写组(李德津为主编,刘英林和樊平为副主编)在制订编教大纲和编教计划的过程中,原系主任吕必松同志开始时主持了《教程》的编写工作,那时,我们第一次使用了"共核内容"这一新的概念。这是共核理论的雏形。

1. 等级课程共核

(1) 统一课程等级内容共核

1) 初级阶段平行课的课程共核。主要是指初级阶段系列课程教材编写及对应的教学中的共核内容——语音、词汇、汉字、语法及功能项目等的共核内容。这种共核又有小共核和大共核之分,所谓小共核是指各种平行课(即一个小循环之内的读写课、听力课、说话课等)之间的共核内容;所谓大共核是指各种平行课程的学年的总量共核内容。

2) 中级和高级阶段必修课的课程共核。对这些必修课的教学内容必须有一个基本统一的要求,逐步改变过去你编你的、我编我的,各自为政的教学方式,这是使中、高级对外汉语教学科学化、规范化和标准化的必由之路。

与初级阶段相比,中、高级阶段必修课的共核内容比例要小一些,宽泛一些,这也是一种规律。

(2) 选修课程等级内容共核

与必修课相比,这种共核比例要更小一些,更活泛一些。这主要表现在,作为基本的统一共核,它比必修课程的共核内容比例要小,但是,作为针对特有的教学对象(如外贸班、旅游班等等),则又允许有一定的特殊共核(或称"次共核")。这一点,是不容忽视的,也是不能强求统一的。

如果这一观点成立的话,那么在"中高级阶段对外汉语教学研讨会"上争论不休的名家名篇能否进入教材的问题,也就容易解决了。从统一课程共核的观点出发,名家名篇(特别是不同时代、作为文学欣赏的名家名篇)最好不要作为必修课的教材,但是,作为选修课,作为特殊共核(或次共核),对于学习文学或准备作语言教师的特殊的教学对象来说,它又是必不可少的,十分重要的。

2. 等级大纲共核和水平考试共核

这是等级课程和编教共核理论的发展和深化。其主要标志是由初级阶段的系列课程共核逐步上升为教学等级标准共核。这种等级共核既是《汉语水平等级标准和等级大纲》中所规定的教学内容,也是汉语水平考试所依据、限定的考试内容。可以这样说,《标准和大纲》其实质就是一种全国统一的对外汉语教学共核内容。

但是,等级大纲共核与汉语水平考试共核又有不同之处。前者,在总体设计、教材编写和课堂教学实践中,允许有一定的浮动幅度。① 而后者,其所有共核内容均在考试范围之内,但又允许小比例的超出。② 前者的"浮动"与后者的"超出",其内涵与外延都是不同的。

3. 技能训练共核

技能训练共核是与设置的课程及其内容密切相关的。中、高级阶段的必修课最好设置《(当代)汉语教程》、《听力课》和《口语课》等密切配合的复合课程。第二语言教学的长期实践证明,这种复合课程对全面的语言技能训练是较为有效的。

(1) 中、高级阶段的《汉语教程》应该是以训练读和说为主的语言训练课,同时也兼顾听和写的训练。《听力课》是以听为主

---

① 参见《汉语水平等级标准和等级大纲》编制说明。这种"浮动幅度"说,包含两层意思:一是必须在编教中编进相当比例的共核内容,同时,却又在一定比例范围内舍弃一部分共核内容而自行加进另一部分非共核内容。

② 参见刘英林、郭树军《汉语水平考试(HSK)研究的新进展——兼论 HSK 考试质量的三环控制》,第三届国际汉语教学讨论会论文。

的语言训练课,同时也兼顾说和读。《口语课》是以说为主的语言训练课,同时也兼顾听和读。

(2)对《汉语教程》和《听力课》来说,听、说、读,就属于共有的语言技能训练共核。《汉语教程》的读>《听力课》的读,《汉语教程》的说>《听力课》的说;而《听力课》的听>《汉语教程》的听。

《口语课》与《听力课》相比,听、说、读,也是属于共有的语言技能训练共核。《口语课》的说>《听力课》的说,《听力课》的听>《口语课》的听,两种课型的读的比重,大体相当。

三 循环递进论

循环递进论是针对过去中、高级对外汉语教学内容的随意性和无针对性提出来的,同时也是中、高级对外汉语教学规范化和科学化的重要规律。

1.同一形式派生的不同等级和层次的螺旋式循环递进

(1)词汇由简单义项到复杂义项的循环递进

比如动词"打",《现代汉语词典》中共收有 24 个义项,根据对外汉语教学的长期实践和经验,我们只取了 20 个义项,分别列入甲级、乙级、丙级和丁级四级义项之中。即将词典中的义项"(1)打门、(11)打开、(13)打电话、(22)打球"等 4 个义项放入甲级;将"(3)打人、(12)打伞、(16)打水、(17)打酒、(18)打鱼"等 5 个义项放入乙级;将"(2)碗打了、(8)打行李、(9)打毛衣、(10)打格子、(14)打介绍信"等 5 个义项放入丙级;而将"(5)打墙、(6)打烧饼、(19)打草、(20)打草稿、(23)打哈欠、(24)打官腔"等 6 个义项放入丁级中。

又如副词"就",《现代汉语词典》中共收有10个义项,我们将"(1)我这就来、(2)大风早晨就住了"等2个义项放入甲级;将"(3)想起来就说、(4)只要用功,就能学好、(8)这件事就他一个人知道、(10)那就是他的家"等4个义项放入乙级;将"(5)你们两个组才十个人,我们一个组就十个人、(7)我就知道他会来的,他果然来了、(9)我就不信学不会"等3个义项放入丙级;而将"(6)大点儿就大点儿吧,可以买下"这个义项放入丁级中。

(2)语法点由简到繁、由短到长的循环递进

比如把字句,在初级阶段的一级等第范围之内,可以先教最简单、最常用的"把书打开"、"把门打开"之类的简短的把字句,进入初级阶段二级等第后,可循环递进,教比较典范的把字句;到了中级阶段(三级等第),再教带复杂定语、状语或补语的把字句;到了高级阶段最后教那些书面阅读中遇到的"长、繁、难"的把字句。

只有这样循环递进,才符合第二语言教学的规律,才能达到熟练掌握和运用第二语言的目的。否则,像先前那样,初级阶段出过"把字句"后,就认为学生已经掌握,以后的教材编写和教学中就不再理会,那是对外汉语教学中的形而上学,是不足取的。

(3)对于功能—意念和交际文化因素,也应作如是观。

2.不同形式产生的相同或不同等级和层次上的叠加或循环递进

(1)汉字由独体字到合体字的叠加递进

初级阶段可先教笔画简单的、常用的独体字,如"人、山、水、日、月、女、手、木"等,然后再教笔画较多而又不能分解的独体字,如"身、页"等。

现在使用的汉字,大多数是合体字。合体字中有些是从会意字演化而来的,如"林、休、明、从"等;合体字中的大多数是形声字,如"清、请","板、椅","湖、海",等等。

汉字的这些特有规律,要在编教和教学中加以利用。

(2)词汇的叠加循环递进

1)熟字、新词、新义的叠加现象。比如:

生活,生日;天气,生气。

生产,产生;工人,人工。

2)同义词和近义词的循环递进。比如:

同义词:曾、曾经,常、常常;美丽,漂亮,保卫,捍卫;式样、样式。

近义词:手段、方法,成果、结果,修建、建设、改造、改革。

3)"衍生词"的叠加递进。"衍生词"是我们起的名字。为便于教学和理解,先看下面的例子:

身体、高度→身高　木头、椅子→木椅

这类衍生词,容易理解,不必作为生词列出。

身体、重量→体重　空气、温度→气温

这类衍生词,不易理解,最好作为新词列出。

3.同一等级的汉字经重新组合而产生的相同或不同等级和层次的循环递进

(1)同一等级汉字构成的叠加递进

比如,1011个甲级词中含甲级字793个,这793个汉字经重新组合叠加,形成许多新的词,我们称这些词为同一等级汉字构成的新的词汇。这些新的词汇对于词语教学是十分重要的。

(2)不同等级汉字构成的叠加递进

比如,甲级词中含有的甲级字为793个,2017个乙级词中含乙级字为 831 个。这两级汉字经重新组合后,可以形成众多的新的词汇,我们称这些词为不同等级汉字构成的新的词汇。这种研究,对教学也是十分有益的。

四 文化导入论

1. 文化导入的必然性

近几年来,我国对外汉语教学界对于文化在教学特别是中高级阶段教学中的重要作用,展开了热烈的讨论并逐渐有了共同的认识。所谓文化导入,有两层意思:第一层意思是将有关的文化因素直接引入相关的教材,大家都认识到,没有提供足够文化因素信息的教材,将文化导入教学仍然是十分困难的;第二层意思是将有关的文化因素直接引入以语言技能运用为核心的语言训练体系。

文化导入是对外汉语教学不断循环深入的必要条件和必然结果,是提高语言教学水平和语言运用得体性的必由之路。

2. 文化导入的规定性

(1) 文化的范围

这里说的文化,是指对外汉语教学中直接涉及的体现在语言教学中的内涵,即语言学习和运用中直接影响理解和交际的文化因素。我们认为,对外汉语教学中的交际文化至少可分为三类:(1)语俗文化,(2)语感文化,(3)语境文化。[1]

(2) 交际文化的代表性

---

[1] 参见刘英林《"汉语水平等级标准和等级大纲"研究四题》,见刘英林主编的《汉语水平考试研究》81—82 页。文中所论"作为民族文化载体的语言文化知识,如中国特有的称呼、姓氏、亲属之间的称谓等",即这里所说的语俗文化。

我们在对外汉语教学中要教给学生的交际文化,是有普遍意义的、有一定文化教养的中国人之间反映出来的较为典型的交际文化现象。

(3)交际文化的时代性

交际文化不是凝固不变的,它将随着时间的推移,显现出不同的时代特点和风貌。我们在对外汉语教学中介绍的交际文化,应该是当代"活"的交际文化,应该避免那些过了时的交际文化现象。① 当然,作为中国历史文化知识的介绍,又当别论。

(4)交际文化的语体差异性

交际文化在不同的场合、不同的背景、反映在不同层次的人身上,会出现不同的形态和语体,最常见的将是"家常语体""社交语体"和"典雅语体"三种。②

3.文化导入的阶段性

一定的交际文化项目是与一定范围的语言要素(语音、词汇、语法等)相适应的,这就决定了交际文化的导入也要有比较分明的阶段性。

文化导入是有规律可循的,它的基本规律是,其数量和难度在由初级到中级、中级到高级的循环发展中,将呈现逐步增大的趋势。这就决定了,到了中、高级阶段,交际文化的比重将大大增加,它对教学水平的提高将具有越来越大的制约作用。

---

① 参见鲁健骥《对外汉语教学基础阶段处理文化因素的原则和做法》,《语言教学与研究》1990年第1期。

② 参见胡明扬《问候语的文化心理背景》,《世界汉语教学》1987年预刊2期。

五 多样选择论

多样选择,是根据中、高级阶段的教学和教学总要求,对课程、教材、教学原则和教学方法进行多样化的选择。这是中、高级阶段教学的又一显著特点。

1. 多样选择首先表现在必修课的设置上

这里我们要强调指出,我们说,中、高级阶段的对外汉语教学,是以培养学生的语言交际能力为目的,以语言技能为核心,以交际文化导入为特征的当代汉语教学,主要是指以必修课为代表的核心课程、主导课程、应用课程。

(1) 必修课的设置

必修课的设置必须是相对完整、统一的复合课程。根据多年来反复的教学实践,这一复合课程至少应包括三门课:综合性的精读课程《汉语教程》,分工较为明确的技能课程《听力课》和《口语课》。

(2) 选修课的设置

选修课的设置必须适应中、高级阶段的教学特点,尽可能满足学生的多种口味和兴趣。

其中,《报刊(阅读)课》和《(应用文)写作课》这两门课是介于必修课与选修课之间的课程,是选修课中的重要课程。有的院校把它们也列入必修课,是有一定道理的。

2. 课程的多样化必然导致编教原则和教学原则的多样化

(1) 编教原则的多样化

这是由课程本身的多样化决定的。一门好的课程好像是一位身怀绝技的导师,它能引导学生很快学会某种语言技能。因此,在编教过程中,必须针对这一课程的特点和难点,有针对性的进行编写。

听力课,它是以训练听力为主的课程,因此,情境的设计和语音、语调和句调的变化等就成为十分重要的因素,编写原则必须尽可能与之相适应。

(2)教学原则的多样化

这是由课程本身的多样化和编教原则的多样化决定的。一位好的教师好像是一位出色的导演,能根据课程和编教原则的要求,将其十分灵活地、创造性地运用到教学中去。

口语课,它是以训练口头表达为主的课程,因此,语言功能项目的设计和交际文化因素的注释和运用,就成为十分重要的前提条件,教学原则要尽可能与之相衔接。

3. 编教原则与教学原则的多样化必然带来教学方法的百花齐放

六 结语

1. 定性定量论要求统一:性质目的的统一,等级指标的统一。这种统一是认识基本一致的基础上的统一,是当前条件下的统一,是定性描述与定量分析的统一。随着时代的发展,科技的进步和认识的深化,将会出现新的标准下的新的统一。

2. 序列共核论要求制约:对课程(主要是必修课)的制约,对共同教学内容的制约。这种制约是从宏观上对教学内容的中心部分(共核部分)进行必要的限制。这种限制与制约是限时性的、正规的语言教学所决定的,是语言教学的基本规律之一。

3. 循环递进论要求发展:这种发展不是跳跃式的发展,而是循环渐进的发展;不是直线发展,而是螺旋式发展。这种螺旋式发展,既是"教"的规律,又是"学"的规律,是成功的语言学习的必由之路。

4. 文化导入论要求"入乡随俗":要在真实的语言环境中学习目的语,要在学习目的语的过程中,体会"语感",深入"语境",使用"语俗"。这是中、高级阶段对外汉语教学的最显著的特点之一。

5. 多样选择论要求多元,要求发展个性:教材编写的多元,教学原则的多元,教学方法的多元。课程的多元是中、高级阶段教学对象的多样性的客观反映,是学生的客观要求在教材上的反映;方法的多元是课程和教材的多元在学习途径上的体现。

第六节　高级阶段的汉语教学研究[①]

一　高级阶段汉语教学研究的重要性与紧迫性

一种语言在其他国家造成影响,主要不只是靠掌握一般语言的人,还要靠那些具有高度语言水平甚至达到"专家"程度的人。他们不仅能够出色地使用这种语言,传播这种语言的文化,而且还有能力成为本国这种语言的教师。主要是这些人的活动与成果以及他们的声望、地位,才使某种外语在一片陌生的土地上落地生根。而这样的汉语人才只有——至少要——通过高级

[①] 本节摘自李杨《高级阶段的汉语教学问题》,载《对外汉语本科教育研究》,北京语言文化大学出版社1999年版。

阶段的教育才能培养。我们不能只满足初、中级阶段的教学,这也是为什么要专门建立汉语言专业(对外)的原因之一。要使汉语真正在世界上产生大的影响,就要在留学生中努力培养出一大批高水平的语言人才来。这样就必须对高级阶段语言教学的历史、现状、理论与规律进行深入研究,以期用更短的时间使学生更好地掌握汉语,更多地了解汉语所负载的中华文化。

1. 高级阶段是专门语言人才形成的关键时期

高级阶段是本科教育人才产品的完成阶段,能否培养出高级汉语人才来主要看这个时期。经过初级和中级阶段训练的"半成品"将在这里得到基本完善,学生的语言知识掌握得比较牢固,汉语运用得比较熟练,可以胜任各种使用汉语的工作,有较强的通用性。外语学习的经验证明,一个初通外语者在不常用的情况下很容易将它遗忘,而外语真正过关以后,这种危险就会大大降低,就像会骑自行车者那样,十年不骑,跳上去依旧会骑。而在初级、中级两个时期所欠缺的,可以在此时进行必要的弥补。高级阶段教学改革不仅关系到这后两年的教学质量,而且其示范与指挥棒作用对于初级和中级阶段教学水平的进一步提高也将产生深远的影响。

2. 目前高级阶段理论研究薄弱,可突破点多,提高空间大

这些年来,对中、高级汉语教学的研究已经有了不少进展,几部大纲为教学树立了一些重要的标杆,但仍然有许多问题亟待解决。

尽管汉语学习在高级阶段所表现出的水平阶梯不如初级与中级那样明显,但是教学的科学性和规范性又要求我们必须尽可能地在定性和定量方面更加准确清楚,在这方面还有许多事情需要做。目前基本上只有词汇语法指标,能力要求不具体,科学性差,有的定性不准确。从整个本科教育来看,无论是教学实践还是教学研究,都是初级阶段最成熟,中级阶段次之;高级阶段历史短,学生较少,所以相对而言比较落后。科研滞后已经成为制约高级阶段教学质量提高的瓶颈。高级阶段汉语教学的许多理论问题不但缺乏研究,甚至还没有进行认真的梳理、归纳。一些影响全局的问题多年未能引起人们的注意。比如,早在20世纪80年代中期就规定汉语词汇量一年级应达到2000—2500,二年级应达到5000,四年级为8000。本科前两年要求掌握5000词,而在汉语已经有了相当基础,组词、记词能力都有一定水平的后两年却只要求掌握3000词,这个问题很值得研究。我们可以从三方面考虑:(1)当初决定8000词的主要依据是根据词频统计,即8000个常用词即可覆盖一般语料的95%。[①] 由于新词汇层出不穷,增加量通常都大于减少量。比如20世纪60—70年代有大量关于阶级斗争的词汇,现在虽然不常用了,但是在许多文章书籍中仍然经常碰到,只不过其词频等级降低了而已。而这十几年来新增加的常用词何止1000个。(2)不仅是常用词汇量扩大使我们的标准要适当提高,而且还应当更多地考虑到高年级学生学习新词语的能力和对词汇的再生能力。他们具有比较丰富的识记汉语词汇的经验,并初步掌握汉语语言学理论知识,对新词语的感悟领会与记忆能力应当比初学者强得多。(3)教学实践表明,对词汇的掌握应当区分复用式与领会式

---

① 参见常宝儒《现代汉语频率词典的研究》,载《现代汉语定量分析》,上海教育出版社1989年版。

两个档次,而不宜一律要求。这个问题在高年级尤其重要。将掌握词汇的两个档次分别要求,有利于学习,有利于扩大词汇量。

再如现有的几部大纲的语法要求多数只到句型为止,问世最迟的《汉语水平等级标准与语法等级大纲》(刘英林,高等教育出版社,1996)则扩展到句群。它将语法分为甲、乙、丙、丁四级。按语素、词类、词组、固定词组、特殊句型、动作的态、强调的方法、复句、多重复句等类分别列出129、123、400和516个语法点。被列在最后的是丁级的第十一类"句群",共收入"承接句群、选择句群、解说句群、总括句群"等17种38个语法点。而"汉语水平"显然远不止于词汇与语法,还涉及许多其他因素。高级阶段汉语教学的重点(至少是重点之一)应当是语篇。语篇教学除涉及语言学因素外,还和一些泛语言学因素有密切的关系。

目前全国有二十多所大学都在办本科,有的已经形成规模。着力发现、挖掘、梳理并从理论与实践上解决那些对教学质量提高影响特别大的问题,将有力地改变整个教学面貌。

3.高级阶段教学时间长,提高潜力大

高级阶段处于本科教育的后半期,在四年学习中占了整整一半,相当于初级和中级两个阶段之和;课程门类众多,技能训练的综合性强,层次高,因此从教学时间和活动空间来说都相当大,最有利于进一步提高教学效益。目前高级阶段教学的一个重要缺陷是目标与计划过于笼统,两年之间缺乏明显的区别,目标与训练的阶梯不清。在初级阶段,一年的教学时间分成了几个小的单元,每个时段都有明确的量化的训练目标与具体要求,因此效果十分显著。而现在整个高级阶段的训练目标虽然已经比较明确,但是三年级和四年级应当分别实现哪些,如何一步一

步去落实,还缺乏科学的计划,甚至还没有进行自觉的研究。尽管由于高级阶段语言的综合性、模糊性使教学与初级、中级有很大的不同,①但是在训练的循序渐进上应当是一致的。虽然从客观上说越到中、高级阶梯就越不那么明显,但是阶梯依然存在,若从大处着眼,还是不难梳理出来的。80年代末以来制订出版的多部大纲对汉语运用能力等级作出了基本划分与规范。要在这些大纲基础上进一步深入研究高级阶段汉语教学的培养目标——有些还需要从新的角度作一些发掘,设立一些新目标——对各类目标进行分解。在两年的四个学期中——每个学期还可以再划分为两三个略小的阶段——分别予以落实。这样有助于加强教学的计划性,克服随意性,将训练纳入更加科学的轨道,提高教学效益。如果高级阶段教学改革取得突破,那么整个对外汉语教学的面貌都将大为改观。

4. 人才市场对高级汉语人才的需求日趋旺盛

随着中国对外开放的不断扩大和深入,国外人才市场对掌握汉语和了解中国文化者的需求将继续呈上升趋势。汉语在有的国家已经成为大学、中学甚至小学的主要外语语种之一。对某些国家来说,如日本和韩国,初级汉语人才往往在本国就能培养,而中级尤其是高级汉语人才还是要到汉语的故乡中国来学习才行。因此这些年北京语言文化大学三、四年级学生人数增加得特别快。不少过去只进行汉语预备教育的其他大学也开办了本科专业,接收了许多要求达到高级汉语水平的留学生。

高级汉语人才需求是一个长期趋势,到汉语的故乡中国来

---

① 参见李杨《中高级汉语教学论》,北京大学出版社1993年版。

学习高级汉语和中国文化,是许多外国人的愿望。因此加强高级阶段汉语教学改革的力度,尽快解决那些多年没有解决的问题,认真分析某些我们至今尚未认识到的问题,进一步提高教学质量,是我们今后工作的重点之一。

二 高级阶段汉语教学面临的问题

汉语言专业本科教育正式建立二十多年以来,高级阶段的教学改革取得了很大成绩,这是有目共睹的。但是由于在第一个十年里,三、四年级学生的人数一直较少,四年级的平行班长期只有两个,三年级也仅三四个;即使到现在,第二个十年已经过去的时候,平行班较多的也只是北京语言文化大学一所学校,其他二十多所大学高年级要么初办,要么每个年级只有一两个班。和初级、中级阶段相比,实践与试验的机会相对少得多。因此实践没有为理论建设提供如初级与中级阶段那么多的机会与材料。再者,高级阶段教学的某些问题不完全是这个时期产生的,而是以往积累下来,到了"成品阶段"才暴露出来罢了。还有一些问题是由于留学生"进口"渠道复杂多样造成的。不少三、四年级学生是从本国来华直接插班的,前两年或三年没有在中国的大学受过严格的汉语训练。

这些年来,三、四年级的教师在高级阶段汉语教学中作了许多探索,教学面貌在不断发生变化。我们以北京语言文化大学高级汉语综合课四年级考试试卷变化为例,可见一斑:

1991—1992学年四年级高级汉语第二学期期末考试试卷共七种题型,可分为四类:词语类两种(成语与四字语填空),共20分;句子类三种(模仿造句、完成句子、改写句子),共37分;

语段含义理解一种,8分;回答问题一种,35分。四大类兼及词语、句子、语段、篇章四个方面的测试。词、句方面的测试成绩占57分,语段与语篇占43分。作为四年级汉语综合课的毕业考试,测试重点没有放在语段、语篇上,显然是欠妥的。第二个缺点是,试题全部内容均在教科书中,且大部分涉及课文后边的练习,学生平时做过作业,很容易做准备。另一个不足是整个试题的难度过低。学生在两个小时中,几乎可以用一半时间即一个小时来做仅仅只要求写300字的一道分析题,而汉语水平考试(HSK,高等)要求在30分钟内看图写一篇400—600字的文章。同样在两个小时内,HSK要求完成的各种类型的题量几乎要比它多一倍。从试卷的几个大题来看,分数的实际价值也偏低,难以起到通过考试促进学生学习的作用。

注意到上述问题后,第二年即1992—1993学年第二学期的试卷有了较大的改进:

1.词语题型为三种,16个小题,分数减少为16分,但难度增加了:

(1)为句子中的词选择一个词义最相近的词;

(2)选择适当的成语填空(按:每句由四个成语中选一个);

(3)填写适当动词,完成句子。

2.句子类题型仍为三种(用俗语改写句子,按要求改写句子,模仿造句),分数减为32分。其中"用俗语改写句子"是提供给学生5个俗语,让学生将5个句子分别概括为5个俗语。因此也可以看作是词语类题型。

3.语篇测试的比重增加到52分。其中"用所提供的词语和结构写话"占30分,从本学期学过的三篇课文中各出一个问题,三题任选两题,每题从指定的 10 个词语或结构中至少选用 7 个,写出 150 字的语篇来。

4. 开始将教科书之外,涉及同等水平的内容的试题(简称水平试题)列入试卷,占 22 分。要求阅读一篇约 1000 字的微型小说,回答四个问题。

这份试卷虽然比一年前已经有了明显进步,但是也还存在不少缺点。水平试题的比重仍然太小,而且难度较低,该题没有提出答题的字数要求,而这四个问题比较容易,由于没有字数规定,学生容易答得比较简单。

第三年即 1993—1994 学年第二学期的试卷对水平试题的答题字数明确定为 200 字,并出现了一个新题型。该题是"解释加点的词语的含义",如"康孝纯说:'头一杯,祝贺咱们俩经历了二十多年风雨,还都没缺须短尾'",求解"缺须短尾"的含义。共 10 题,10 分。题的难度和分数都是比较合适的。但是词语题所占比例仍然过大,难度不够。

1994—1995 学年第二学期的试卷,水平试题"阅读小小说,写一篇小评论"的答题字数要求增加到 300 字,分数也增至 25 分,而且不再要求短评必须包括哪几方面的内容,因为这实际上等于是提示,所以难度有所提高。两题评论所学过课文中的人物,每题字数也提高到 200 字。即学生在这份试卷上至少要写 700 字,比上年的总数 500 字增幅达 40%之多。

1995—1996 学年第二学期试卷的最大变化是,水平试题"阅读小小说,写评论文章"的分数增至 30 分,而词语类题型降为一个"完成下列词语",仅 5 分。句子类题型三种共 35 分,分别为"用指定词语完成句子"5 题共 10 分,"模仿造句"5 题共 15

分,"改变句子形式"5 题共 10 分。由于词句类题型所占分数减少,因此篇章测试的比重自然就加大了,题型增加到三种:"分析下列两段话的深层含义",10 分;分析学过的课文三题中的两题(其中一题为必做)20 分;要求写评论小小说的短文,字数再增加。

但是在 1996—1997 和 1997—1998 学年第一学期词语类题型又增加到四种,分数多达 20 分。除"完成下列成语"外,分别有"写出下列各词的反义词"、"选择适当的成语或四字语填空"(给十个词在五个句子中各选填一个)、"指出下列加点的词属于哪个义项"(每句给四个义项)、"改正下列句子中用错的词"(如"这种颜色的衣服不合适你的肤色",应将"合适"改成"适合")、"选择词语完成句子"(三个选一个)。造句类两种题型共计 30 分。

从 1997—1998 学年第二学期起,水平试题的比重和试卷阅题、答题的字数方面,均有进一步增加。

从 90 年代四年级必修课高级汉语综合课八份试卷的变化中我们可以清楚地看到:

1. 教学改革一直在进行,要求越来越严格,分数的价值不断提高,教学改革取得了明显的成绩。在这些试题变化的背后,除了教师的辛勤劳动外,还有对于学科性质、培养目标、课程特点认识的提高。

2. 试卷的基本题型比较稳定,分属词语类、句子类、语段语篇类,包括阅读与写作。体现了必修课、主干课和综合技能训练课的特点。语篇教学得到重视,语段语篇类试题的比重上升到50%,四年级教学任务的重点与特色得到了体现。

3. 水平试题稳定在 30%,提高了字数要求,与 HSK(汉语水平考试)的要求大体相当,也比较符合学生即将撰写毕业论文的实际。

4.难度不断增加：两小时的考试仅语段语篇类题目要求所写字数达770字；过去有时出现甲乙级语法点的试题，这种情况现在已经消失。

但是，如果我们从本科教育培养目标标准出发，从学生即将撰写毕业论文着眼，就不难看到作为本科高级阶段每周6学时之多的必修课——高级汉语综合课，还有许多有待于改进的地方。高级汉语综合课的改革如果能够有一个较大的突破，那么学生在本科四年学习的后两年，汉语言运用能力还将有更大的提高。

这些年来对高级汉语课测试试卷题型和分数比例的反复调整，以及对几个基本关系（主观题与客观题的比例，词语类、句子类、语段语篇类题型的比例，每一类题内部的难易比例）的研究表明，我们对四年级学生汉语运用能力究竟应当达到什么水平仍在思索；对于究竟什么是"高级汉语"，或者说汉语的高级水准应当如何体现，渴望有科学的量化的标杆；对于作为课程体系中的主干课"高级汉语综合课"的课程性质、教学任务仍在苦苦探索之中。

三 关于高级阶段的语言运用能力

解决高级阶段汉语教学问题，首先要认识清楚高级阶段的语言运用能力，从定性与定量上进一步科学化。

《汉语水平等级标准与语法等级大纲》（刘英林，1996）已经有了重要突破，使能力培养第一次有了一个比较科学、完整、具体而便于操作的指导性依据。这部大纲的《标准》部分的基本框架是三等、五级、三要素。即：

初等水平(相当于汉语言专业一年级)含一、二级标准

中等水平(相当于汉语言专业二年级)含三级标准

高等水平(相当于汉语言专业三四年级)含四、五级标准

三要素是:每一级标准都由话题内容、语言范围和言语能力构成。

应当说,这个"三要素"已经朝着语言运用能力标准的立体化方向迈出了重要的一步。请看高等水平《标准》的基本框架与主要内容:

表1

		话题内容	语言范围	言语能力
高等水平	四级	中国报刊、电台和电视台的一般新闻,较高层次的学习(如进入中国大学本科学习与进修),各种社会交际活动和一般性工作(如旅游、体育、商贸、文化、外交等)。	普通话全部声、韵、调以及轻声、儿化,甲乙丙三级词及丁级词的一半共约7000个,甲乙丙三级汉字及丁级汉字的一半共约2555个,甲乙丙三级语法及丁级语法的一半共约910项点。	基本符合汉语的规范性,初步体现汉语的多样性,初步显示汉语运用的得体性,基本适应不同语体的不同需要。对所学汉语的"文化背景"和语义内涵应有一定的了解和初步运用的能力。
	五级	中国报刊、电台和电视台的各类新闻,较高层次的学习和社交际活动,带有一定专业性的实际工作(如教学、科研、商贸、文化、外交等)。	普通话全部声、韵、调、轻声、儿化以及语气、重音,最低限为甲乙丙丁四级词8822个,甲乙丙丁四级汉字2905个,甲乙丙丁四级语法1168项点。	具有从事较高层次的学习、社交活动和带有一定专业性工作的能力。言语活动符合汉语的规范性,体现汉语的多样性,显示汉语运用的得体性,适应不同语体的不同需要。对所学汉语的"文化背景"和语义内涵应有较深的了解和活用的能力,并初步具备运用汉语进行思维的能力。

《标准》对读、听、写技能的等级也作出了比较具体的规定：

表2

		读	听	写
高等水平	四级	含生词4%以内的内容较为复杂的文章：速度135字/分，理解80%以上；一般性文章的快速阅读和查找信息的能力：速度180—220字/分。	课堂上：有一定深度的连贯性讲解，语速稍快（180—240字/分）；实际交际中，语速稍快(180—240字/分)的会话、谈话；语速正常(180—220/字分)的一般性新闻广播、电视节目。	整体听记较长语段（400—600字）要点的能力；两小时内写出命题作文，字数在700字以上。
	五级	含生词3%以内、文言词语2%以内的原文；速度150字/分，理解80%以上；各类文章的快速阅读和查找信息的能力：速度180—240字/分。	课堂上：带有某种专业性的讲解、课堂讨论和辩论，语速较快（180—260字/分）；实际交际和工作中，语速正常或稍快（180—240字/分）的讲话、对话和新闻广播；语速较快（180—260字/分）的会话和讲话。	整体听记较长语段（600—800字）要点的能力；两小时内写出命题作文，字数在800字以上；撰写毕业论文，字数不少于5000字。

该大纲还对每级标准从读、听、说、写、译五项技能的角度分别进行了具体描述。但是总的看来，对词汇和语法的要求比较具体，便于落实与检查；而对语段和语篇能力的要求则比较笼统，不清楚究竟有哪些具体能力。有些要求的限制条件没有标出。因此要进一步完善标准，尤其是要把这些标准从各方面——总体要求、阶段目标、微技能等——进一步分解，才能使各项技能目标的实现更加具有可操作性，易于落实。

从教学实践出发来研究语言运用能力是有它独特的角度的。这里我们以表达能力为例，来阐释一下高级阶段汉语表达能力应主要体现的几个方面：

1. 用汉语高密度表达的能力，即数量要求

"速度"的问题似乎比较容易引起人们的重视，其实并非如此。因为并不是越快越好，而是在"好"的前提下加快。这个"好"不仅是指内容和语法准确，而且包括语音、语调、语气等方面的要求。而这就需要进行科学的训练，主要是指能够在短时间内作出最佳的语言反应。

"密度"是指同样字数中的信息量大小，目标是达到语言运用能力的精练程度。因此，这是一个空间要求。有的学生虽然能说或写许多，速度也可以，但是文字水分大，同量字数中的信息比重小。有不少文字实际上讲的是差不多的内容，并没有提供新的信息。因此需要帮助学生学会将文章或话语写得或说得精确。

具体说就是要有即兴长篇大论地叙说能力：能够就某一个议题在 3 分钟内讲大约 400 字以上话语的能力。长篇大论地写作的能力：具备在 100 分钟内写一篇有中心，内容充实，基本上没有病句的不少于 800 字的记叙文或议论文。

2. 用汉语简练表达的能力，即提炼技术

高级汉语在能力训练上要进行分解，而不应只做笼统要求。笔者在教授当代中国话题时对刚刚升入四年级不久的学生做第一次摸底练习时，发现至少有三分之二的人只是将故事的主要情节复述一遍，其中多数人还不能写完。他们习惯于用一年级开始养成，二、三年级依然经常使用的复述原文的方法。因为这是一切外语学习的基本方法，尤其是在初级阶段，特别需要这样反复操练。

阅读文章听取信息后的提炼能力,包括归纳、概括文章的中心意思,主要论点,分论点,基本结构;人物的主要事迹、性格,人物关系。学生往往只会不分主次轻重地复述,不习惯于从中提炼出主要论点或内容来;往往是按材料顺序讲或写,重点不突出,零乱,不会按中心分几部分重新组织。这些都是需要我们着重予以解决的。

3. 用汉语表达严密思维的能力,主要是逻辑性

对外汉语高级阶段的教学,培养学生具备严密的逻辑思维是题中之义。汉语教学的范文具有逻辑美,而且也只有在教学中将这种隐藏在句中、句群间、段落间和篇章之间的逻辑关系揭示出来,学生才能真正具备掌握高级汉语的能力。从语言形式的角度来说就是句、句群、段与段之间(显性与隐性)的衔接能力。学习连接、过渡、转折、回复、呼应等各种衔接手段,争取做到衔接得自然、紧密、巧妙。

4. 用汉语表达自己见解的能力,即认识的独创性和语言个性

这里有一个问题需要讨论,即如何看待学生的"创造能力",将其置于什么位置。这也是本科教育中素质培养目标的理解落实问题。我们容易重视学生在使用汉语时,有没有错别字,句子通不通,正确不正确等问题,至于学生是否能够用汉语表达自己的深刻思想,有没有独创性,似乎对于语言教学不那么重要。实际上作为一个合格的大学本科生,应当具有这些能力。这是汉语运用能力是否达到"高级"的一个重要标准,我们不能停留在学生不写错别字和句子通顺简练的要求上,也不能只要求学生看懂文章理解内容就成,而应当理解文章表达的深层思想含义,自己对这些问题或人物应当有较深入的认识，或者能够用自己的语言进行评价，并将意思表达得比较清楚而又有意味。

5.汉语语体特征的把握能力,即语体意识

能否把握不同语体风格,在不同风格系统之间,在雅与俗之间进行语码转换,是高级汉语表达能力的重要标志。我们强调语言的得体性,在高级阶段还应向高雅性发展。得体高于及格标准,不得体就表明语言运用得不符合身份或场合,而高雅性是语言运用的高标准。有些人认为高级阶段的汉语教材,包括高级口语、当代中国话题、高级汉语,它们的一个重要缺点是语言不够口语化,不能进行口头交际。实际上,这是一种误解。口头交际是分层次的,如果口头表达从初级到高级一直是一种语体风格,全是大白话,那是教学上的失败。在丰富多彩的社会生活中,不少工作和场合需要人们用比较庄重、文雅,甚至书面化的口语进行交际。"一种语言的语用系统所形成的语体类型是多元的,各个语体之间的界限,是凭借语体区别特征区别开来的。所谓把握语体特征,就是把握各个不同语体的共同点与不同点。如外交语体与日常会话语体,前者语音规范雅正,后者俗音俚调,前者词语多用文言套话,后者则不忌方言土语;语法上前者句类单纯,句子长度大,固定格式多,后者句类多样,简短,当然还有修辞特征与风格特征的区别。"[①]高级汉语表达能力便体现在能够把握使用不同风格的汉语上面。我们也不能将交际只看作口头一种类型,书面交际能力也至关重要。这在学生未来工

[①] 参见丁金国《再论对外汉语教学中的语体意识》,中国对外汉语教学学会第六届学术研讨会论文,1998。

作中用处十分广泛,特别是信息社会、通信技术的发展,无论是书信还是文件往来,那种准确、严密、简练、雅致的语言会用得越来越多。

高级阶段成段、成篇地叙述的能力应当强调"准确、连贯、完整"这三个基本要求。

准确:是正误的界限。除内容的正确外,关键在于用语的妥当和定语、状语、补语位置的合适。对于三、四年级的学生来说,达到这个目标并不十分困难。问题在于他们往往习惯于用最简单的答案,甚至只有一个词,而不是完整的句子来回答。因此必须同时提出以下两个要求。

连贯:除了内容本身的连贯外,主要是对句与句之间有机联系的要求。这是训练成段表达、大段表达直到成篇表达的一个中心环节,也是进行思维训练的一种基本形式。这就要求学生在表达之前,对内容从整体上作一番思考与整理,有条理地进行叙述。但是对于一个略长一点的语段来说,光是达到"连贯"显然是不够的,因此还必须要求"完整"。

完整:是对于内容完全正确的要求。它是训练学生进行有中心、有条理、全面叙述的一个最重要的指标。要帮助学生养成分析"这是从几方面写(说)的"的习惯,从而进一步巩固表达的连贯性,自觉地注意回答相关问题的完整性。由于是从"几方面"入手进行思考,不但内容的完整性能够实现,而且思维的条理性和逻辑性也得到了锻炼。

对讲述与评论能力也要进一步分解。当代中国话题是一门提高学生篇章阅读能力和高层次口语表达能力的课程。笔者授课时要求学生读过文章发表见解时要注意以下几方面能力的提高：

(1)提炼与突出主题的能力；

(2)分段介绍与段落衔接能力；

(3)巧妙的开头能力；

(4)有力的结尾能力；

(5)精彩语言的设计能力。

要在高级阶段培养出这样的语言表达能力,显然应当让学生多说多写,而且要多讲长话,多写较长的(800字以上)文章。多说的问题主要从两个方面解决:课上教师少讲,使学生有时间多说;有意识地让学生有准备地发言,逐渐过渡到能够作篇幅较长的即兴发言。只有着力于培养各项具体能力,学生的高级汉语运用能力才能得以形成。

在明确了高级阶段汉语运用能力的目标之后,如何进行分解训练便成为关键。高级阶段两个年级四个学期如何具体安排,在高级汉语综合课、高级口语、写作、中国报刊阅读、当代中国话题、翻译等几门语言课中,在教学目标与训练上究竟应当有什么分工,各自应当完成哪些任务,需要进一步细化。

在解决技能训练的阶段性问题上各门课均应注意以下两点：

(1)在分阶段训练中坚持真实性和综合性

语言运用能力的本质决定了高级汉语的"高级"在于它对真实状态下的语言运用的反应程度与水平,而这种状态通常都比较复杂。因此无论哪一类课型均应减少一般性的简单模仿训练,尽量抹去人工痕迹,增加真实感和综合性强、能够锻炼思维能力的练习。注意将词语与句子的训练和篇章训练结合起来,如三、四年级多重复句的练习就可以纳入篇章练习。

(2)注意明确训练目标与适当的项目量

培养能快速大量地汲取信息和长篇大论地叙说和写作的能力,是高级阶段汉语教学的基本任务,而这些能力既不能截然分开,又必须适当地有重点地分别实现。有时可能主要训练读说,有时则可能重在读写。总之在技能、文体、数量、强度、密度等诸方面,每一课程均应有分工及分阶段目标。

以上主要是对高级汉语表达能力的要求、能力构成的各种因素,作了一些粗略的分析,对于微技能问题只是刚刚接触。与文字、词汇、语法等方面的要求分解得那么细致,等级划分得那么清晰相比,语段和语篇的能力要求无论是类别划分还是等级划分都是相当初步的。这方面的工作要加大研究的力度。

第七节 汉语速成教学探讨[①]

一 速成教学的实质是调动语言学习的潜能

语言速成教学(或称语言短期强化教学)表现为学习者在相对短的时间内获得相对多的语言技能和知识。但是速成教学并不仅是依靠增加学习时间或压缩学习内容实现的。如简单地把一天上 4 节课改为 8 节课,或把 4 小时的学习内容压缩到 2 小时,未必能达到速成的效果。

---

① 本节摘自崔永华《略论汉语速成教学的设计》,《语言教学与研究》1996 年第 2 期。

一个明显的事实是,语言速成学习之所以能实现,说明在一般的语言教学的过程中,还有可以使学习者在同样长的时间内获得更多的语言知识和技能的余地。下面的分析将表明,这些"余地"存在于与语言学习相关的各个方面,我们把这些存在于语言学习各个方面的余地称为"潜能"。这种潜能,是从与一般的语言教学相比较而得到的。

语言速成教学,正是以这种潜能的存在为前提的。在一般语言教学规律的指导下,再对这种潜能加以分析、开发和充分合理地利用,是成功的语言速成教学的唯一出路。调动学习者、教授者、管理者和各种教育资源的潜能,是速成教学的实质所在。

我们拟在这种思想的指导下探讨汉语速成教学的设计。首先分析在一般的语言教学的基础上,还有哪些潜能可以利用,然后说明在教学设计中,如何有效地利用这些潜能。

二 语言教学中可以挖掘的潜能

在构成非强化的语言教学过程的诸因素中,至少在下面八个方面存在着潜能。它们是:

A 学习者　　B 教授者　　C 教学过程　　D 课堂教学
E 课外时间　F 教材　　　G 教学管理　　H 学习环境

下面分别作一些举例性质的说明。

1. 学习者(学生)的潜能

一般的学习者,习惯于一般的学习节奏,缺少在最短的时间内掌握一种语言的意识和要求;他们把很多可以用于学习语言的时间用于非语言学习方面,例如用于学习其他课程、旅游、安排生活、交往、娱乐等等。如果他们有速成的要求,就可以根据速成教学的教学安排，挖掘潜能，充分利用时间和精力。这无疑可以加快他们掌握语言技能和知识的进度。

学习者的另一个重要潜能是学习者本身的素质。这包括：有强烈的速成动机、积极的学习态度、良好的语言接受能力等。有实践（如美国明德暑期中文学校）表明，在理想的速成教学中，学习者具有双倍于普通学习过程的接受能力。

2. 教授者（教师）的潜能

一般的教授者习惯于一般的教学按部就班的节奏和教学方法。速成教学采用的是与此大不相同的方法。

由于教师的素质、经验和年龄方面的差别，并不是所有的教师都有兴趣并适合于从事速成教学。适当的教师人选、教师的速成教学意识、时间和精力的投入以及对速成教学的理解、操作，对教学效果有很大的影响。

3. 教学过程的潜能

速成教学较理想的教学过程可以简单地概括为：

预习—答疑—集中解释难点—重点项目练习—课外作业/用于交际—复习—通过考试强调知识和技能。

一般的教学过程不一定遵循这个教学过程，特别是没有条件很好进行预习、答疑（后面将有解释）和严格遵循这个过程。

在教学过程中，合理地安排课型，减少人为因素的干扰，保证知识掌握和技能训练的连贯性也是一个重要的问题。例如每天上午4节课分为"精读—阅读—听力"，这种安排可能不适合于速成教学。因为频繁地改变教学内容和学习环境可能造成时间的浪费，更不利于学生注意力的集中和对所学内容的熟巧掌握。

4. 课堂教学的潜能

一般的课堂教学遵循普通课堂教学的组织方式,存在着大量冗余的时间,例如:

与语言训练无关的通知、谈话;

由于学生水平不齐产生的等待;

由于少数人的疑问而进行的解释;

由于编班过大而造成的学生练习机会过少;

由于采用一些不适合的教学手段而延误的时间;等等。

合理地安排班级规模,按学生的语言水平编班,改进课堂的组织和操练方法,充分利用课堂时间,可以给学生更多的学习、操练机会。

5. 课外时间的潜能

一般的语言教学,对学习者的课外时间是不予控制的,而速成教学则要把所谓"课外时间"纳入教学进程。

语言速成教学又称作"全浸式"(total imersion)语言教学。这种教学的特点是,学习者 24 小时应当完全沉浸在目的语的语言环境中。

所谓课外时间的合理利用体现在三个方面:第一方面是进行不需教师指导或只要稍加指导的课型(听力课、阅读课);第二方面是需要教师个别指导的活动(如个别辅导、预习和复习的答疑);第三方面是对日常生活必须使用目的语的交际的强制要求。

6. 教材的潜能

一般的语言教材不一定适合速成教学。一般教材的主要问题是设计不适合于速成教学。如课型的划分、配合,单位课时的教学容量,不适于速成教学的操作和练习,生词、语法、文化注释过于依赖教师而不利于学生独立预习和学习,等等。

速成教学要求有在总体设计和具体课程上都针对速成教学特点和需要的教材和教学辅助材料,如音像材料、阅读材料、练习材料、各种考卷和教师备课材料。因为速成教学单位时间教授内容大大多于普通教学,需要为教师准备更多的教学素材以备选用。

7. 教学管理的潜能

对速成教学来说,教学管理的范围大大超出一般的教学管理。

速成教学的教学管理是全方位的管理,除睡眠以外,其他时间都应当置于教学管理的范围之内。

速成教学的教学管理内容,从选取生源、编班、学习周期、教师安排、授课、课外活动、生活安排各方面,都与普通的语言教学大不相同。速成教学用自己特有的管理原则和方法,协调上述各个方面,以合理、充分地利用学习者和教授者的时间和精力。

8. 学习环境的潜能

创造良好的学习环境,是速成教学区别于普通语言教学的一个显著特点。

所谓"全浸式"教学,除了全方位的管理之外,还要求学习者完全沉浸在良好的目的语环境中,包括:封闭的教学区、生活区,使用目的语的严格规定,以利于进行高质量的教学和创造良好的课外目的语交际环境。

良好的学习环境还包括良好的教学设备、辅助设施,如学习气氛和目的语气氛浓厚的教室、听力室、阅览室,方便、高效的办事效率和必备的办公设备等,以保证教学各个环节不受阻塞。

以上我们从八个方面分析了语言教学可以利用的潜能。这八个方面是举例性的,每一个方面的内容也是举例性的。也就是说,这里并没有穷尽速成教学可以利用的潜能。

以上分析可以说明,第一,普通的语言教学过程中确有可以供速成教学利用的潜能,因此速成教学是可能的;第二,速成教学能否成功,取决于潜能利用的效果。

三 汉语速成教学的设计要点

以上的讨论是从一般语言教学,或者说是一般的外语教学跟速成外语教学的角度进行的。下面我们根据前两节的分析,提出一种汉语速成教学的设计方案要点。要点分为指导思想、教学计划、办学规模、教学实施、教材和学习环境六个方面。

1.指导思想

把遵循一般汉语教学规律与挖掘和合理利用各方面的潜能结合起来,发现和遵循速成汉语教学规律,建立优化的教学过程。

速成教学是一种强化的教学过程。在这个过程中,不只是对学生的强化,也是教师、管理人员、教学条件的强化,这些相关的因素之间是密切联系、相互制约的。因此教学的设计不仅要考虑到学生、教师和管理人员的承受能力,还要考虑到物力、财力资源的合理使用,以使各种潜能的利用达到最佳的结合。因此语言速成教学的设计应当是一种系统化的教学设计。

速成教学设计应当是一种充分重视效率的设计。要达到最佳的教学效果,要尽量把教学量化。当然这种量化应当以实验为依据,但是到目前为止,还没有看到这方面的实验报告。下面我们提到的量化指标,是依据笔者经验和经历提出的,希望在今后能够通过实验加以调整和验证。

2. 教学计划

(1) 教学对象:有志于学习速成课程的学习者,年龄在 25 岁以下为宜,学历至少在高中毕业程度,各科学习成绩在中上以上,汉语水平从零起点到获得汉语水平考试的中等 C 级证书。

(2) 教学目标:双倍于普通班的教学进度。

(3) 学制:把零起点到速成最高水平分为 5 级。

(4) 教学周期:每年 5 学期,每学期 9 周;两学期间休息 1 周,暑期 3 周,寒假 2 周;每周 5 天上课,每天正课 4 节,辅助课 2 节。

(5) 设课:精读课、听力课、汉字或阅读课;以精读课为核心,采取讲练、复练模式;听力课、阅读课作为巩固精读课内容和强化训练的手段。

3. 办学规模

(1) 在校生规模:总数 200 以上,每年级 42 人为宜。

(2) 编班:每班 21 人;复练课分为 3 小班,每班 7 人;大班、小班都按学习成绩编班,每周测验后根据成绩调整。

(3) 教师安排:大班可配备中老年教师,教讲练课,小班以年轻人为主,教复练课,每 21 名学生配 4 名教师。

4. 教学实施

(1) 教学过程:严格遵守下述教学过程并以严格的时间表加以保证:

预习——学生在上课前一天晚上必须预习第二天要学习的

内容。

答疑——在学生准备第二天课程的晚上,设教师答疑。

集中解释难点——在精读课上采用大班授课形式进行。

重点项目练习——在精读课和复练课上进行,以复练课练习为主。

复习和课外作业——下午和晚上要复习上午所学内容和完成本课作业。

用于交际——在课外所有场合使用汉语。

测试——每天精读课听写。

(2)课程安排:

精读课1、2节上大课,主讲教师强调教学内容,解释语言难点、进行初步练习;3、4节上小班课,只复练语言点。

听力课、阅读课在下午5、6节,每周2次(二、五),主要是学生自己练习,教师答疑。

每周一、三下午安排个别谈话或辅导,了解学生学习困难,解决个别的语言问题;每周四下午复习本周内容,准备第二天考试,设教师答疑。

(3)课堂教学:课堂教学采取大小班结合的办法。课堂教学只做必须在课堂上做的事;严格掌握进度,不迁就预习不好的学生。

复练课课堂教学是速成教学成败的关键,应当严格遵守下面的原则:

a. 千方百计让学生多练,教师少说;

b. 只管练习,不管解释;

c. 只练要求的语言点,不增加其他项目;

d. 结构紧凑,保证练到、练熟要求本课掌握的语言点。

(4)教学组织:

a. 同年级集体备课,规定统一的练习内容(包括练习中使用的词语)和教学方法,以保证学生掌握要求的内容;

b. 对教师采取轮换授课的方法,每天教授不同的班次,以使学生感受不同的语言风格。

(5)测试:把测试作为提高学习积极性的重要杠杆。测试分3种:

a. 每天早上听写预习的内容;

b. 每周五第1、2节笔试,第3、4节口试,每周根据考试成绩重新分班,以增强竞争意识并调节班级水平,以利于课堂教学的推进;

c. 每学期期末考试,严格按考试成绩决定升留级和证书发放。

5. 教材

速成教材除符合一般语言教材要求外,还特别要求:

a. 每课的语言点突出,每课有10—20个基本语言点(语法、词汇、功能);

b. 配套教材的内容一致,精读课、听力课、阅读课在语法、词汇、功能等方面有明显的内核,内容距离不能太大;

c. 听力课和阅读课教材要适合学生自己使用;

d. 教材适合学习过程要求,便于学生预习和练习;

e. 配有教师手册,特别是有足够的、合适的复练内容,以便统一要求,节省教师备课时间。

6. 学习环境

学习环境是语言速成教学成败的基本条件,也是严格意义上的速成教学区别于普通语言教学的特征之一。良好的速成教学环境可以强化学习者的学习意识,也给学习者提供了良好的习得语言的条件。良好的教学环境必然是管理者、学生、教师共同努力的结果。可以从以下几方面创造学习环境:

a. 建立封闭的教学生活区,充满目的语的标志和媒介;

b. 强制学生在教学生活区内必须使用目的语,并配有严格的违纪惩罚规定;

c. 教师和学生共同生活,以起到指导、监督、创造环境的作用。

上面描写的速成教学设计模式,对我们目前的条件来说,还是一个理论模式。了解这样一种模式对我们设计自己的速成教学,逐步提高办学水平,应当是有启发的。这虽然是一个理想模式,但事实上并不是一种不可实现的模式。关键的问题还是我们能不能看到并合理利用教学过程和教学管理中的潜能。速成教学如此,普通教学也是如此。

第八节 汉语速成教学的优化策略[①]

一 速成教学是一种最优化教学

"速成"是人们习得第二语言的普遍要求,速成教学就是在

---

① 本节摘自马箭飞《汉语速成教学的最优化策略》,载《汉语速成教学研究》第一辑,北京大学出版社 1997 年版。

第八节　汉语速成教学的优化策略

相对短的时间内,使用特殊手段使学习者在语言知识和技能上获得较大成效。正因此,速成教学在整体上表现为短期、强化、速成的特点。一般来说,速成教学是否成功,教学效果和教学使用时间是衡量的两项主要标准,从这个意义上讲,速成教学必须是高效率的。然而强调高成效很容易使我们把"速成"误解为尽量去压缩教学时间或超量输入教学内容,单纯从数量上进行强化。事实上真正的速成教学意味着对教学质量的追求,它通过实施"最优化"的手段和策略,开发和利用教学过程中存在的各项潜能,使教学获得最大成效。

语言速成教学是一项复杂的系统工程,它不仅要解决一般语言教学需要解决的语言、语言学习和语言教学的矛盾,还要解决时间的短消耗和获得最大成效这对特殊矛盾。实施语言速成教学,不仅要全面分析教学系统各种内外部条件,如教师、学生、教学环境、教学支援等,要对教学过程中的诸因素如教学目标、内容、方法、途径、测评等逐一进行精细地考察,还要根据某项或某几项因素的变化,动态地组合出最佳教学方案。速成教学就像一部高速运转的精密仪器,系统中任何一个部分都会影响到整体。要保证速成教学的成功就必须对各种因素进行综合考虑,在使各因素得到"最优化"的基础上,随时调整出最佳的教学方案,从而使整个速成教学系统实现"最优化"。

所谓"最优化",就是指在一定条件下解决某项任务的最好途径。教学最优化可以说是"从解决教学任务的有效性和时间消耗的合理性着眼,有科学根据地选择和实施特定条件下最好的教学方案"(巴班斯基)。它着重强调的是教学的效果及所用的时间以及达到高成效的最优途径,是科学地进行教学活动的基本原则。教学最优化理论是由苏联教育家巴班斯基提出的，是现代教育论中较有影响的一种学习理论。它不一定完全适合我们的速成教学，但它提出的最优化概念和标准，它从系统论角度、从动态角度提出的教学最优化的方法体系与我们的速成教学很相似，对我们是很好的启示。从根本上说，实施教学最优化是既要"速"又要"成"的教学模式的唯一途径。速成教学应当是一种最优化的教学。

二 实现教学最优化的几项策略

1. 教学目标的最优设计

教学目标就是教学标准，即教学应达到的程度。教学目标的最优设计可以避免一般教学的盲目性，为教学提供可靠的依据，使教与学双方有共同的指向性，科学地指引教学过程；优化的教学目标还可以激发学生的学习欲望，强化学生的学习动力并进而对整个教学过程起强化作用。

汉语速成教学的目标的最优设计应当遵循以下几项原则：一是全面性。设计的目标应当包含汉语的基本语言知识和技能，在语音、汉字、词汇、语法等方面都应有确定的标准，在听、说、读、写、译等技能上有明确细致的程度描述。二是重点性。目标有侧重，有重点地指向日常生活交际这一在速成教学中占主导地位的教学任务。三是针对性。针对学生的主要需求和学生的学习目的，设计相对具体单一的教学目标。根据这些原则，我们的教学目标应设计为两类，一类是主体性目标。要求学习者掌握基本的语言知识和技能并在日常生活、社交、学习和工作等范围内可以运用或熟练运用。主体性目标在我们试验阶段的教学中又分为两个层次,即初级目标和中级目标。

表1

	初级目标	中级目标
入学水平	零起点	具有初级(低或中)汉语能力即相当于HSK的三、四级
入班学习时间	有效学习时间为20周,600学时。加上其他形式的学习时间总数在800学时左右	同左。再加上入班前接受的学习时间总数在1500学时左右
达成目标最低线	初级(低)汉语能力相当于HSK水平等级中的三级	中级(低)汉语能力相当于HSK水平等级中的六级
对应标准	入中国理工院校学习的最低标准 北京语言学院对外汉语专业入系标准	入中国文史院校学习的合格标准 北京语言学院对外汉语专业二年级标准

我们再看看这一目标设计方案在教学实践中的具体情况。以北京语言文化大学速成班1995年秋季20周班部分学生学习情况为例,通过入学和结业两次汉语水平考试成绩的对比看学习目标达成情况。

表2

	入学测试(1995.09.29)使用HSK(RF-01)入学分班测试题	结业测试(1996.01.27)HSK考试中心主持的正式HSK测试
初级目标	14名学生。经口试为零起点或接近零起点,无法参加HSK(RF-01)测试	12名学生获得HSK等级证书即HSK等级三级以上。其中 初级C(三级)4名 初级B(四级)5名 初级A(五级)1名 中级C(六级)1名 中级B(七级)1名 两名学生考试成绩在三级以下,未获证书

(续表)

	入学测试(1995.09.29)使用 HSK(RF-01)入学分班测试题	结业测试(1996.01.27) HSK 考试中心主持的正式 HSK 测试
中级目标	16 名学生测试成绩在四级和四级以下	获得 HSK 等级中级 C(六级)以上 9 人,其中 中级 C　6 人 中级 B　2 人 中级 A　1 人 未获得中级 C 的 7 人,其中 初级 A　5 人 初级 B　2 人

需要说明的是,结业测试的成绩是基本可信的,但达成中级目标的效果并不理想。原因主要是:1.学习时间仅为 18 周,结业测试提前进行。2.入学测试成绩比实际 HSK 等级成绩应略低。因使用的入学分班测试题的难度值、保密度要略差于正式 HSK 测试使用的试卷,就是说其中的部分学生可能并未达到完成中级目标入学水平。另一类是有限性教学目标。要求学习者侧重掌握一项或部分技能,或在特定范围内熟练运用汉语。这类教学目标是根据学生或学习团体的学习时间、学习需求特点而制定的,目标设计具有针对性、灵活性的特点。这类目标也可分为两种:一种是语言能力的侧重和取舍,如针对欧美人放弃汉字、阅读、写作等技能要求的听说教学;另一种是针对团体尤其是各大公司职业需求的职业汉语教学等等。这类教学目标虽然是有限性的,但对某项技能、某个特定领域内的语言要求标准就更高。

设计速成教学的目标还要有目标体系的概念。我们首先要建立既有最终结业目标,又有各教学阶段的阶段目标、周教学目标和课时目标的目标教学体系。其次在对教学内容、学习规律基本把握的基础上确定目标点,把教学任务细目化。然后又对所有目标点进行目标水平分析,确定与每一目标点相应的词汇、语法点数量和对应的汉语水平等级,以准确地把握教学,确保教学目标的实现。同时还要对教学目标进行测评并随时反馈结果,修改教学目标。

2. 教学内容的最优处理

教学内容是课堂教学最主要的组成部分,也是完成教学目标的主要依附体和重要保证,教学内容的选择和处理直接影响教学的效果。一般在内容的选择和处理上我们都强调汉语语言规律与学习规律的结合,强调处理好重点和难点的关系,做到突出重点,分散难点,先易后难等等。汉语速成教学对教学内容的处理还需重点解决以下几个问题,即教学内容、教材内容的优选问题,不同技能之间教学内容的最优联系,部分教材的组合形式。

汉语速成教学自然要求对教学内容在量上有所加大,但教学时间的限制使我们的教学内容不可能过多甚至趋近于整个语言体系,教学内容的优选就成为实现教学最优化的根本途径。教学内容的优选有三个方面。

一是汉语语言知识内容的优选。我们知道汉语语言系统是巨大的,无论是字、词、句或语法点的数量,对于短时间的教学都是无法实现的,但作为交际符号的汉语无论字、词、句,其信息量却是不同的,其中的某一部分甚至是很少的部分所承载的信息总和,可能会接近实际使用中的整个汉语语言系统的信息总和,在语言使用中的覆盖面很大。据《现代汉语频率词典》统计,在有4574字种的约200万字符的最优量语料中出现245次以上的高频字 1000 个，覆盖面达 91.3％，如果再加上次高频字，2418 个汉字覆盖面达到 99％，另外的 2156 个汉字只覆盖全部语料的 1％，有的专家认为，它们在实际运用中每一个出现的机会只有千万分之五。显然速成教学的内容选择只能是前者。汉语字频、词频、句型频度的统计已经得出了相关的数据和字、词、语法点的等级，这就为教学内容的优选提供了前提条件。可以说，为达成速成教学的某个目标有最优的教学内容。选择这部分内容是最科学最可能速成的方法。由北京语言文化大学编写的《速成汉语初级教程·综合课本》正是基于这样的认识，在出词、出语法项目上做出了尝试。

二是话题的优选。现实生活中人们的交际涉及方方面面，但对于短期学生来说，有些方面的内容则是更急需更常用的。话题的优选不仅可以典型地概括现实交际生活，还可以满足学生的需求。我们再以上面提及的教材为例，编者根据对外国人使用汉语情况的调查分析结果，把话题按实用程度分为最常用（有关日常生活、学习、社交活动的话题）、常用和次常用的话题。在 80 篇课文中最常用话题占 63.8％，常用话题占 25％，次常用占 11.2％，并考虑学生交际活动时间的发展顺序，兼顾语法点的合理安排确定话题的编排顺序。这种话题的优选和优化安排，其教学效果虽然还未得到最后证实，但它体现了教学内容的科学性、典型性，对实现速成教学无疑是有帮助的。

三是话题内具体事件的优选。每一话题都涉及一系列的相关事件，这些事件中有些是典型的，有些则是不典型的。例如有人对"上餐厅吃饭"这一教学中常用话题进行过试验。在对相关的 20 个事件如进入餐厅、找座位、要饮料、看菜单、定菜等进行试验后发现,有一些事件是大多数受试者一致认同的,其中认同率最高的是:坐下、看菜单、定菜、吃饭、付账、离去六项,在 32 名受试者中都达到了 73% 认同比率。可以说明这些事件形成的定型系列,为"上餐厅吃饭"这一话题内容的最典型系列,也应是教学编写者首选的内容。总之,教学内容的优选涉及很多方面和因素,但教师考虑得越细,实现教学最优化的可能性就越大。

教学内容体现在课程上就是主干课和各技能课、专业课。不对这些有横向联系的教学内容进行合理处理,会造成内容的赘余或脱节,以致浪费时间,抑制教学过程。相反,如果对它们进行最优处理,让全部教学内容有机联系形成整体,就会节约时间,提高效率。对我们汉语速成教学的教学内容比较理想的处理方法是采用不同课型拥有一个"共核",即主体内容的固定,然后针对不同技能的训练和各技能课的教学目标相对应地增加最优量的教学内容。

教学内容的主要组成是教材,但由于对语言规律、学习规律、速成教学规律的认识还有局限,由于我们的教学班在学生的一些个性特征(如学习目的、学习需求、母语背景等)上还存在差异,固定形式的教材很难完全满足教学和学习的要求。通过计算机建立由教学补充材料、练习、作业等形式组成的辅助教学资料库,并在此基础上,根据不同的教学对象、教学时间、教学目的,配合教材,采取组装的方式,提供给学生具有很强针对性的教学内容,是很有效的方式,尤其对有限性教学目标的教学。这种方式可以在比较短的时间内组合出针对每个学生的最佳教学内容,有很大的灵活性,而且整个资料库可以随时进行增删、修改,能较好地适应速成教学在试验阶段的动态发展要求。

3.教学方法的最优选择

"速成教学"的名称很容易使人联想到"速成"法和"强化"法,事实上无论是在教学法还是在教学方法的概念层次上,这两种"法"都不存在。"速成"只是对成人第二语言教学模式主要外部特征的概括。"强化"则是在许多速成教学模式的教学中所采取的一种手段。实施汉语速成教学不意味着创立一种新的教学法,而是要对已有教学方法进行最优选择和运用。

速成教学方法的最优选择,要符合速成教学原则和目的,符合教学内容,符合学生学习规律,符合教学的现有条件和所规定的教学时间。就是说,选择出在某种条件下依据某一标准者是最好的方法。例如我们可以选择"全浸式"方式,它不仅在英语速成教学中有大量成功的例子,而且在汉语速成教学(明德暑期中文学校)中也有成功的实例。但我们的教学条件、教学环境和我们对学生时间的控制是一个主要障碍,全浸式起码在现阶段不可行。我们也可以选择结构法,这种传统的教学方法被证明对语言知识结构的尽快掌握和熟巧很有效,但它又与学生的学习需求、学习的交际性目的有距离等等。在现有条件下,究竟什么方法是最优选择呢?

我们说过,汉语速成教学目标可以分成两个基本类型,一是主体性目标,二是有限性目标。对于前者,通过两年来的试验教学,我们发现在教学方法上可以采用结构与功能相结合的方法。这种方法要求以掌握汉语语言基本结构为前提,逐渐促进"技能的迁移",达成运用语言知识结构的交际能力。在教学的最初阶段采用结构—功能法,以控制较严的结构训练为主;随着教学时间的延续和学生语言水平的提高,转而采用功能—结构法,逐渐减少结构方面的训练,增加较自由、较真实的注重交际的功能训练。对于后者,教学方法应当主要选择以"任务"(TASK)为基础的功能教学法,即把有限性的教学目标再细化为具体的教学目标和内容,直接对这些"任务"进行教学,从而缩短教学时间。

4. 教学时间的最优利用

前文已经说过,衡量速成教学是否成功的一项主要指标是看教学时间的消耗。因此无论什么样的速成教学模式,教学周期相对一般语言教学都是较短的,所以它对时间的要求就很高。只有最大限度地利用时间,才能为教学提供更大的余地和可能性。而我们现在的教学在时间的利用上的确存在着可优化的潜能。

时间的最优利用首先要对教学阶段进行科学划分。第二语言学习心理规律和试验表明,不同学习阶段学习者的学习兴趣、情绪、能力等因素是不同的,合理地划分教学阶段,可以缓解学生内外在压力,使教学任务恰到"时"处地完成,避免教学时间的无效使用。我们在确定了每周教学目标并对目标进行水平分析和测试后,初步得出了在同样学习速度下,学生每周测试成绩的集中量数,并根据这一数据在不同时间的变化,把零起点20周班学生的学习过程划分为7+7+6三个阶段。科学的阶段划分有待于实验的进一步完成。

速成教学必须做到对有效教学时间充分利用,在根据教学任务对教学时间进行总分配后,还要把时间安排具体到每一课时,强调单位课时的使用效率,如规范课时内的教学任务、教学步骤,分配各步骤使用时间,控制师生讲练的时间比例,安排重点内容的讲练时间与学生最佳状态的重叠等等。实现有效教学时间的充分利用,首先要建立课堂教学规范,实行教师集体备课和分工协作制度,充分挖掘教师的潜能。

时间的最优利用还要最大限度地开发课外时间,寻求有效教学时间与课外时间的有机联系,增加课外时间使用汉语的机会和教学功效,有计划地使课外时间成为有效教学时间的延伸。开发利用课外时间有多种形式,在进行一系列试验之后,我们发现个别教学是最好方式,常常是在其他教学形式不起作用时必须采用的一种方式。教师应尽量把握学生的个别教学。小组学习也是速成教学课下可采用的方式。按学生特点把学生分成小组,由教师监控学习小组自己完成复习、预习、作业等教学任务。

实现速成教学,除了考虑上边几项最优先策略外,还要考虑影响速成教学的其他因素的最优化策略。如学生学习潜能的最优开发、教师作用的最优利用、教学环境的最优设置、教学效果的最优评估等等。只有这样,才能建立一个最优化的汉语速成教学系统,实现最优化教学。

三 对现阶段如何实施教学最优化的几点设想

1.运用已有的科研成果

对外汉语教学,经过数十年的实践,积累了不少的经验,研制出一系列基础科研成果。它们是对外汉语教学所有教学类型、教学模式进行教学实践的基础和科学依据。我们说过,现阶段实施速成教学不意味着创立新的教学法、新的教学理论,而是要概括已有的教学规律和原则,使之具体化;重新挖掘教学过程中的各项潜能,使之最优化。因而运用已有的基础科研成果,是提高教学质量、提高科学化程度、实施教学最优化的基本途径。当然对基础研究成果还要根据速成教学自身的特点进行再加工,使之具有更强的适应性和可操作性。

2.进行教学实验

教学实验,尤其是对比性的教学实验,是现阶段实施教学最优化的一个好方法。从前边的说明可以看出,最优化的一个重要前提和标志是各项指标的量化。无论是教学目标的最优设计、教学内容的优选、教学时间的最优利用等等,都要求对相应的内容进行定量分析和研究,并作具体描述。科学的量化指标的产生必须以教学实验为依据。我们已着手进行速成班与普通班的对比性教学实验,希望通过实验心理学和教育统计学的方法得出或验证:(1)不同阶段学生对各项语言知识技能的掌握情况。(2)速成班学生在学习方面可达到的进步率和学习速度。(3)速成班学习过程的描述和学习高潮期、低谷期。(4)在一定的学习速度下几项重要的语言点的使用错误率随学习时间呈逐渐下降趋势。

3.进行规模性调查

汉语速成教学是一个新的教学模式,正处在试验阶段,缺乏足够的教学经验和理论依据。教学中的一些假设可以通过教学实验进行验证和否定,还有一些问题要通过规模性调查加以了解。例如学生的个性特征、学习目的、学习需求等等,这些都是速成教学必须了解清楚的问题。在最近进行的一次对学生的调查显示,被调查的103名速成班学生在"学习目的"的六项选择中有51名选择了进行外贸商业活动,占被调查总数的近一半。但我们的教学目标、教材编写、课程设置都很少涉及这一内容。不了解学生的学习需求和类似的其他问题,教学设计就不可能是最优化的,速成教学也就不可能是最优化的。

第三章
对外汉语教学原则和教学法研究

第一节 汉语作为第二语言教学的基本原则[①]

我们根据从事对外汉语教学 40 年的经验和研究成果,汲取国外汉语教学界的成功经验,并参照其他第二语言教学的理论和实践,就散见于各种文章或讨论中有关教学原则的主要观点概括出以下十条教学的基本原则。这些原则绝不是新的创造,也不见得不多不少正好是这十条,总结一下的目的是为了寻求共识,以利于更深入的讨论。

一 培养运用汉语进行交际的能力

这是总则,它体现了语言教学的根本任务。这条原则是由语言作为交际工具这一本质特点所决定的,也符合当今世界各国之间密切交往因而对语言人才有迫切需求这一现实。20 多年前海姆斯提出的"交际能力"的概念成为功能法的理论基础,这一概念已为越来越多的人所接受。但实际上对这条原则还是有不同的理解或者是误解,比如,一提到交际能力就想到问好、

[①] 本节摘自刘珣《试论汉语作为第二语言教学的基本原则》,《世界汉语教学》1997 年第 1 期。

点菜，就想到几句生活会话。其实根据 M. Canale 所提出的理论框架，语言交际能力至少包括语法能力（指有关语音、词法、词汇、句型的知识以解决正确性问题）、社会语言学能力（指性别、年龄、社会地位、交际目的、礼俗常规等所决定的社会语境中的得体性问题）、话语能力（在不同风格的语段中，协调语言形式的连接和多重内容的表达）和策略能力（弥补交际中的隔阂问题，加强交际效果）四个方面，这是一个相当庞大的由知识和能力构成的体系。交际中所涉及的话题或功能也是从日常生活一直到专业性的学术讨论，是达到或接近受过教育的说母语者水平的很高的目标。实现这一目标，对大多数学习者来说难度还是相当大的。

为了达到培养语言交际能力的目标，应当注意：

1. 首先必须把语言当作交际工具来教和学，尽可能做到如功能法所提倡的"教学过程交际化"，鼓励学生创造性地运用语言表达自己的思想。但同时并不排斥，特别是在初级阶段，为了掌握语言形式并"养成习惯"而适当采取听说法所强调的句型操练等机械性的训练方式。

2. 能力的培养离不开知识的掌握。语言知识的学习、语言规则的内化是形成语言交际能力必不可少的条件。西方某些教学法确实存在着把能力、技能与知识对立起来，强调能力、技能就忽视了知识的倾向。

3. 培养交际能力需要运用实际生活中真实的语言材料（authentic language material），即使在初级阶段也应选用一些与学生的水平相适应的真实材料，到中高级阶段应更多地选用原文。但如果从一开始学习就把街上的店名、标志、火车时刻表、菜单等作为教材的主体,则是一种极端的做法,不利于初学者对语言的掌握。

二 以学生为中心,教师为主导

这条原则是针对教与学的关系而提出的,是一条根本的原则。

以学生为中心是20世纪60年代西方人本主义心理学提出的口号,强调学生是教学活动的主体,"教"只有通过"学"才能起到作用,"教"必须为"学"服务。随着对学习理论的深入研究,人们发现教学理论和教学规律的研究必须以学习过程和学习规律特别是"中介语"和"内在大纲"的研究为基础,否则教学理论就成了无本之木。这条原则主要体现在:

1. 从学生的特点和需要出发,制订教学计划、教学大纲并确定教学内容、教材和教学方法。学习的内容应是真实而实用的,为学生所迫切需要的,"学以致用"才能提高学生的学习兴趣。

2. 研究学生的个体差别,因材施教,在学习方法上给予指导,并不断激发学生的学习动力。

3. 课堂教学要用启发式,运用并发展学生的智力,体现以学生活动为主的积极性原则。

4. 多听取学生的意见,并根据所得到的反馈不断调整教学计划,改进教学。

在有着"先生讲、学生听"教师为中心的历史传统的我国,强调以学生为中心是十分必要的。但另一方面,西方的某些教学法又走向另一个极端,只强调以学生为中心而忽视了教师的作用。我们认为在学校教育的范围里，在课堂教学的形式下，教师仍要起主导的作用，主要表现在组织、促进、示范和指导的作用。教师要按教学大纲处理教材，确定教学方法，组织好每一堂课；要了解自己学生的特点，激励学生的学习动力；在目的语的运用上成为学生模仿的榜样；在学生产生语言运用偏误时认真给予指导。这里需要强调一下，对待学生的偏误应采取严格纠正的态度，但不能像听说法所主张的"有错必纠，不放过任何错误"，也不能像功能法那样"能不纠就不纠，以鼓励学生表达"。应根据错误的性质和发生的场合，用适当的方式予以纠正。

三 结构、功能、文化相结合

这是近年来我国学者们根据自己的经验总结出的一条教学原则。"结构"是指语言结构，包括语法结构和语义结构；"功能"是指用语言作事，即语言在一定的情景中所能完成的交际任务（我们是把情景作为功能的一部分来研究的）；这里所说的"文化"也是指语言教学范围内的文化因素，主要是在跨文化交际中由于文化差异而影响到交际的语言（和非语言）的文化因素以及目的语国家的文化背景知识，那些不是为了掌握语言的目的而进行的文化教学，如有关文学、历史、哲学等的专门课程，不在我们讨论的范围之内。这三方面概括了我们的主要教学内容，而这三者的结合又体现了我们的教学路子。不论是语法——翻译法，还是直接法、听说法，都是以语言结构特别是形式结构为纲，而功能法则独树一帜强调语言教学要以功能为纲。70年代初由威尔金斯的《意念大纲》引起的一场结构与功能之争，一直延续到今天尚未结束。我们则认为结构与功能这对矛盾既是对立的又是相互依存的;结构是用来表达功能的,功能离开了结构也就无法实现,在语言交际中两者是紧密结合在一起的。我们主张结构、功能和文化应当紧密结合在语言教学中。"三结合"的意思是:

1. 结构是基础。国内外几十年的汉语教学经验证明,通过早期系统的语言结构的学习掌握语言规则,是第二语言学习者较迅速地获得语言交际能力的关键。反之,初级阶段忽视结构教学或完全打乱结构教学的系统性,会给汉语学习带来极其不利的影响。

2. 功能是目的。学习语言结构是为了交际,因而结构是为功能服务的,结构教学必须与功能教学紧密结合。这表现在:结构教学要重组装规则以解决表达问题,而不是把重点放在结构的分析上[①];按人类言语活动从意念到言语形式的顺序从功能出发进行结构教学,而不是按传统的从形式到意义的顺序以教授结构为出发点;要突出功能的教学,既要考虑到结构的系统性,也要注意功能的系统性。

3. 文化教学要为语言教学服务。文化教学是语言教学不可或缺的一部分,语义和语用的教学,作为语言交际能力一部分的社会语言学能力、话语能力和策略能力的培养,都离不开文化教学。文化教学要紧密结合语言教学,着重揭示语言交际中的文化因素,介绍目的语国家的文化背景知识。

结构、功能、文化的结合应贯串语言教学的始终。一般说来

---

① 参见郑懿德《对外汉语教学对语法需求与推动》,载《80年代与90年代中国现代的汉语语法研究》,北京语言学院出版社1992年版。

初级阶段以结构为主,中级阶段要加强功能并巩固、扩展结构,高级阶段文化因素教学——特别是目的语国家文化背景知识教学——的分量应逐渐加大。

四 强化汉语学习环境,扩大学生对汉语的接触面

语言交际能力不是仅仅靠课堂教学就能培养成的。语言环境的有无与好坏,学生对目的语的接触面及目的语输入量的多与少,直接影响到语言学习的效果。在非汉语的使用环境里教汉语的国外同行们,想尽各种办法努力营造小语言环境,并采用"沉浸法"以加强学生接触和运用汉语的机会。在使用汉语的环境里进行对外汉语教学,同样需要强化并利用这一语言环境。克拉申提出关于第二语言"学习和习得"的假说,认为成人在学习第二语言过程中也有习得的一面,而且是比学习更重要的一方面,成人的自然习得主要是在课堂外进行的。克拉申的"情感过滤"假说强调学习者对语言材料的"吸收"(intake)大大低于语言材料的"输入"(input)。这些观点为我们提高教学效果拓开了思路——加强课外活动与社会语言实践并把它们与课堂教学结合起来,形成课上课下、校内校外、学习与习得相结合的新教学体系。目前看来,不论是海外还是在中国国内,都需要加大学生汉语的接触面和输入量。

五 精讲多练,以言语技能和交际技能训练为中心

我们认为第二语言的获得,是"规则的学习"(认知主义心理学所强调的)与"习惯的养成"(行为主义心理学所强调的)两方面的结合。反映在课堂教学中需要正确地处理讲与练的关系,

知识与技能的关系。

"精讲多练"是60年代初北京语言学院总结出的一条对外汉语课堂教学的规律。"精讲"是对教师的知识讲授而言,适当的理论知识和语言规则的介绍,对成人学习第二语言是必不可少的,知识不能不讲,但要讲得少而精。讲解的方法,我们提倡归纳法,但也不排除演绎法。"多练"是指学生在课上、课下要进行大量度的练习,才能培养语言运用的熟巧。练习方法,我们提倡综合性、交际性练习,但也不排除单项练习。"精讲多练"体现了我们长期以来主张的"实践性"的原则。

鉴于语言课首先是技能课、工具课,语言教学应体现以技能训练为中心的原则。根据上文分析的目前学生入学水平状况,这一原则至少在培养汉语专门人才的汉语言专业,应从初级阶段一直贯串到中、高级阶段。我们这里所说的技能训练不仅仅指听说读写言语技能训练,为了培养交际能力,还需要进行言语交际技能训练。

六 以句子和话语为重点,语音、语法、词汇、汉字综合教学

这条原则涉及语言要素的教学。考虑到汉语的特点,汉字也应成为汉语的要素之一。

语音、语法、词汇的教学,可以在不同的阶段有所侧重,甚至采取语音教学阶段、语法教学阶段等分阶段教学的做法。但语言诸要素只有组成句子或话语时,才能较好地发挥交际工具的作用,所以我们主张以句子和话语这两级语言单位为重点,语音语法词汇综合教学。句子是语言交际中表达完整意思的最基本的运用单位,是语音语法词汇的综合体。长期的教学实践也证

明通过句型能较好地掌握语言的组装规则。因此从第二语言教学的角度考虑,句子仍应是教学的重点。随着话语语言学的兴起,人们对言语活动的研究更加深入,逐步认识到第二语言教学中除了传统的句子的操练外,还需要加强话语的训练。话语教学是一个新的研究领域,无论在我国还是在国外都还处于探索的阶段,尚未有重大的突破。如何在汉语作为第二语言的教学中加强话语教学,应是今后教学法研究的攻关课题之一。

七 听、说、读、写全面要求,分阶段侧重

这条原则涉及听说读写四项基本技能训练的关系。传统的教学法中,一派强调读写能力的培养,强调书面语的掌握;另一派则强调听说能力的培养,强调口语的教学。我们认为四项技能互相促进、互相制约,都是语言交际中不可缺少的,因此我们主张全面要求,但不同的学习阶段侧重点又有所不同。初级阶段突出听说或者适当的听说领先,是符合语言学习规律的,但由于汉字认写这一特殊的问题,从一开始就不能放松读写,而是要紧紧跟上。中级阶段听说读写并重。高级阶段侧重于读写,但听说训练仍要贯串到底。

针对不同对象,不同的学习目的和不同的学习期限,听说读写的侧重点也应加以区别。

八 利用但控制使用母语或媒介语

这条原则涉及目的语的教学与母语或媒介语的关系。以联结主义心理学为基础的直接法强调在第二语言教学中目的语与客观事物直接联系,无论是言语的理解或表达,都应避免依赖母

语的翻译过程,这是正确的。但母语的存在是一个事实,母语对目的语的迁移作用也是一个无法回避的事实。问题在于如何发挥母语的积极作用而消除其不利的影响。

利用母语或媒介语,主要是指在教材的编写和教师的备课活动中进行语言对比分析,以确定教学重点;同时也是指在十分必要的情况下,教师在课堂上可以少量地用母语或媒介语进行难点讲解。但课堂上教师对母语或媒介语的使用必须很好地控制,能不用就不用。大量地用母语来讲解语法,通过母语来学习汉语或中国文化,绝不是语言教学理想的做法,也难以培养运用汉语进行交际的能力。至于学生在课堂上则应严格体现"沉浸法"的精神,尽可能接触目的语,除了必要的翻译练习外,不使用母语或媒介语。

九 循序渐进,螺旋式提高,加强重现率

本原则涉及教学内容的编排顺序问题。语言教学,不论是结构、功能还是文化,都应体现由易到难,由近及远,由具体到抽象,先简后繁,先一般后特殊,循序渐进的特点,便于学生学习。由于语言知识和技能的掌握不可能一次完成,在教材的编写和课堂教学中都应采取循环往复,加强重现,以旧引新,逐步深化,螺旋式提高的原则。传统的对结构、功能直线式的安排,不讲究重现率的做法已被实践证明是不符合语言学习规律的。

十 充分利用现代化教学技术手段

现代化的教学技术手段是第二语言教学的重要组成部分。目前,汉语教学的主要资源仍只局限于教科书,主要的教学手段

是靠教师的讲和学生的练;与主教材相配合的阅读、听力教材就不多,至于录音、录像、电脑、多媒体辅助教材则更少。这种情况不利于汉语教学水平的提高。以汉字教学为例,通过电脑来学习汉字的部件和笔顺,能取得其他手段所无法达到的效果。我们非常需要研究如何从汉语的特点出发,充分利用现代化教学技术手段。

以上十条,提出了解决语言教学中各种矛盾的原则,也希望能从不同侧面勾画出我们的教学法体系的轮廓。

第二节 对外汉语教学原则研究[①]

"教学原则"是教学理论(教学论)中一个十分重要的概念,它涉及教育和教学的诸多方面,对教学工作和教学活动有着重要的影响。然而,不同的历史时期、不同的教学对象乃至不同的学科,所确定的教学原则是不尽相同的。教学原则的探讨是一个永恒的主题。

我国对外汉语教学界从一开始就十分重视对教学原则的总结和确立。早在上个世纪50年代,周祖谟就指出:"要使学汉语的人能够充分掌握汉语,就必须注重词汇教学和语法教学。这是汉语教学的基本原则。"[②]60年代是对外汉语教学理论发展的

[①] 本节摘自李泉《试论对外汉语教学的教学原则》,载《中国对外汉语教学学会北京分会第二届学术年会论文集》,北京语言文化大学出版社2001年版。

[②] 参见周祖谟《教非汉族学生学习汉语的一些问题》,《中国语文》1953年第7期。

一个重要时期,在对以往教学实践进行全面总结的基础上,提出了若干影响深远的重要教学原则,如实践性原则;全面要求,四会并举;精讲多练;从实际出发,学以致用,等等。[①] 70年代,对以往主要是针对课堂教学提出的实践性原则进行了新的解释,指出"实践性原则不但包括课堂教学的方法,而且包括教学内容和教学组织形式;不但体现在课堂教学中,而且体现在教材中。也就是说,它贯穿在整个教学体系中,是汉语作为外语教学的基本原则之一"。[②] 80年代以来,对外汉语教学的学科建设和理论研究得到了空前的发展,在这一时期讨论教学法及教材编写模式的论著中总结和提到了一些新的教学思想和教学法原则,成为引导对外汉语教学实践和发展方向的重要原则。80年代初,在功能法教学思想的影响下,吕必松率先提出并论述了语言教学中如何把结构、意义和交际功能结合起来的构想,[③] 得到了对外汉语教学界的积极响应。1981年,英国著名教学法专家、功能法的积极倡导者亚历山大(L. G. Alexander)来华讲学,在介绍功能法的同时,详细阐述了功能与结构的关系及结合模式,从而进一步促进了对外汉语教学中结构与功能相结合的教学原则的形成。刘珣等在谈到基础汉语教材编写原则时,提出把功能

[①] 参见钟梫《15年汉语教学总结》,载《语言教学与研究》(试刊)第四集,1979年。亚力山大(L. G. Alexander)《语言教学法十讲》,北京语言学院1982年。

[②] 参见吕必松《汉语作为外语教学的实践性》,《语言教学与研究》(试刊)1977年第一集;又载吕著《对外汉语教学探索》,华语教学出版社1987年版。

[③] 参见吕必松《语言教学中结构、意义和功能的结合》,原刊美国《中国语文教师学会学报》1981年第2期,又载吕著《对外汉语教学探索》,华语教学出版社1987年版。

与语法、句型兼顾起来的原则。① 任远在谈到教材编写方式时认为采取结构—功能的编法,即以汉语语法结构体系为骨架,材料内容尽量顾及语言交际功能,可能是目前较为切实可行的办法。② 赵贤州等在对大量教材进行系统研究的基础上,主张"以结构为主的、结构与功能相结合的方法"。③ 中国对外汉语教学学会汉语水平等级标准研究小组则进一步提出了"结构—功能—文化相结合的教学法原则"。④ 这一原则的提出,不仅大大促进了语言教学中文化因素的研究,而且为教材编写、课堂教学乃至测试等的研究和实践注入了活力,提供了新的视角。

90年代以来,人们对教学原则进一步进行了系统的阐述。吕必松在列举了教学原则所要处理的对教学全局有重要影响的各种关系后指出,处理这些关系的原则是:(1)以教师为主导,学生为中心的原则;(2)教学内容决定教学方法的原则;(3)语言教学与文化教学相结合的原则;(4)形式结构教学与语义结构教学相统一的原则;(5)以言语技能和言语交际技能训练为中心的原则;(6)精讲多练的原则;(7)适度使用媒介语的原则等。⑤ 王丽谈到课堂教学原则时列举了如下九项:(1)短期强化的原则;(2)针对性原则;(3)实践性原则;(4)交际性原则;(5)综合性原则;

---

① 参见刘珣等《试谈基础汉语教科书的编写原则》,《语言教学与研究》1982年第4期。

② 参见任远《基础汉语教材纵横谈》,《语言教学与研究》1985年第2期。

③ 参见赵贤州(执笔)《建国以来对外汉语教材研究报告》,载《第二届国际汉语教学讨论会论文选》,北京语言学院出版社1988年版。

④ 参见《汉语水平等级标准和等级大纲》(试行),北京语言学院出版社1988年版。

⑤ 参见吕必松《对外汉语教学概论(讲义)》,《世界汉语教学》1993年第2期。

(6)结构、功能与文化相融合的原则;(7)循序渐进的原则;(8)趣味性原则;(9)有限度地使用学生的母语或媒介语的原则。① 刘珣《试论汉语作为第二语言教学的基本原则》在总结对外汉语教学数十年经验和研究成果的基础上,概括出十条基本的教学原则:(1)培养运用汉语进行交际的能力;(2)以学生为中心,教师为主导;(3)结构、功能、文化相结合;(4)强化汉语学习环境,扩大学生对汉语的接触面;(5)精讲多练,以言语技能和交际技能训练为中心;(6)以句子和话语为重点,语音、语法、词汇、汉字综合教学;(7)听、说、读、写全面要求,分阶段侧重;(8)利用但控制使用母语或媒介语;(9)循序渐进,螺旋式提高,加强重现率;(10)充分利用现代化教学技术手段。②

从以上简要回顾不难看出,对外汉语教学界十分重视从自身的教学实践中总结教学原则,并在吸收和借鉴国外有关理论的基础上丰富和完善包括教学原则在内的语言教学理论。从历史的角度来看,对外汉语教学界所提出的各项教学原则都是十分宝贵的。它们在不同的时期都产生过各自应有的作用,许多原则至今仍然并将继续对教学实践和理论研究发挥重要作用。但是,这诸多原则是有层次的,适用的范围有宽有窄。有针对整个教学活动的,有针对教材编写的,有针对课堂教学的,有针对教学内容的,等等,尽管它们都是有联系的,但到底是不同层面上的。对"原则"不加区分也就不可能发挥各自应有的作用。有的尽管很有针对性,也是值得重视的,但能否因此而看成是教学

---

① 参见赵贤州等主编《对外汉语教学通论》,上海外语教育出版社1996年版。
② 参见刘珣《试论汉语作为第二语言教学的基本原则》,《世界汉语教学》1997年第1期。

原则、应该看成是哪个层面的教学原则都是值得研究的。为此，本文打算借鉴有关成果，首先就教学原则的含义、性质和层次（教学原则体系）等加以探讨，在此基础上就现阶段对外汉语教学应确立哪些影响全局的教学原则（本文称上位原则或总教学原则）谈点个人看法。

一 教学原则

1．教学原则的含义

什么是教学原则，不同教育或教学论著中说法不尽一致，但大同小异。例如：

(1)《中国大百科全书·教育》："教学工作遵循的基本要求。"[①]

(2)王策三《教学论稿》："教学原则是根据教育、教学目的、反映教学规律而制定的指导教学工作的基本要求。""是对教学中一些矛盾关系的处理原则。"[②]

(3)李秉德《教学论》："所谓教学原则，是根据一定的教学目的任务，遵循教学过程的规律而制定的对教学的基本要求，是指导教学活动的一般原理。"[③]

(4)陈桂生《"教育学视界"辨析》："以一定教育价值原理为指导，在总结教育实践经验基础上形成的教育工作应当遵循的权威性的理性规范。"[①]

---

① 参见中国大百科全书教育卷编写委员会《中国大百科全书·教育》，中国大百科全书出版社 1985 年版。
② 参见王策三《教学论稿》，人民教育出版社 1985 年版。
③ 参见李秉德《教学论》，人民教育出版社 1991 年版。

(5)吕必松《对外汉语教学概论(讲义)》:"教学原则是指从宏观上指导整个教学过程和全部教学活动的总原则,具体内容包括怎样处理对教学全局有重要影响的各种关系。"②(处理这些关系的原则,即教学原则。)

不难看出,人们对教学原则这一概念的认识基本相近,即指教学工作的"基本要求"、"总原则",或是教学中各种矛盾关系的"处理原则"。但是,这些定义除个别(如(4))外大都是描述性的命题,即表述一个事实判断,似乎认定教学原则是所有教育工作"已然"遵循的基本要求,或是"已经"成为处理教学中各种矛盾关系的原则。事实上,教学原则不宜表述为"实然(已然)"状态;而应表述为教学工作的"应然"状态,即表述为一种价值判断。③定义(4)虽是一种可取的定义方式,但其中的"教育价值原理""理性规范"过于抽象和模糊,并且把教学原则看成是一种"规范"也是不太合适的,因为"规范"即"标准",是硬性的规定,不给行为主体以自主酌量的余地,这对教学原则限制过死。根据以上情况,我们试着把教学原则定义为:教学工作和教学活动应当遵循的基本要求。"教学工作"包括教学大纲的制定、教材编写或选择、课程设置、教学方法的选择或尝试,等等;"教学活动"即教学的实施过程,包括课堂教学、活动安排、评估测试,等等。

2. 教学原则的性质

一般认为,教学原则是理论见诸实践的中介,对整个教学过

---

① ③ 参见陈桂生《"教育学视界"辨析》,华东师范大学出版社 1997 年版。
② 参见吕必松《对外汉语教学概论(讲义)》,《世界汉语教学》1993 年第 2 期。

程起着调节作用。认识教学原则的基本特性有助于教学原则的确立。根据以往的研究,我们认为教学原则有如下一些基本性质:

(1)教学原则是教学实践经验的总结,因此是一个不断发展变化的概念。古今中外所提出过的教学原则其名称、数目、内容和体系纷繁不一便说明了这一点。当然也有的教学原则不受时代和教育目的的影响,如"循序渐进"、"因材施教"等,但总的来说,教学原则具有时代性。

(2)教学原则是基于对教学过程的规律性的认识和概括,并据此得出指导教学实际工作的结论,提出有效行动的要求。这些结论和要求来自实践又反过来指导实践。因此教学原则具有很强的实践性。

(3)一般来说,教学原则的提出和制定都有其理论基础做背景,持不同的哲学、教育学和心理学理论就可能提出不同的教学原则。例如持实用主义哲学观的杜威提出的是"从做中学"的教学原则,而持另一种哲学观就可以提出理论联系实际的教学原则。因此,教学原则应该体现一定的理论性。

(4)教育阶段、教育目的及学科门类等的不同,所确定的教学原则及其体系往往有所不同。也就是说教学原则不仅应该体现教育目的和教育的阶段性,而且应该体现出学科的性质和特点。显然中学阶段和大学阶段的教学原则是有差别的,大学教育中以知识传授为主和以技能掌握为主的学科,其教学原则也应该有所不同。因此,针对性是教学原则的重要属性。

(5)教育是一个庞大的系统工程,整个教学工作和全部教学活动所应该遵循的要求,以及遇到的各种矛盾关系是多种多样的,人们从不同角度、为了不同目的、针对不同事物,所提出的"基本要求"大大小小各种各样。但显然它们是有各自的适用范围的,而并不同在一个层面上。因此层次性是教学原则,特别是教学原则系统的重要属性。

其中,时代性表明教学原则不应该是僵化不变的,社会的发展、科技的进步,以及教育理念、教育目的和手段的更新,人们可以也应该据此制定出新的适应时代变化的教学原则。实践性是说教学原则来源于教学实践,同时对教学实践具有调节性指导作用。理论性要求所确立的教学原则应具有一定的理论意义,体现某种教育理念和价值取向。针对性要求教学原则的制定应该体现学科的性质特点和教学目的。层次性主要是就教学原则体系内部而言的。树立层次观念十分重要,有助于对教学原则的系统研究和制定。

3. 教学原则的层次(体系)

教学原则是有层次成体系的。不分层次地等量齐观就可能造成教学原则过多过泛,不区分适用范围便不能有效地发挥教学原则的指导作用。然而如何划分教学原则的层次,并没有一个公认的意见,陈桂生曾指出,要使教育原则对教育实践发生重大影响,最好形成"教育基本原则"和"教育主导原则"两个层次。① 这里我们试图依据不同的标准对各种教学原则加以区分。首先依据时代性的强弱,把教学原则分为常规教学原则和非常规教学原则,前者时代性不强,基本不受教育目的的影响,后者则相反;然后依据适用范围的宽窄依次把非常规教学原则

---

① 参见陈桂生《"教育学视界"辨析》,华东师范大学出版社1997年版。

分为上位、中位和下位三类教学原则。据此,我们可以得到如下这样一个教学原则的分类系统:

A 常规教学原则:是指不受时代和教育目的影响,或者说是多数学科多种目的的教学都应遵循的常规性的教学原则。前面说过教学原则总体上说具有时代性,但是有些教学原则是千百年来共同遵守、普遍适用的教学规约。这类教学原则包括:因材施教、循序渐进、学以致用、巩固性原则、启发性原则等。

B1 非常规上位教学原则:也可以叫大原则或总原则,是整个教学工作和全部教学活动应当遵循的基本原则,其适用范围是全局性的。如母语(语文)教学的工具性原则。

B2 非常规中位教学原则:也可以叫亚原则或分原则,是部分教学工作或部分教学活动应遵循的基本原则,其适用范围是局部性的。如课堂教学原则、教材编写原则、评估测试原则等。

B3 非常规下位教学原则:也可以叫微原则或单原则,是某一项教学工作或某一个教学环节应当遵循的基本要求,其适用范围是单一性的。如课堂练习机会均等的原则。

其内部关系是:(1)B 类原则如果在长期多种学科的教学实践中失去了时代性和目的性便可能成为 A 类;A 类原则体现在 B 之中。(2)B 类教学原则中,"上位→中位→下位"依次是决定和被决定的关系;"下位→中位→上位"依次是体现和被体现关系。就是说,大原则借助于亚原则和微原则来体现,微原则是亚原则和大原则的具体化。也即亚原则和微原则必须贯彻和体现大原则。(3)B 类原则中概括性由强到弱依次为上位→中位→下位;针对性由强到弱依次为:下位→中位→上位。也就是说,总原则涵盖面最广弹性最大,给行为主体留有较大的自主酌量的余地,分原则次之,单原则又次之。(4)从理论上说,B类原则的数量由少到多依次是"上位→中位→下位"。

二 对外汉语教学的教学原则

1. 对外汉语教学原则体系

上面拟构的教学原则体系同样适合对外汉语教学。

(1) 常规教学原则:如因材施教、循序渐进、精讲多练;

(2) 上位(总/大)教学原则:如目前流行的"以学生为主体,教师为主导"的原则;

(3) 中位(分/亚)教学原则:如课堂教学原则、课型教学原则、教材编写原则;

(4) 下位(单/微)教学原则:如技能训练机会均等原则;搞活课堂的意识。

如果这个体系框架基本可行的话,应该研究的是每一类教学原则有多少,是哪些,为什么是这样。定性定位研究,使对外汉语教学的各类教学原则的确立更有针对性,使教学工作和教学活动更加有序有效。

2. 对外汉语教学原则的确立依据

确立教学原则的依据是什么,前人有过不少很好的论述。例如:王策三认为,对于教学原则来说,教育或教学目的是出发点;教学实践经验是源,历史上的和外国的教学原则思想资料是流;分析教学中的矛盾关系是关键。[①] 吴立岗提到四个方面的依据:(1)教学实践的经验;(2)教育教学目的;(3)教学规律;(4)

---

① 参见王策三《教学论稿》,人民教育出版社1985年版。

现代科学的理论基础。① 刘珣就对外汉语教学原则的确立进行了详细的论述,并提出了四条依据:(1)从相邻学科中汲取理论的养分;(2)正确处理其他人文学科的教学与第二语言教学的关系;(3)要研究第二语言教学的普遍规律,更要研究汉语教学的特殊规律;(4)从学习者的实际出发,根据不同教学目的灵活运用教学原则。②

上面提到的制定教学原则的各项依据都是非常重要的,虽然着眼点和表述方式不尽相同,但基本想法大抵相同。略嫌遗憾的是这些依据是制定哪类教学原则时应该参考的并不是很明确。事实上,制定不同类别不同层面上的教学原则,其着眼点(依据)是不尽相同的。我们认为:(1)总教学原则的制定应着眼于影响教学工作和教学活动全局的因素,如教学根本着眼点的选取、学科的性质和特点、教育教学目的的体现、教学路子的走向等。(2)分教学原则的制定应主要依据总教学原则,它应该符合并落实总原则的要求;同时也要考虑分原则适用对象的性质、特点等因素,如听力课和口语课的教学原则应有所不同。(3)单教学原则的制定应主要依据分教学原则,它应符合并落实分原则的要求,但同时要考虑单原则针对性极强,即"一事一则"的特点。

本文下面要讨论的是汉语作为第二语言教学的上位教学原则,即总教学原则。如何确立总教学原则是很值得探讨的问题。我们认为总教学原则的确立应着眼于以下三点:一是影响教学全局的关键性因素,二是学科的现状和可预见的走势,三是教学

---

① 参见吴立岗《教学的原理模式和活动》,广西教育出版社 1998 年版。
② 参见刘珣《试论汉语作为第二语言教学的基本原则——兼论海内外汉语教学的学科建设》,《世界汉语教学》1997 年第 1 期。

原则自身的性质和特点。着眼于第一点可以使所确立的教学原则在影响全局的重大问题上做出选择,提出行动要求;着眼于第二点可以使所确立的教学原则有继承有发展,真正起到导向作用;着眼于第三点可以使所确立的教学原则更具科学性。

3. 对外汉语教学的教学原则

至此,我们把现阶段对外汉语教学的上位教学原则,即具有教学法意义上的总教学原则确立为:

A 以学生为中心的原则;

B 以交际能力的培养为重点的原则;

C 以结构、功能、文化相结合为框架的原则。

(1) 以学生为中心的原则

理据一:对外汉语教学整个教学工作和全部教学活动中存在着大大小小各种各样的关系,其中居于核心地位影响全局的是教师和学生,也即教和学的关系。处理这一对关系的原则是对外汉语教学的根本原则。它在很大程度上决定着其他原则,包括其他上位原则以及全部中位原则和下位原则的价值取向。在师生关系的重心取向上,大致有三种做法:以学生为中心;以教师为中心;师生共为中心。传统的教学观念是以教师为中心,注重教师的教,以学生为对象为客体,只注重灌输而不太重视学生的学。现在公开持这种观点的人不多,但客观上许多情况下仍然如此。目前国内比较流行的提法是"以学生为中心,教师为主导"或"以教师为主导,学生为主体"。这种两点论的提法看起来是十分合理的,但实际上跟"师生共为中心"旨趣相同。想把二者"兼顾起来""有机地统一在一起"的想法是好的,但"双中心"事实上是做不到的,往往顾此失彼,其结果恐怕仍然是以教师为中心。因此我们倾向"单中心",赞成以学生为中心的提法。

理据二:1)从教学过程上看,教学过程是一种认识过程,而学生是这一过程的真正主体,是教学实践和认识活动有目的的承担者;教材或教学内容是客体,是教学实践活动和认识活动的对象,是主体实现目的的必要条件和手段;教师实际上是作为助体而存在的,是主体实现目的过程中必要的设计者、引导者、解惑答疑者。简而言之,教师的作用就是辅助主体(学生)更好地实现教学活动所要达到的目的。不存在学生主体地位之上的主导者。2)从教和学的关系上看,学校为学生而设,教师因学生而存在,"教"是为"学"服务的,"教"所追求的目标和结果必然要由"学"体现出来。"学"是学生自己的独立的主动的活动,教师包办代替不了。[①] 3)从内外因原理来看,学生是内因,教师和其他条件都是外因,没有主体的能动活动,再好的外因也起不了作用。4)从教学原则体系上看,确立以学生为中心的原则,才可能真正实现因材施教、循序渐进、精讲多练等;才可能真正建立起平等的人际关系和民主化的课堂;也才更有利于语言学习规律和习得理论的研究。

以学生为中心的基本内涵:我们认为,这一原则的核心含义应当是:整个教学工作应立足学生、满足学生、适合于学生的需要;全部教学活动应调动学生、依托学生、有利于学生的发展。

以学生为中心的基本机制是:教学过程是一种特殊的认识过程,除主体学生和客体教学内容外,还存在着必不可少的作为助体的教师。通常情况下,主体有自主性,能够自主确定认识活

[①] 参见王策三《教学论稿》,人民教育出版社 1985 年版。

动的目的、方式和进程等,然而在教育实践活动过程中,主体的自主性事实上是很难完全施行的(如果完全施行便可能走上极端的学生中心主义),而往往是由助体教师代行"自主"(正是在这个意义上许多人认为教师是主体,是主导者),这可能就是教育认识活动的特殊性。我们主张的以学生为中心的教学原则强调,教师应真正代行学生的"自主"而不是自己的"自主",并且是代行符合绝大多数学生意愿和认知规律的"自主",而不是相反。可见,教师的作用只是改变了而不是降低了。

以学生为中心的基本要求是:1)首先要认识学生、了解学生。认识他们的性格、动机、心理特征,了解他们的认知策略和认知规律,等等。因为教什么取决于学生学什么,怎么教取决于学生怎么学,因此必得先充分认识和了解学生。2)在教学目标的设定、教学大纲的研制、教材的编写等工作中都要站在学生的立场上,最大限度地考虑学生的需求、愿望和能力等因素。3)教材的选择和使用、教学方式方法的确定、教学活动的组织安排等应跟学生一起协商,也即让学生参与决策,并使决策最终得到学生的理解和认可。4)在课堂教学中,教学环节的确定,讲练内容的编排,以及教学中的一举一动、一言一行等都应着眼于学生的需要和接受的可能性,并通过调动学生广泛深入的参与来完成教学任务。在整个教学活动的进行中还应察言观色,并据此做出相应的调整。5)要有建立民主课堂的意识,为此课下要多听取学生的意见,接受他们合理的主张(对那些不合理或不可行的意见,要做出合理的解释),课上应公平民主,一视同仁,给所有的同学以均等的机会,让所有的同学包括差生在内都得到发展。6)以学生为中心的原则还要求加强对学生个体和个别学生的研究;研究和发展特殊目的汉语教学(Chinese for Specific Purposes,如旅游汉语、工程汉语、媒体汉语、经贸汉语等)。

就对外汉语教学的现状来看,确立以学生为中心的原则,除了要对这一原则本身进行深入的探讨以外还有许多工作要做,其中最重要的:一是研究学生,包括有关学生的方方面面,尤其是怎么学;一是研究在新的观念下教师的地位和作用,尤其是怎么教。此外,应该避免走入的误区是:1)以学生为中心不是"学生中心主义"。不是学生想干什么就干什么,想怎么干就怎么干,更不是跟着个别学生的感觉走。一句话,以学生为中心不是放任自流,不是不加选择。2)强调重视"学"并不意味着可以轻视"教",更不意味着可以放弃"教",而是强调"教"为"学"服务,强调"教"的方式方法应更适合于"学"。"教"的方式方法的改变不意味着"教"的作用和地位的下降。

(2) 以交际能力的培养为重点的原则

把汉语交际能力的培养确立为对外汉语教学原则,对此已有学者做了很好的论述,如吕必松[1]、刘珣[2]等。从本文的角度来说,教学原则应具有针对性,要体现学科的性质和教学目的,上位教学原则的制定尤其应如此。对外汉语教学属于第二语言教学,其根本目的是培养学生的语言交际能力。这一点自20世纪70年代主张以培养交际能力为目的的功能法产生后已得到国内外第二语言教学界的普遍认同。因此交际能力的培养应该成为对外汉语教学的起点、过程和归宿。毫无疑问,作为对外汉

---

[1] 参见吕必松《对外汉语教学概论(讲义)》,《世界汉语教学》1993年第2期。
[2] 参见刘珣《试论汉语作为第二语言教学的基本原则——兼论海内外汉语教学的学科建设》,《世界汉语教学》1997年第1期。

语教学的上位教学原则理应体现这一基本要求。威尔金斯曾说过"确定目的以后,最重要的教学法原则是要保证用语言实践和学习实践来充分体现教学目的和这些目的的具体内容"。① 把全部教学工作和教学活动的重点定位在培养学生的语言交际能力上,并作为一条总教学原则,就是为了保证教学目的在教学实践中得到充分地全过程地体现。

(3) 以结构、功能、文化相结合为框架的原则

20世纪50年代以来,对外汉语教学经历了由重视结构教学,到结构与功能结合,再到结构、功能、文化"三结合"的发展过程。"三结合"是对外汉语教学自身实践经验的概括和总结,反映了我们对对外汉语教学规律的认识。同时它又具有很强的理论基础,包括语言学基础、社会语言学基础和跨文化交际理论。"三结合"尤其体现了对外汉语教学跨文化教学的性质,这一性质决定了揭示语言教学中的文化,特别是交际文化因素的必要性。"三结合"作为对外汉语教学的一条总原则,不仅反映了学科发展的现状,同时也昭示了对外汉语教学在可预见的未来中的走势。刘珣曾对"三结合"的原则作了精当的阐述,指出这三方面概括了教学的主要内容,又体现了教学路子。"三结合"的意思是:结构是基础,功能是目的,文化教学要为语言教学服务。结构、功能、文化的结合应贯穿语言教学的始终。② 但是,目前我们对汉语教学中的功能和文化的研究还比较薄弱,因此"三结合"还只是一种原则框

---

① 参见威尔金斯(D. A. Wilkins)《外语学习与教学的原理》,国际文化出版公司1987年版。

② 参见刘珣《试论汉语作为第二语言教学的基本原则——兼论海内外汉语教学的学科建设》,《世界汉语教学》1997年第1期。

架,有待于在教学实践中进一步完善和检验。

三 结语

本文首先对对外汉语教学原则进行了简要的回顾,进而从探讨教学原则的含义入手,讨论了教学原则的性质和层次(体系)问题。文章依据一定的标准把教学原则分为常规原则和非常规原则两大类,后者又区分为上位、中位、下位三个层次,并阐述了它们之间的区别和联系。在此基础上讨论了对外汉语教学原则的体系构成和各类教学原则(重点是上位原则)的确立依据和适用范围。最后把对外汉语教学的上位原则(总原则)归结为:(1)以学生为中心的原则;(2)以交际能力培养为重点的原则;(3)以"三结合"为框架的原则。重点论述了以"学生为中心的原则"。这几条原则并不是新的创造,我们只是把它们提升为总教学原则。其中原则(1)体现了在教学的核心关系(师生关系)上的重心取向;原则(2)体现了学科的根本性质和目的;原则(3)体现了在学科发展方向上的理论追求。

第三节 结构—功能—文化相结合教学原则研究[①]

一

"结构—功能—文化"相结合教学法是伴随着我国对外汉语

---

① 本节摘自陶炼《"结构—功能—文化"相结合教学法试说》,《语言教学与研究》2000年第4期。

教学事业的成长逐步发展起来的。在20世纪70年代末以前，我国对外汉语教学的教学重点始终是语言结构，语法教学和语汇教学占据着整个教学活动的中心。70年代末，随着"交际能力"理论以及情景法、功能—意念法的输入，语言功能开始受到重视，"结构—功能"相结合教学法成为讨论的热点，并被付诸教材编写实践。① 几乎与此同时，自80年代初起，文化背景或文化因素在对外汉语教学中的作用与地位也开始引起人们的注意，②在1987年举行的第二届国际汉语教学讨论会上，已有明确的"结构—功能—文化背景的结合"的提法，③刘英林、李景蕙也在此次会议上预言，在不久的将来可能逐渐形成"结构—功能—文化"三位一体的教学法新路子。④ 中国对外汉语教学学会汉语水平等级标准研究小组(1988)在《汉语水平等级标准和等级大纲·编制说明》中指出："对外汉语教学正在形成富有中国特点的教学法体系，向结构—功能—文化相结合的道路前进。因此，以结构—功能—文化相结合的教学法原则作为制定本《标准和大纲》的指导思想。"进入90年代中期，中国对外汉语教学界形成了"结构—功能—文化"相结合的教学路子的共识，⑤认

---

① 参见吴勇毅、徐子亮《建国以来我国对外汉语教学法研究述评》，载《对外汉语教学研究会第二次学术讨论会论文选》，北京语言学院出版社1987年版。

② 参见毕继万、张德鑫《对外汉语教学中语言文化研究的问题》，《语言文字应用》1994年第2期。

③ 参见杨光俊《短期对外汉语教学的基本原则》，载《第二届国际汉语教学讨论会论文选》，北京语言学院出版社1988年版。

④ 参见赵金铭《把汉语教学与研究推向深入——第二届国际汉语教学讨论会论文举要》，《语言教学与研究》1987年第4期。

⑤ 参见任远《对外汉语教学法研究的回顾与展望》，《语言教学与研究》1994年第2期。

第三节 结构—功能—文化相结合教学原则研究

为"坚持结构、功能、文化相结合的基本原则,是实现培养学生交际能力的最佳途径,也是提高教学水平的基本保证"。① "汉语水平等级标准"的修订者也以引导我国对外汉语教学向"结构—功能—文化"相结合的主导教学法体系前进为己任。②

然而在即将跨入21世纪的时候,"结构—功能—文化"相结合教学法这一近年来我国学者根据自己经验总结出的教学原则,③事实上仍未成为我国对外汉语教学的主流教学法。其证据在于:第一,《功能、意念等级大纲》和《文化等级大纲》在经历13年的孕育之后仍未能降生;第二,能够体现这一教学原则的教材寥若晨星;第三,像程棠《关于"结构—功能—文化相结合"的教学原则的思考》④这样对这一教学法进行深入的宏观探讨的论著屈指可数。因此,目前,"结构—功能—文化"相结合的路子还只是一种假设,有待于理论上的论证和教学实践的检验。⑤究其原因,主要在于有关结构、功能、文化的基础研究工作还开展得很不够,因而三者相结合编写教材的条件还有待于更加成熟,⑥教学优势更无以凸显。我们认为,大力开展对于"结构—功能—文化"相结合教学法的深入探讨,是实现对外汉语教学新

---

① 参见杨庆华《新一代对外汉语教材的初步构想》,《语言教学与研究》1995年第4期。
② 参见刘英林《关于"汉语水平等级标准"的几个问题》,《语言文字应用》1995年第4期。
③ 参见刘珣《试论汉语作为第二语言教学的基本原则——兼论海内外汉语教学的学科建设》,载《第五届国际汉语教学讨论会论文选》,北京大学出版社1997年版。
④ 该文载《世界汉语教学》1996年第4期。
⑤ 参见仲哲明《应用语言学研究和展望·对外汉语教学》,载《中国语言学现状和展望》,外语教学与研究出版社1996年版。
⑥ 参见赵金铭《对外汉语教材创新略论》,《世界汉语教学》1997年第2期。

飞跃的关键所在。本文所言仅及于(1)"结构—功能—文化"相结合教学法的实质,(2)"结构—功能—文化"相结合教学法中各要素的内涵,(3)"结构—功能—文化"相结合教学法中三要素结合的基础。至于"结构—功能—文化"相结合教学法的理论根据,似乎已人人皆知,本文不再赘述。

二

吕必松先生曾多次指出,教学法一词所指广泛,主张从不同层面上对其含义加以严格区分。吕先生认为教学法包含着教学原则、教学方法、教学技巧等不同内容。按照吕先生的解说,教学原则指从宏观上指导整个教学过程和全部教学活动的总原则,它贯穿于总体设计、教材编写、课堂教学、测试和评估全过程;教学方法则是在教学原则指导下,在教材编写和课堂教学中的具体处理方法。如果"结构与功能相结合"是一条教学原则,那么在整个或某个教学阶段是采用"结构功能"型还是采用"功能结构"型便属于教学方法了。吕先生作出这种论断的前提是教学法只解决怎么教的问题,而不涉及教什么的问题。[①] 我们认为,教什么与怎么教都是教学法要回答的问题,教学法还必须回答为什么教这个、为什么这么教的问题。

David Wilkins 曾指出,语言教学方法,就其最广的含义而言,既涉及学习者必须学什么,也涉及学习者怎样学会它。[②] 我

[①] 参见吕必松《对外汉语教学的理论研究问题刍议》,载《中国对外汉语教学学会第四次学术讨论会论文选》,北京语言学院出版社 1993 年版。

[②] David Wilkins. Second Language: How They Are Learned And Taught, in *An Encyclopeadia Of Language*. Routledge, 1990.

们认为,教学法包含教学途径、教学方法与技巧、教学理论三方面内容。教学途径回答教什么的问题,教学方法与技巧回答怎么教的问题,教学理论则回答为什么教这个、为什么这么教的问题。诸如"结构与功能相结合",我们认为它指的是教学途径,它的基本价值在于确定了教学的内容。如果教学内容是由其他东西确定的,而具体怎样教又是由教学方法决定的,那这样的教学原则本身就变得十分空洞了。80年代初曾出现过"功能、句型、语法""情景、结构、功能"之类的提法,我们认为其问题就在于混淆了教学途径与教学方法:"功能、语法"或"结构、功能"指的是教学途径,而"句型"则是教授语法的一种具体教学方法,语法也可以通过其他方法,如传统的语法点罗列方法,来教授;"情景"是教授功能的方法之一,功能也可以通过诸如"意念"的方法来教授。当然,所有的教学途径、教学方法与技巧都有待教学理论从理论上阐明其利弊得失,以便人们恰当地运用。

根据以上观点,我们认为,"结构—功能—文化"相结合教学法其实质是一种教学途径,它明确了结构、功能、文化三者构成对外汉语教学的基本内容,但它不但不能排斥或替代诸如"句型""情景""意念"等传统的或新创的教学方法,而且唯有依赖于种种教学方法才能在教学实践中得到体现。旧的教学方法并不一定因为新的教学途径的出现而失去光彩,虽然新的教学途径往往催生新的教学方法。我们认为,目前值得警惕的一种倾向是以教学方法透视教学途径,以为"句型"就是语法结构,以为"情景"、"意念"就是语言功能,被某种教学方法固有的局限性束缚了视野,看不到教学内容的丰富性与复杂性,反过来又制约了教学方法的创新。

三

在"结构—功能—文化相结合"的教学原则中,程棠认为结构是指语法规则系统,就连语汇也被排除在外,这样的理解显然过于狭隘。[①] 早在50年代,语汇教学就与语法教学并列为教学的中心。[②] 也许是由于听说法的流布使得句型教学替代了语法教学,语汇也随之渐渐沦为句型教学的工具,而失去了自身的独立地位,以至于人们不得不为恢复语汇教学应有的地位而大声疾呼。1988年张志公先生首先发出"语汇重要、语汇难"的呼声,[③]1997年胡明扬先生又著文为语汇教学在对外汉语教学中争取一个"理应占据的重要位置,即使不说是一个核心位置"。[④]

我们也认为语汇重要,甚至认为语汇比语法更重要,除了张先生、胡先生的阐述之外,我们试图作如下一些补充。第一,语法的不充分性。语法是对不同语词的共同使用特点的概括,其间必然舍弃特定语词使用中的个性特点,语法规则越抽象,个性的忽略也就越多。因此,根据语法,根据语词的某些语法标记,并不能保证生成正确的句子。即便有一部充分的语法,其复杂程度也决定了那不是学习者能够掌握的,也许只有计算机才能够接受这样的语法。第二,语言学习,其基本手段是归纳而不是

---

① 参见程棠《关于"结构—功能—文化相结合"的教学原则的思考》,《世界汉语教学》1996年第4期。

② 参见周祖谟《教非汉族学生学习汉语的一些问题》,《中国语文》1953年第7期。

③ 参见张志公《语汇重要,语汇难》,《中国语文》1988年第1期。

④ 参见胡明扬《语汇教学的若干问题》,载《第五届国际汉语教学讨论会论文选》,北京大学出版社1997年版。

演绎。学习者通过大量反复接触实际言语,领会并内化语法规则,而不是从语法规则出发,自觉地生成言语。语言学习者所表达出来的言语,与其说是生成出来的,不如说是所接触过的言语的拷贝与替换或模拟。第三,语言是一个系统,因而脱离了系统的完整性,系统的任何组成部分都不可能有效地发挥作用,这就是说,在学习者掌握完整的语言结构之前,所学到的部分语法不可能充分而有效地发挥作用。在第二语言习得研究中,过渡语(interlanguage)所指的正是这种成熟中的目的语,致使过渡语不成熟的一个重要原因就是学习过程中已学过的语法规则的不完整性导致系统性语法错误的出现。第四,单纯的语法规则不具有交际功能,也就是说,语法规则并不能保证生成的句子都具有交际价值。

当然,我们强调语汇重要,语汇比语法更重要,不是指孤立的、脱离言语实际的排列在词典里的语汇,而是指与其他语汇相互组合、相互聚合在一起的语汇,是指活跃在言语交际中的、体现出种种实际使用价值的生动鲜活的语汇。强调应用中的语汇的教学,非但不会减弱语法结构的教学,相反,由于其与语言的实际运用密切结合,能使语法教学变得更具体、更细致、更完整、更准确,因而也更具有指导价值。

强调活跃在言语中的语汇的重要性,也就必然要强调言语的重要性。也许除了单纯教语法,没有人会反对言语的重要性,尤其是在语言功能得到普遍重视的今天,但这只是一种感性上的认识,言语对于语言教学的重要性很少得到理论上的说明,所以相比之下,认为语言教学是要教会学习者某个句型的人肯定比认为语言教学是要教会学习者某个句子的人多得多。我们前面关于语汇比语法重要的解说也都说明言语的重要,言语是交际的工具,是语汇以及语汇所蕴含的语法规则的实际应用,脱离言语,就谈不上交际,语汇与语法也成了失去价值的孤立的玩偶。言语是语言教学——不仅仅是基础阶段,而是整个语言教学过程——的第一内容,依傍于言语,语汇才能展现出一个个生动鲜活的用例,以及由此体现出语言的语法规则。言语教学使语言教学成为有交际价值的过程,也使语言习得成为可能;而语汇语法教学又使言语教学中蕴含的语言习得价值凸显出来,成为加速语言习得的动力。由此我们认为"结构—功能—文化"相结合教学法中"结构"的内涵包括:言语与语言,其中言语比语言更基本,语汇(的用例)比语法(的规则)更实在。

四

在"结构—功能—文化"相结合教学原则中,程棠认为功能是指语言的社会交际功能。[①] 在同一篇文章中,我们可以读到对于语言的社会交际功能的两种解说:其一是研究什么人在什么情况下为了什么目的对什么人说什么话;其二是在对外汉语教学中,有计划地选择和安排功能项目。这两种不同的解说,反映出两种很有意思的倾向。

如果坚持区分语言和言语的话,上引第一种解说由于最终落实到说什么话,因而所指的实际上是言语的交际功能,而不是语言的交际功能。确实,言语是交际的基本媒体,是交际功能的

---

① 参见程棠《关于"结构—功能—文化相结合"的教学原则的思考》,《世界汉语教学》1996年第4期。

最终实现者,但言语的交际功能毕竟不是语言的交际功能。认为全部言语功能的总和构成语言功能,[①]也失之偏颇,因为在我们看来,除了言语的交际功能之外,还存在着语言(语汇与语法)的交际功能,即什么人在什么情况下为了什么目的对什么人用哪个语汇及语法结构。就语汇而言,语汇的褒贬含义、感情色彩就体现出它的交际功能;就语法而言,某个结构所传递的语体风格色彩、所适用的种种情境也体现出它的交际功能。如果说某个句子怎么用反映的是言语的交际功能,那么某种句子或结构怎么用以及某个语汇怎么用,所反映的就可以说是语言的交际功能。语言的交际功能体现在言语的交际功能之中,但它又是言语交际功能的规律性的概括,其指导作用不容忽视。比起对句子的结构构造甚至其语义构成的了解来,我们对于句法构造的交际功能的了解要欠缺许多,有关语词的情形也大体相似。语言交际功能研究的落后,使我们的教学实践仅仅局限于语言结构兼及部分语义的教学,语言功能的教学几乎是空白,学生只学了什么是对的,却不知道什么时候或什么条件下要用或可以用。事实上这一状况已成为阻碍学生交际能力快速提升的瓶颈。因而明确言语的交际功能与语言的交际功能的区分,大力加强语言的交际功能的研究在当前具有十分重要的现实意义。

至于将交际功能理解为选择与安排功能项目,在我们看来,是混淆了教学途径与教学方法,以教学方法透视甚至取代教学途径的典型表现。"情景法"或"功能—意念法"是教授言语交际

[①] 参见杨寄洲《功能大纲与功能项目》,载《中国对外汉语教学学会第四次学术讨论会论文选》,北京语言学院出版社 1993 年版。

功能的具体教学方法，具体的"情景"列表或"功能—意念"列表是针对特定的对象进行需求分析的成果，并不是语言交际功能本身，也不是对语言交际功能的全面描述。Janice Yalden 曾指出，一旦确定依据交际途径实施一个语言学习项目，那么第一步必定是进行需求分析，随后据以列出该项目的学习目标。① J. A. van Ek 等(1979)编制的 The Threshold Level，作为交际法的一个典范，其语言学习目标包括以下 8 项内容：(1)学习者使用外语的情景，以及涉及的话题；(2)学习者介入的语言行为；(3)学习者要完成的语言功能；(4)学习者就不同话题要完成的任务；(5)学习者要运用的一般意念；(6)学习者要运用的与话题相关的特殊意念；(7)学习者要使用的语言形式；(8)学习者要达到的熟练程度。但其所罗列出来的具体项目清单，目标只在满足短期出国访问(尤其是旅游)或者在本国接触外国人的人士在非专业性交往中的基本语言需求。② 可见需求不同，功能意念项目的数量和内容也就不同，并不存在一个能够放之四海而皆准的标准化功能意念项目列表。

也有人提出现代汉语究竟有多少功能项目的问题，试图就语言本身的交际功能进行划分，参照英语的功能项目有 1 万个，断定汉语的功能项目不会少于此数。但同时也不得不叹息这是一个浩繁而复杂的工程，目前还不具备按这一程序全面统计汉语功能项目的条件。③ 但实际上是否可能就某一语言的交际功

---

①② Janice Yalden. *The Communicative Syllabus*: *Evolution*, *Design and Implementation*. Pergamon Press, 1983.

③ 参见杨寄洲《功能大纲与功能项目》，载《中国对外汉语教学学会第四次学术讨论会论文选》，北京语言学院出版社 1993 年版。

能做出全面描述,由此划分出万余个并列而不交叉的功能项目,并分别说明其不同水平等级的语言表现,是大可怀疑的。其困难一方面来源于语言交际的极端广泛性和丰富性,另一方面来源于语言结构与其交际功能之间并不是简单的一一对应关系。李泉曾提出确立功能项目的五条原则,同时也认为"我昨天又去了一次王府井"、"他今天又买了一件衬衫"之类的句子以及"叙述"、"描写"之类的语段是无法纳入任何功能项目的,但这些言语具有交际功能则是不容置疑的。[①] 由此我们可以看出,语言与言语的交际功能比所能罗列出来的功能项目远远丰富复杂得多,也远远细致灵活得多,因为它是语言交际活动的再现,不可能将一种语言的所有交际功能都包罗进某个功能项目列表中;另一方面,功能意念项目的数量和内容也要受到教学安排的影响,过于冗长细微的功能项目表也将大大影响它作为教学方法的实际应用价值。"情景法"或"功能—意念法"等等毕竟只是具体的教学方法,无需也不可能涵盖语言交际功能的全部内容。

我们认为,语言的交际功能,概括地讲,就是指语言是交际的工具。具体来说,就是不同的言语成品或语言要素对于特定交际主体、对象、目的、场合、策略等等的适切性。语言的交际功能既包括言语的交际功能,也包括仍未引起广泛与足够重视的语言(语汇与语法)的交际功能。

五

在"交际文化""知识文化"以及"文化导入"等等成为热门话

[①] 参见李泉《论功能及相关问题》,载《第五届国际汉语教学讨论会论文选》,北京大学出版社 1997 年版。

题之前，我国对外汉语教学界很少直呼文化，而大多谨慎地称之为"文化背景知识"。这一转变似乎既标志着文化的自觉，又暗示着文化的迷失。直到近年，"文化因素"之称才频频亮相，[①]用以指称对外汉语教学中的文化内容，但其内涵仍有待进一步探讨。关于文化，我们把它理解为制约特定文化社团中个人行为的社会规约，而不赞成有的人所说的是这些行为所体现出来的观念体系。生活在特定文化社团内的任何个人，都从社会实践中习得了这一社会集团的文化，懂得在某种情况之下应该如何行动，或在某个特定的行为列表中做出自己的选择，懂得自身行为的社会价值；当然，在他的行为之中确定无疑地体现着这一文化的价值观念，但不是每一个人都能准确、深刻、系统地说明这样的观念系统。文化如同语言一样，对于一个掌握了它的人来说，是一种能力，而不是一种知识。对于某一文化规约所包含的深层观念及其根源的探讨，以及与之相关的关于某一文化规约的描述或其历史的实证性研究等等，都是有关某一文化的文化学研究，即有关这一文化的知识。很显然，缺乏有关某一文化的知识，并不意味着没有掌握这一文化。文化知识并不是文化运用的前提，当然我们也不忽视文化知识对文化运用，尤其是对文化学习或习得具有重要的意义。但毕竟文化与关于该文化的知识是两回事。

语言交际是社会活动的一个重要方面，因而任何一个社会都有其交际文化，即交际规约；但语言交际不但反映出作为形式

---

① 参见林国立《对外汉语教学中文化因素的定性、定位与定量问题刍议》，《语言教学与研究》1996年第1期。

的交际文化,还体现着由交际内容反映出来的其他方方面面的文化规约。由于语言交际的全面性与深入性,语言交际几乎能够反映出社会文化的全貌。我们谈论建筑,谈论音乐,不但受制于交际文化,还必然反映出建筑文化与音乐文化,然而在建筑文化中却未必能看到音乐文化的影子。我们都知道,语言既是文化的一部分又是文化的载体。语言交际反映文化,这就是语言是文化的载体的体现。仅仅关注于交际文化,而忽略了交际内容所体现的文化规约,显然不能保证整个交际活动具有文化上的得体性。

再看交际文化,由于语言行为包含着语言与言语两个要素,我们认为也存在着语言的交际文化与言语的交际文化。交际文化是言语交际功能与语言交际功能的概括。这也就是语言是文化的一部分的含义。言语的交际文化就是言语运用的文化规约,也许可以说它就是从另一角度透视出来的言语的交际功能:从言语看它与交际的适切性,就是言语的交际功能;从交际看它对言语的选择,就是交际的文化制约。这也正是有人提出的文化纲目与交际纲目非常相似的原因。[①] 至于语言的交际文化,亦即有关语言构造与运用的制约,固然也与语言的语法或交际功能有相当的部分相通,但似乎又不完全局限于语言的语法或交际功能之内。比如:特定的比喻喻体,牛马喻勤劳,草芥喻微小;特定的形象描述,忙得团团转,气得七窍生烟;特定的行为表述,鼻子一酸表示难过,眼睛一亮表示找到办法;比如语汇之间

---

① 参见魏春木、卞觉非《基础汉语教学阶段文化导入内容初探》,《世界汉语教学》1992年第1期。

的搭配——所有目前语法或交际功能未加说明或不能说明的存在于语言之中的种种规约也是语言的交际文化的宝贵内涵。这也是我们汉语研究领域中尚待开垦的一块黑土地。

在对外汉语教学中,文化教学最为基本、也最为重要的内容是文化规约。其第一位的内容是语言的文化规约与言语的文化规约,其中有相当部分是语言与言语的构造与交际功能的镜像,但在语言的文化规约之中仍有许多独特的重要现象需要引起重视;第二位的内容是交际过程中,通过交际内容反映出来的种种非语言的文化规约,离开了它,就谈不上完整的交际,所以不能因为它与语言不相干,就全然无视。以上两项构成了文化教学的主体内容。而有关语言与非语言的文化规约的实证性描述与解说,必须以有关的丰富的文化规约作为基础,才能适当导入并确保其发挥指导作用;至于阐发文化规约中的深层价值观念,由于这种知识有相当一部分是探索性的,而非确证性的,在文化教学中应当受到限制。目前,阐发语言要素的文化根源与意蕴成为风尚,实际上是介绍了一大通知识,未必能提高交际能力,更没有拓展交际空间。有人把说明"究竟是什么样的思想观念、哪些心理特征、什么样的生活方式以及哪些风俗习惯使中国人形成了这样的语言表达方式和表达习惯"定为文化教学的基本内容,[1]在我们看来,是不现实的。

六

现实交际中的言语是"结构—功能—文化"相结合的基础。

---

[1] 参见林国立《构建对外汉语教学的文化因素体系——研制文化大纲之我见》,《语言教学与研究》1997年第1期。

言语是语言构造规律与交际功能的具体体现,语言的构造规律具体而详尽地体现在言语之中,言语也是语言交际的基本单位,离开言语就谈不上交际,也就无所谓语言的交际功能。至于文化,同样也是存在于活生生的言语交际之中的。文化不应当脱离社会生活、脱离言语交际,作为纯粹的知识系统来传授,就像语言规则的传授不能够脱离语言应用而蜕变为纯粹的语言研究。我们曾经提出,要使文化学习为语言教学服务,把语言教学与言语活动结合起来,要注意两个连接点,一是文化和生活的连接点,一是语言和生活的连接点,①试图突出的也是语言的实际运用。对于一个外语学习者来说,语言是一种能力,交际也是一种能力,文化还是一种能力。能力存在于实际之中,能力的培养离不开实践,知识只有通过实践才能内化为能力。来源于现实生活,反映时代文化的言语作品是贯彻"结构—功能—文化"相结合教学法的首要的而且是决定性的条件。

要推进"结构—功能—文化"相结合教学法的研究与应用,我们认为首先要确立言语在对外汉语教学中的中心地位,强调言语作品反映社会现实,反映时代文化,拓展言语作品反映社会生活的广度与深度。其次要充分认识到"结构—功能—文化"相结合教学法包含着十分丰富的内涵,而其中的某些部门还是我们相当薄弱甚至是相当陌生的领域,因而大力加强相对薄弱的诸如语汇用例、言语交际功能、语言交际功能、语言交际规约等等领域的研究也是当务之急。当然,开展相应的教学方法与技

---

① 参见复旦大学留学生部汉语教研室《语言教学与文化背景知识的相关性》,《语言教学与研究》1987 年第 2 期。

巧的探讨与创新也是刻不容缓的。

七

我们赞同"结构—功能—文化"相结合这一教学途径,但同时也应该看到这一教学途径自身具有的某些局限性。第一,语言是人类最重要的交际工具,交际也是语言的首要功能,但交际并不是语言的唯一功能。语言还是抽象思维的工具,还是积累与传递知识的工具,还是创造艺术美的工具。[①] 语言的这些功能也不应在语言教学过程中被全然忽视。第二,语言与文化关系的复杂性。语言是文化制约的产物,但语言并不一定是唯一一种文化的产物,它可能受到多种文化的影响。语言是文化的载体,但语言并不是只能为某一种文化服务,语言可以是超文化或跨文化现象(如科学技术)的载体;也可以反映他种文化,而体现出某些异文化的文化规约。语言与文化的这种复杂关系也是语言教学中应当加以注意并适当反映的。

第四节　对外汉语教学法的发展[②]

第二语言和外语教学虽然已经走过了漫长的道路,并且创造了从最古老的语法翻译法到新兴的功能法等许许多多的教学法,但是人们对它的效率和成功率仍然感到不满。世界各国的

[①] 参见王钢《普通语言学基础》,湖南教育出版社1988年版。
[②] 本节摘自吕必松《中国对外汉语教学法的发展》,《世界汉语教学》1989年第4期。

第二语言和外语教学仍都处于探索的过程中,在理论和方法上都面临着许多共同的问题。在教学方法上普遍关心的问题至少有以下几点:

1. 如何处理语言知识的传授和语言技能的训练的关系;
2. 如何处理目的语跟学生的母语和媒介语的关系;
3. 如何处理听说训练和读写训练以及听和说、读和写的训练的关系;
4. 如何处理语言的结构、意义和功能的关系;
5. 如何处理语言和文化的关系。

随着语言学和其他相关学科的发展,人们对上述种种问题的认识和处理方法一直在不断发生变化。我们把对外国人的汉语教学作为一项专门的事业,是在新中国成立之后,从1950年开始的。近40年来,我国对外汉语教学法的发展,也主要体现在对上述问题的认识在逐渐加深,处理方法在逐步改进,通过不断探索新的教学路子努力争取更好的教学效果。就教学方法和教学路子的探索过程而言,近40年的对外汉语教学大体上经历了四个小的发展阶段。

一 从 50 年代初到 60 年代初是初创阶段

这一阶段教学上的主要特点是:

1. 教授现代汉语以普通话为标准;随着简化汉字的推行,凡正式推广的简化汉字都作为标准汉字进行教学;《汉语拼音方案》公布后,立即用它来教授语音和给汉字注音。
2. 既重视传授语言知识,也重视培养学生应用汉语的能力,把传授"基本知识"和培养"基本能力"放在同等地位。教材和课堂教学基本上都采用演绎法,即首先讲解语言知识,然后利用围绕有关的语言知识组织的语言材料进行练习。语音、语法教学都是如此。考试内容也包括语言知识。就是说,对所教的语言知识不但要求学生理解,而且要求他们记忆。

3. 教学初期通过翻译讲解语言知识。这一点跟重视传授语言知识是分不开的。用汉语讲授语言知识学生听不懂,就只好依靠翻译。

4. 教学内容以词汇和语法为中心。这样做的理论根据是斯大林的语言学说。斯大林说过:"语言的语法构造和基本词汇是语言的基础,是语言特点的本质。"当时有人强调指出:"在全部教学过程中,词汇教学和语法教学应当是教学的中心,别的都要围绕着这个中心来进行。"

5. 语言技能训练的主要倾向是全面要求,综合教学,阶段侧重。所谓全面要求,就是要求学生全面掌握听、说、读、写四种语言技能;所谓综合教学,就是通过一门主干课对听、说、读、写四种语言技能进行综合训练;所谓阶段侧重,就是开始阶段侧重听、说训练,逐步过渡到侧重听、读或读、写训练。

6. 基础阶段的教材以音素和语法为纲,语言材料以学习和学校生活为主;语法教学的特点是句本位和结构分析,具体内容包括介绍词类和句子成分,讲解词序和虚词的用法等。

7. 文化方面的教学内容主要体现在课文中。"文化"是一个不太确定的概念,对其内涵可以有不同的理解。从语言教学的角度考虑,有人把文化分为"知识文化"和"交际文化"两类。在初创阶段的对外汉语教学中,已注意到在教材的课文中介绍一些中国历史地理知识、民俗知识、名胜古迹、建设成就等知识文化，但跟语言理解和语言运用密切相关的交际文化基本上没有涉及。这主要是因为当时还没结合语言和语言学习开展交际文化的研究。就是到今天，这方面的研究也还没有深入开展，所以在对外汉语教学中，除了个别教材有零星介绍以外，交际文化的教学几乎还是空白。

以上特点说明，我国对外汉语教学从一开始就明确了对外族人的汉语教学与对本族人的语文教学的分野，注意到了针对外族人的特点进行教学，从而为汉语教学法的发展打下了良好的基础。同时也说明，这一阶段的教学路子具有明显的语言学倾向。所谓语言学倾向，就是在语言规律、语言学习规律和语言教学规律这三者当中，侧重于从语言规律出发。教学内容以词汇和语法为中心，教材以音素和语法为纲，系统介绍并要求学生全面掌握语言知识，采用演绎法教学等，就是这种语言学倾向的具体体现。

二 从 60 年代初到 70 年代初是改进阶段

这一阶段的主要特点是，在总结 50 年代教学经验的基础上对教学方法作了一些重要的改进。

主要的改进有以下几点：

1. 提出并贯彻"实践性原则"

对于只有通过实践才能掌握语言这一点，50 年代也是明确的。但那时走的是从理论到实践的路子。针对过去理论讲解太多和采用演绎法的缺点，60 年代初提出了"实践性原则"。贯彻实践性原则的主要方法是在课堂教学中实行"精讲多练"和采用归纳法。以实践性原则为指导编写的教材以"范句"开头，范句代表语法点,课堂上只结合范句进行语法点的练习,等学生有了一定的感性知识之后,再对语法规则加以适当的归纳,以起到画龙点睛的作用。对语法点作了大量的压缩,突出了学生的难点,不求系统。

2. 改用"相对直接法"

在50年代和60年代初,对初学者在刚开始的六七个星期内,在课堂上讲授语言知识时,由汉语教师讲解,由翻译人员翻译。60年代以后,学生国别增加,同一个班可能有操不同语言的几个国家的学生,带翻译讲课已不可能。从1964年开始,取消了带翻译讲课的做法,改为直接用汉语讲课。当时把这种方法叫做"相对直接法",其基本含义是既不像国外的语法翻译法那样用学生的母语讲解语言知识,也不像国外的直接法那样绝对禁止使用学生的母语。教材中的生词和语言知识有外文翻译,懂外语的教师在必要时也可适当用外语解释。采用这种方法有利于贯彻"精讲多练"的原则。

3. 教学内容结合学生学习专业的需要

当时在我国学习汉语的学生,大部分来自发展中国家。他们学习汉语的目的是为了到中国高等学校学习专业主要是学习理工科专业,所以对他们的汉语教学基本上是一种预备教育。1962年,外国留学生高等预备学校派教师到清华大学调查留学生学习专业的情况,发现从该校结业的学生到清华大学学习专业有不少困难,原因之一是专业词汇不足。针对这一情况,该校决定在教学要求、教学内容和教学方法上作相应的改进,包括加强专业用语的教学,把专业阅读阶段由原来的4周左右增加到11周,并且在学年后期开设了以数理化知识为内容的讲座课,以培养学生听专业基础课和阅读专业基础课教材的能力。1964年着手为准备学习理工专业的学生编写专门的教材,后因"文化大革命"爆发而未能全部完成。

三 从70年代初到80年代初是探索阶段

这里所说的"探索",是指在交际观念和实践性原则的指导下,学习和借鉴国外语言教学的理论和方法,针对我国对外汉语教学中存在的问题,探索新的教学路子和教学方法。这一阶段除了继承前两个阶段较为成熟的经验以外,在以下几个方面有新的发展。

1. 对实践性原则的认识更加全面,由进一步明确交际观念发展到体现交际性原则

这一阶段对实践性原则的阐述体现了对这一原则的新的认识:所谓实践性原则,就是根据辩证唯物论的认识论的原理,组织和引导学生通过大量的、自觉的实践来掌握汉语,以培养他们运用汉语进行交际的能力;其内涵不但包括精讲多练和归纳法等课堂教学的具体方法,而且包括教学内容和教学组织形式;不但体现在课堂教学中,而且体现在教材中,贯串在整个教学体系中。它是对外汉语教学的一个基本原则。

当时对实践性原则的认识实际上也是受交际观念支配的。实践性虽然是语言教学的一条重要原则,但不是所有的实践都有利于培养学生的交际能力。实践与理论是一对相关的概念,强调实践性,是为了说明跟理论相比,实践处于第一的地位,理论必须为实践服务。但是语言教学中的实践,实际上有交际性实践与非交际性实践的区别。只有利用有交际价值的语言材料

进行交际性练习,才是交际性实践,而利用没有交际价值的语言材料(例如"这是书,那是本子")进行机械性练习,则属于非交际性实践。这一阶段在阐述实践性原则时,特别强调指出:人们学习语言的目的是为了在社会中进行交际,所以课堂实践归根到底是为社会实践服务的。而课堂实践只有以社会实践为基础,与社会实践相结合,才能更好地为社会实践服务。所谓以社会实践为基础,就是紧密地结合学生社会实践的需要来确定课堂教学的基本内容。所谓与社会实践相结合,就是有计划地组织各种课外语言实践活动。

"文革"期间学校普遍实行"开门办学",对外国留学生的汉语教学也不例外。于是有人错误地认为"开门办学"是"贯彻实践性原则的主要途径"。在这种指导思想的影响下,教材内容虽然初步突破了在基础阶段以学习和学校生活为主的旧框框,但是许多内容都是为了适应"开门办学"的需要,便于到工厂、人民公社、街道、部队等处进行"参观访问"而编写的。组织学习汉语的外国留学生接触中国社会,在社会活动中学习和应用汉语,本来是课堂教学的很好的补充形式,但那时极左思潮盛行,一切都要"以阶级斗争为纲",什么都要以"政治路线"划界,"开门办学"也成了"无产阶级教育路线"的标志。语言实践活动一旦纳入了以"路线斗争"为出发点的"开门办学"的轨道,就必然要塞进政治内容,打上政治烙印,从而干扰了实践性原则的贯彻。

但是在以后的一些教学试验和新编教材中,都把培养学生的交际能力放在突出的地位。不但注意根据学生的交际需要确定课文内容,而且在教材和课堂教学中增加了交际性练习的内容和方式,使交际性原则在对外汉语教学中逐渐有所体现。

2. 引进了"句型教学"的方法

利用"句型"进行语言教学是"听说法"的特点之一。"文化大革命"之前,我们对国外的"听说法"已略有所闻,有些院校的英语专业曾试验过"听说领先"的教学方法,但这种方法在对外汉语教学中没有产生影响。"文革"期间《英语900句》等体现句型教学特点的教材在国内广为流行,引起了对外汉语教学界的兴趣。北京语言学院复校后,于1973年着手试编结合句型进行教学的新教材,经过试用,1975年开始全面推广。我们引进句型教学的方法,从一开始就不是进行单纯的句型教学,而是把句型、课文和语法结合起来。实践证明,结合句型进行教学,有利于加强听说训练和提高学生的口头表达能力。作为句型操练的主要手段的"替换练习",丰富了汉语教学的练习方式。

3. 按语言技能划分课型的教学试验获得初步成功

在对外汉语教学中,如何处理听说和读写以及听和说、读和写的关系,一直是一个有争议的问题。这个问题其他外语教学中也有,但在汉语教学中显得更加突出。在现代汉语中,口语和书面语基本上是一致的,但也存在着明显的差别;汉字形音脱离,造成语言和文字的尖锐对立。口语和书面语、语言和文字的这种矛盾,反映到教学中来,就形成了听说和读写的矛盾。对于如何解决这样的矛盾,人们的认识很不一致。理论上一时难以统一,只能通过教学试验来寻找答案。

历来基础阶段(即一年级)的教学都主要是通过一门精读课进行听、说、读、写的综合训练。虽然在不同的教学阶段也分别开设听力、口语、阅读等课型,但是这几种课型的周课时和总课时都很少,在教学中不占重要地位,实际上并没有形成独立的课型。精读课教学任务过于集中,教学内容过于庞杂,教师备课负担重,课堂上也难免顾此失彼;周课时较多,必须由两个教师分工授课,为了互相配合,两个教师必须经常联系,既增加了教师的负担,又难免削弱教学内容和教学环节的连贯性,并造成不必要的重复或遗漏。为了解决以精读课为主进行综合教学所带来的种种问题,北京语言学院来华留学生一系于 1975 年进行了一次分听说和读写两种课型进行教学的试验。具体做法是:在最初两周左右的时间内利用汉语拼音教发音和简单的日常生活会话,基本上不教汉字。然后分听说和读写两种课型,每天上四节课,头两节教听说,后两节教读写,叫作"听说先行"。学年考试的结果表明,教学效果不错,特别是听和读的能力比同一类型的其他班的学生要强得多。这一试验第一次证明:在对外国人的汉语教学中把听说和读写分开来教不但是可能的,而且会取得更好的效果。值得强调指出的是:历来的对外汉语教学实际上都是从语言内容(即语音、语法、词汇等,外加汉字)出发,首先考虑的是语言内容的组织和编排,然后根据编排好的语言内容进行语言技能的训练。这次试验第一次从语言技能(即听、说、读、写、译的能力)出发,首先考虑的是如何进行语言技能的训练,然后按照语言技能训练的要求组织和编排语言内容。这实际上是教学指导思想上的一次突破。由于人员变化和意见分歧等种种原因,这一试验只进行了一轮。

  1980 年秋季,北京语言学院来华留学生一系开始了一项关于改革精读课、加强听力和阅读教学的试验。第一学期设听说、听力理解和汉字读写三种课型,第二学期设精读、听力理解和阅读理解三种课型。这项试验参考了 1975 年试验的经验,目的更加明确(即加快培养学生的语言能力,特别是对入系学习专业最为重要的听、读能力),准备也更加充分(1979年2月就开始编写试验教材)。第一年试验的结果达到了预期的目标,特别是在听力和阅读能力培养方面取得了令人鼓舞的教学效果。这项试验中制订的课程设置计划和新编教材后来在一部分教学班推广,一直延续至今。

4. 开始注意语用和交际文化的教学

各民族的文化传统、社会习俗、心理状态、思维方式等都有自己的特点,这些特点必然要反映到民族的语言及其使用上来,成为语言和语言使用中的"文化因素"。外国人学汉语,如果不同时学习体现在汉语和汉语使用中的这类"文化因素",就不能正确理解和使用汉语,就会在与中国人的交往和交际中遇到障碍,甚至闹出笑话。70年代末、80年代初,我国对外汉语教学界开始认识到语言学习中文化因素的重要性,因此有个别教材针对外国人在汉语学习和使用中因文化差异而普遍存在的困难,对跟语言理解和语言使用有密切关系的一部分文化知识,诸如怎样使用问候语、怎样打招呼、怎样问姓名以及拜访、邀请、做客等方面的一些风俗习惯等,结合有关的表达方式通过注释有重点地加以介绍。当时对这类文化知识的介绍虽然还未能形成系统,但这是语用和交际文化教学的开端,对研究如何更好地贯彻交际性原则有重要意义,对语用学和文化对比研究也有推动作用。

四 80年代初以来是改革阶段

这一阶段的主要特点是:顺应全国改革、开放的历史潮流,在学习和借鉴国外语言教学理论和教学方法的同时,全面分析我国对外汉语教学的经验和存在的问题,在前一阶段教学试验的基础上进行全面的改革,努力向科学化、规范化、标准化的方向发展。形成上述特点的主要原因是:

1. 自从 70 年代以来,来自西方国家的留学生日益增多,原来适用于亚洲国家和其他地区发展中国家学生的教学内容和教学方法,明显地不能适应西方国家学生的特点。广大教师越来越感到,不改革没有出路。

2. 在改革、开放的总形势下,随着国外语言教学理论和教学方法的大量介绍,人们感到经过长期封闭以后终于呼吸到了一股新鲜的空气,使思想受到启发。在看到差距的同时,也越来越感到我们自己的经验和前一阶段进行的探索,跟世界语言教学理论和教学方法的发展趋势是一致的,只要自觉地利用我们的有利条件,通过改革加快前进的步伐,就可以在不太长的时期内赶上甚至在某些方面超过第二语言和外语教学的世界先进水平。

3. 跟国家改革、开放、搞活的政策相一致,教育改革也开始起步。对外汉语教学的改革正是顺应这股历史潮流。

这次改革涉及的内容是广泛而深刻的,最重要的改革内容有以下几点:

1. 从宏观上理顺教学内容的各种关系

80 年代以来,我国对外汉语教学界在学习各种新的教学理论和教学方法的过程中,开始注意进一步分析语言和语言教学内部的固有矛盾,在此基础上把语言教学的全过程和全部教学活动归结为总体设计、教材编写、课堂教学(包括有计划、有组织的课外语言实践活动)和测试四大环节。作为一个完整的教学过程,这四大环节是环环相扣、缺一不可的。总体设计是其他环节的前提和主要依据;教材是课堂教学的基础;课堂教学是直接帮助学生学习和掌握语言的中心环节,其他环节都必须为这个中心环节服务;测试是检验的手段,它不仅检验学生的学习成绩和达到的水平,而且检验全部教学活动(包括测试本身)是否科学、合理、有效。总体设计的基本任务是:根据语言、语言学习和语言教学的一般规律,结合汉语、汉语学习和汉语教学的特点,确定总的教学指导思想;根据教学对象的学习目的确定培养目标和教学要求,并据此确定教学内容和教学途径;根据教学对象的特点、教学要求和教学内容确定总的教学法原则;从而使整个教学过程和全部教学活动成为一个统一的、协调一致的、科学的整体。

过去教学组织工作的程序往往是先编教材,然后根据教材制订教学计划。结果往往是由教材支配教学计划,而不是以教学计划指导教材编写。这是一种头足倒置的办法。过去教学上最关心的首先是教材和课堂教学。重视教材和课堂教学当然是必要的,但是如果不统观教学全过程和全部教学活动,特别是如果没有总体设计作为依据,对教材和课堂教学的认识就会陷入坐井观天的境地。把语言教学的全过程和全部教学活动归结为四大环节并指出它们之间的相互关系,明确了总体设计的任务并把这一环节作为其他环节的前提和主要依据,就从宏观上理顺了教学内部各种因素和各项工作之间的关系,把颠倒了的头足重新颠倒了过来。

2. 吸收功能法的优点,加强语用和交际文化的教学,继续

探索新的教学路子

功能法是 70 年代初在欧洲发展起来的一种新的教学路子，其主要特点是把培养学生的交际能力作为教学目的和手段，以功能、意念项目为纲编排教学内容，功能、意念项目的选择从学生的实际需要出发。我国对外汉语教学界在整个 70 年代所进行的探索，以及在探索中得到的启发和积累的经验，特别是对交际观念和交际性原则的新的认识，跟功能法的某些教学原则实际上是不谋而合。所以这种教学法介绍到中国以后，立即引起了对外汉语教学界的重视。从 70 年代末、80 年代初开始，就有一批零起点的教材编排了功能项目，增加了语用教学的内容和交际性练习项目，也有个别中级教材用纯功能方式编写。

我国对外汉语教学有一个优良的传统，就是在研究和借鉴其他语言的教学方法时，不是全盘否定自己，不加分析地照搬照抄，而是立足于自己的根基，从汉语和汉语教学的特点出发，结合自己的教学经验，吸收对自己切实有用的东西。对待功能法，我国对外汉语教学界倾向于采取同样的态度，即对其长处加以兼融，而不是整个移植。

经过近 40 年的不断探索，特别是经过 70 年代以来的试验、总结以及对各种教学法流派的比较和对它们的长处的兼融，尤其是对功能法长处的兼融，一种比较完整的对外汉语教学的路子已经初步形成。这种新的教学路子的特点可以归结为：以训练语言技能和培养交际能力为主要目标；根据学生的特点和学习目的确定教学内容；采用结构、情境和功能相结合的教学方式；用不同的方法训练不同的语言技能。

（1）以训练语言技能和培养交际能力为主要目标

加强语言技能的训练,加快培养学生的交际能力,是 80 年代以来教学改革的主要目标,也是新的教学路子的主要目标。教学内容、教学方式和方法的改革都是为了加强语言技能的训练和加快培养学生的交际能力。有代表性的教材和课堂教学都比较注意处理好以下几个方面的关系:

理论与实践的关系:理论讲解不是为了传授知识,而是为了帮助学生理解和掌握语言,为指导学生的语言实践服务。因此,注意加强理论讲解的针对性,努力做到少而精。为了使学生获得尽可能多的实践机会,课堂上只有十分必要时才使用学生的母语。这也是 60 年代以来一直强调的"实践性原则"的具体体现。

语言内容、语言技能和交际能力的关系:基本思路是,根据培养交际能力的需要设计语言技能训练的内容和方式、方法,根据培养交际能力和训练语言技能的需要选择语言内容和组织语言材料。这跟以语言内容为中心的教学思路完全相反,跟把语言技能的训练作为主要教学目标的思路也不一样。学习语言必须掌握语言技能,但语言技能不等于交际能力。训练语言技能不但是一项教学目标和教学要求,而且也是培养交际能力的一种手段。

语言和文化的关系:提高了文化因素教学的地位,开始注意加强交际文化的教学。这主要是因为一个人的交际能力至少是由语言内容、语言技能和文化知识这三个方面的因素构成的,因此传授语言内容和训练语言技能必须结合文化因素的教学。实际上,语言教学中应当把文化因素放在与语言内容和语言技能同等重要的地位。

(2) 根据学生的特点和学习目的确定教学内容

这里所说的教学内容,包括语言内容、文化知识(知识文化和交际文化等)、语言技能和交际能力四项内容。我们过去所说的教学内容,通常仅限于语言内容和文化知识,而把语言技能和交际能力排除在外,这样的认识是不全面的。教什么和怎么教,是语言教学中两个最基本的问题。教什么是教学内容的问题,怎么教是教学方法的问题,教学方法必须与教学内容相一致,教学内容、教学方法都必须与教学目标相一致。语言教学的目的是培养学生运用所学语言在一定范围内进行交际的能力,而这种能力是随着对语言内容、语言技能和文化知识的学习与掌握而逐渐获得的。因此,语言教学的基本任务就是传授语言内容(包括语言内容的选择、编排和必要的讲解)和训练语言技能,介绍有关的文化知识,并通过语言内容的传授、语言技能的训练和文化知识的介绍培养学生运用所学语言在一定范围内进行交际的能力。由此可见,所谓教什么,不但应当包括选择什么样的语言内容和文化知识,而且应当包括训练什么样的语言技能和培养哪一方面或哪些方面的交际能力。语言内容和文化知识不是教学内容的全部,如果不包括语言技能和交际能力,教学内容就不完整。我们看到,许多教材只注重语言内容和文化知识的传授,而对语言技能的训练和交际能力的培养不够重视,或者根本不重视。例如,不太重视针对学生的交际需要选择语言内容;从教材中看不到训练语言技能和培养交际能力的得力措施和有效方法;有些教材不是没有足够数量的练习,就是练习的内容和方式仅限于对语言内容的理解和记忆,听力教材没有抓关键、跳障碍的练习,阅读教材没有培养阅读速度的练习,口语教材没有交际性练习。所有这些,都与教学目标不相一致,也说明这些教材的内容是不全面的。语言内容和文化知识与语言技能和交际能力有一定的一致性,如果把语言技能和交际能力排除在教学内容之外,就不可能正确选择语言内容和文化知识。因此,要更好地训练语言技能和培养交际能力,就不但应当把它们作为教学要求和教学目标,而且要同时把它们作为教学内容列入教学大纲和贯彻到教材中去。

　　一个民族的语言和文化,就其内涵的丰富性来说,好比浩瀚的大海。人们不可能掌握一个民族的语言和文化的全部,本族人不可能,学习这种语言的外族人更不可能。人们学习第二语言或外语的时间极其有限,所以在确定第二语言或外语的教学内容时,更需要从语言和文化的浩瀚大海中进行精心选择,以便使学生在有限的时间内学到最必需的语言内容和文化知识,形成最必需的语言技能和交际能力。80年代以来,我国对外汉语教学界更加重视针对教学对象的特点(包括年龄、文化程度、汉语水平、母语跟汉语的关系等)和学习目的选择教学内容。采取的主要措施有:根据不同的学习目的和要求划分专业类型;根据不同的专业类型制订专门的教学大纲,并制订《汉语水平等级标准和等级大纲》;针对不同的专业类型和不同语言技能训练的要求编写专项教材;根据制订教学大纲和编写教材的需要开展汉语研究、汉语和外语对比研究以及中外文化对比研究,在词频统计、句型的统计与研究等方面已取得了一部分可供直接使用的成果。

　　(3) 采用结构、情境和功能相结合的教学方式

　　迄今为止所形成的各种语言教学法流派,如果从语言学的

角度分类,可以分为从结构出发,从情境出发和从功能出发三种不同的教学路子。70年代以前,我国的对外汉语教学基本上是沿着从结构出发的路子前进,但是从来没有走极端,没有采用过纯结构方式,而是一直注意结构和情境的结合。80年代以来,由于受到功能法的启发,人们发现进行功能教学有利于培养学生的交际能力。同时也注意到结构教学有利于训练学生的语言技能。于是多数教师主张吸收功能法的长处,走结构、情境和功能相结合的道路。如何把结构、情境和功能这三者有机地结合起来,人们一直在进行探索。到目前为止,大体上有以下几种结合的方法:

在一种教材中实行自始至终的结合。基本做法是:按照语言结构的难易程度编排教学内容;用会话体和叙述体编写课文;课文内容围绕功能项目编写,或在课文之前专设功能项目;保留"句型练习"等结构练习方式,增加了围绕一定的情境、话题和功能项目编写的交际性练习;从语法和语用等不同的角度解释语言现象。这类教材又可分为结构—功能型和功能—结构型两种。

在一种教材中分阶段结合。即初期以结构为纲,中后期以功能为纲。

互相配套的几种平行教材有所分工。即有的以结构为纲,有的以情境为纲,有的以功能为纲。

(4) 用不同的方法训练不同的语言技能

70年代按语言技能划分课型的教学试验所取得的经验,首先在汉语预备教育中得到了全面推广。其他教学类型也开始开设专项语言技能课型,编写专项语言技能教材。专项语言技能教材和课堂教学的主要特点是针对有关语言技能训练的要求设计教学内容和教学方法。按语言技能划分课型的结果使各项语言技能的训练方法都得到了很大的发展,视听和视听说教学的发展尤其明显,计算机辅助汉语教学的研究也已取得了初步成果。因此,用不同的方法训练不同的语言技能已成了新的教学路子的一项不可缺少的内容。

上述特点说明,在80年代的教学改革中形成的对外汉语教学路子,不是对其他教学法流派的否定,而是对各个教学法流派的优点和长处的融合;不是脱离自己的传统和70年代的最新探索,而是沿着传统和最新探索的路子继续前进。同时应当说明,新的教学路子是一条开放型的路子,而不是封闭型的路子。所谓开放型的路子,就是在怎样选择教学内容,怎样处理结构、情境和功能的关系,怎样训练语言技能等方面,只是作出方向性的提示,而不是作出规定性的限制。这几个方面的科学化、规范化和标准化是永无止境的,需要不断地进行探索和创造。新的教学路子不是探索的终结,而是为今后的继续探索所开辟的道路。目标是明确的,道路是敞开的。

3. 汉语预备教育的综合改革和其他教学类型的改革

从80年代初开始,承担我国汉语预备教育的主要任务的北京语言学院来华留学生一系结合理顺各种关系,在教学业务领域内进行了一次综合性改革。这次改革的主要内容是:

(1) 针对理工汉语班、文科汉语班(一年级)、中医汉语班和西医汉语班学生不同的专业需要,分别制订了包括课程设置计划在内的教学计划和包括语法范围、词汇范围和功能意念项目的教学大纲。对课程设置进行了全面改革,把以精读课为主的综合教学改为按语言技能分课型教学。

（2）根据教学大纲和教学计划制订教材编写方案，分别编写不同专业类型的教材。针对四种专业汉语班编写的四套教材的共同特点是：由通用教材发展为专用教材；由单一的综合教材发展为系列专能教材；教学方法由结构型发展为结构—功能型。

（3）对课堂教学方法和测试的内容与方法进行了相应的改革。

汉语预备教育的综合改革较为全面地体现了以训练语言技能和培养交际能力为主要目标，根据学生的特点和学习目的选择教学内容，采用结构、情境和功能相结合的教学方式，用不同的方法训练不同的语言技能这样一条新的教学路子，是一项大规模的教学试验。这一试验仍在进行中，就迄今看到的结果而言，它的主要作用和意义是：初步理顺了总体设计、教材编写、课堂教学和测试这四大教学环节之间的关系；为编写专项语言技能教材和进行专项语言技能训练提供了经验，推动了专项语言技能教材和专项语言技能训练方法的发展；使教学质量有所提高，学生听、读能力的提高尤为明显；使人们加深了对语言教学的认识，进一步拓宽了思路，开阔了视野，从而推动了教学理论和教学方法的研究，推动了对外汉语教学由经验型向科学型的转变。

除了汉语预备教育以外，短期汉语班、汉语进修班、现代汉语专业等70年代发展起来的新的教学类型也在进行课程和教材的改革与建设。有的课程和教材已初步定型，有的还处于改革与定型的过程中，或者正在酝酿新的改革。这些教学类型改革和建设的方向跟汉语预备教育是一致的，即趋向于开辟以训练语言技能和培养交际能力为主要目标的新的教学路子。

用发展的观点看,对外汉语教学的改革仍属于探索和试验的性质。对这次改革中形成的一些具体的教学方法人们的认识还不太一致,这是正常现象。但这次改革是理论与实践相结合的自觉的行动,是我国对外汉语教学从经验型走向科学型的开端,所以在对外汉语教学史上具有重要意义。它标志着我国对外汉语教学法的发展已经进入了一个新的阶段,即自觉地沿着科学的路子独立发展的阶段。

第五节　对外汉语教学法探索[①]

汉语作为第二语言教学法的研究,近年来取得了很大进展。这是从事这门学科的教学和理论研究工作的同仁,在总结我们30多年来教学理论和实践的基础上,借鉴国内外外语教学法的长处,坚持探索,为建立适合汉语特点的教学法体系而不懈努力的结果。特别是从70年代末、80年代初开始,我们学科适时地汲取了国外正在兴起的功能法的积极因素,进一步强调了交际能力的培养这一语言教学的根本任务,结合我们长期以来在句型结构教学方面的经验,提出了"建立一种能够把结构、意义和交际功能较好地结合起来的新的教学体系"的设想。[②] 经过教材编写和课堂教学的实践,逐步形成了以结构为主、结构与功能

[①] 本节摘自刘珣《关于对外汉语教学法的进一步探索》,《世界汉语教学》1989年第3期。

[②] 参见吕必松《语言教学中结构、意义和功能的结合》,载《对外汉语教学探索》,华语教学出版社1987年版。

相结合的教学法(简称"结构—功能"法)。虽然只有七八年的时间,这一新教学法已显示了强大的吸引力,已成为近一时期以来课堂教学和教材编写的主要趋势。根据这一教学法所编写的教材,也为愈来愈多的国内外使用者所接受。很多研究教学法的论文指出:"从我们已有的实践经验看,采取结构—功能的编法,即以汉语语法结构体系为骨架,材料内容尽量顾及语言交际功能,可能是目前较为切实可行的办法。"[1]"人们普遍认为在对外汉语教学中以结构为主的、以结构与功能相结合的方法是可取的。""我们主张以结构为主的、以结构与功能相结合的方法。"[2]

现在我们需要进一步思考的是,对教学法的研究发展到目前阶段,我们是否已经找到了比较理想的答案?汉语作为第二语言的教学法的探索,今后应沿着什么路子继续进行下去?本文试图在这个问题上提出一些不成熟的看法,与有兴趣的同行们讨论。

一 对结构—功能法的初步评估

在7年前的一篇文章中我们曾经谈到,教材编写、教学法研究的关键问题是如何在培养交际能力的总任务中,处理好语言形式与语言功能的矛盾。一方面人们已经不再满足于很少考虑语言功能的纯结构的教学路子,另一方面对于忽视语言形式的纯功能的路子也不敢贸然接受。结构与功能相结合已是人心所向,但两者如何结合,则是一个十分复杂的问题。限于认识水

---

[1] 参见任远《基础汉语教材纵横谈》,《语言教学与研究》1985年第2期。
[2] 参见赵贤州(执笔)《建国以来对外汉语教材研究报告》,载《第二届国际汉语教学讨论会论文选》,北京语言学院出版社,1998年版。

平,当时我们只能笼统地谈到,这种设想"跟单纯以功能为纲或以语法为纲不同,在这里,功能与语法、句型之间的关系是相互配合而又互相制约的,必须采取'兼顾'的原则,同时根据不同的学习阶段又有所侧重"。[①] 我们有意识地回避了"以……为纲"的提法,而是用"兼顾"、"侧重"来说明两者的关系,而且总是把功能放在句型、语法之前。至于如何"兼顾"和"侧重",则需要通过实践来加以认识。现在,以结构为主的"结构—功能"法的形成和发展,正是从一个方面给我们提供了宝贵的经验。

如果说70年代是对外汉语教学中句型结构法发展和成熟的时期,80年代初"结构—功能"法在对外汉语教学中的出现,则是我们学科教学法研究上的又一个突破。它把功能法的"言语交际"、"用语言作事"等新的概念引入我们的教学和编教中,主张提供尽可能接近生活的真实的言语情境,强调从交际需要选择语言材料,重视社会文化因素对言语交际的作用。在语言形式的操练中,能把句型与相应的功能项目结合起来,增强其交际意义。这些原则的贯彻,使言语交际能力的培养在教学中得到一定程度的落实。据使用"结构—功能"法教材的国内外教师反映,学生的口语能力比使用纯结构法教材有了明显的提高。

另一方面,由于结构—功能法又特别注重句型和语法的系统性、完整性,以及由易到难循序渐进的安排,这就非常有利于学习者在基础阶段对语言形式的掌握。结构—功能教材对句型和语法点的选取与安排,实际上与纯结构教材没有太大的区别,

---

① 参见刘珣、邓恩明、刘社会《试谈基础汉语教科书的编写原则》,《语言教学与研究》1982年第2期。

为广大教师和学生所熟悉。习惯于传统的结构教材的使用者对此感到放心,这也是它能为大多数人所接受的原因之一。

但是我们也应该看到,正由于结构—功能法的教材在处理功能与结构的关系时,离传统的结构法太近,句型结构的编排顺序处于支配的地位,这就影响到它更多地汲取功能法的精华,因而在培养交际能力这一总目标方面,毋庸讳言,这种教学方法仍存在一定的弱点。

首先,心理语言学研究言语生成过程,认为人们在进行言语活动时,往往是先形成一个意念——这一意念是以内部言语的形式出现的,然后再寻找适合的语言手段,转化为外部言语,通过声音或文字传递给对方。也可以说言语交际活动通常是从功能到形式的,因此以交际性原则指导外语教学,本来也应该采取由功能到结构,也就是由内容到形式的自然顺序。而结构—功能法正和传统的以句型为纲或语法为纲的教学法一样,与这一自然顺序相反,采取从形式到内容,从结构到功能的路子。

第二,这种教学法尽管主张结构与功能相结合,但在教学的指导思想上,重点还是对语法点的精细安排和对句型的反复操练。只是在具体运用这些句型结构时,才想到交际功能。功能成了结构的附属品,功能项目的选择随意性很大,可有可无,可多可少。这就不可避免地变得支离破碎,失去了系统性。"搞得不好,结合功能项目就成了一句空话,只剩下系统结构加上某些情景"。[1]

---

[1] 参见吴勇毅、徐子亮《近年来我国对外汉语教学法研究述评》,《世界汉语教学》1987年第1期(预刊)。

第三，从实际教学活动来看，以结构为主，则教学的出发点和主要内容必然是语言形式。学生在课堂上大部分时间被动地接受句型结构的操练，把掌握交际功能看成是教学活动的最后结果。这就很难做到让学生从一开始就有明确的"功能意识"，主动地为进行言语交际活动而掌握相应的语言形式，也不大可能使教学（学习）过程成为交际过程。

分析结构—功能法的成就和不足，一方面我们认为这种教学法是 80 年代产生在我们对外汉语教学园地上的一朵新花，她一出现就以其特色为人们所欣赏，所接受。今后她将在人们汗水的浇灌下继续茁壮成长。但另一方面，她的出现不应该中止或放慢我们对教学法的进一步探索，对外汉语教学法的研究需要继续前进。除了总结我们自己的经验外，还需要进一步借鉴国内外其他外语教学研究的新成果。

二 第二语言教学法研究的新趋向

在我们积极探索对外汉语教学路子的同时，国外的同行们对第二语言教学法的研究也是方兴未艾，新的教学法层出不穷。透过眼花缭乱的现象，我们发现近年来国外对第二语言教学法研究的最主要特点，是进一步探讨如何培养交际能力和强调教学（学习）活动要以学生为中心，让学生成为教学（学习）活动的主体。研究的重心已从教师的教法转向学生的学习规律，如对学生语言习得过程、学习模式、学习者的个别差异等方面的研究。

这种新趋向的哲学、心理学基础在于强调人的价值，重视人的主观能动性和责任感，要充分发挥人的创造力和潜能，提倡人与人之间的感情沟通。反映到语言教学中,学生就不再是被动地接受老师传授给他的知识、技能,而是成为学习活动的主体。学生以一种崭新的形象出现在教师面前:他有明确的学习目的和极大的学习动力,他了解自己要学些什么,自行选择学习的内容,决定学习的方式和节奏,并对学习效果进行自我评估。总之,学生的自觉性、创造性、独立性和自信心在学习活动中得到了最大程度的发挥,而教师的作用只在于启发、鼓励学生的主观能动性的发挥,在教学活动中扮演参谋、顾问的角色。在这种教学思想的指导下,不但功能法得到了进一步的发展,而且出现了默教法（the silent way）、咨询教学法（counseling-learning）和暗示法（suggestopedia）等新的教学法。有人从心理学角度把这一阶段外语教学法的演变看成是继行为主义的教学法和认知主义的教学法以后出现的第三个高潮——人本主义的教学法。

从辩证唯物主义的观点出发,我们认为在教与学这对矛盾中,学生应当成为主体;在学生的学习活动中,内因起主导作用,外因是变化的条件。多年来我们也一直主张在教学中发挥学生的主动性,教师要了解学生,提倡启发式,反对注入式。但由于我们对学习规律的深入研究不够,对学生的习得过程知之甚少,而在教学内容的安排上又往往是要求学生接受为他们设计好的固定的句型大纲或语法大纲,以及不一定为他们所急需的语言材料,因此发挥学生的主动性只能流于一般的要求,未能真正体现在教学法中。

以学生为中心和培养交际能力的教学思想在课堂教学和教材编写中的体现,首先在于教学内容的安排是否与学习者的主观愿望相一致,是否反映了他们的交际需要,从而能激发起他们的学习动力。在教学方式上能否使学生变被动为主动,把教学(学习)过程变为对学生来说有明确目的的、其创造性能得到发挥的交际过程。我们如果从这一新的角度来探讨结构与功能的关系,也许能解开长期以来的一些"死结"。同时我们还可以从这一角度进一步认识功能法的特点,从而更好地推动对外汉语教学法的研究。

三 对功能法特点的再认识和"功能—结构"法的设想

功能法自 70 年代初问世以来,到现在只有十多年的时间。由于其代表人物不断从理论和实践上(如教材编写)进行补充和完善,现在已成为影响极为深远的外语教学法了,功能法正由于产生较晚,所以有可能汲取生成语义学、语用学、社会语言学、心理语言学和应用语言学等方面的一些新的成果,如关于交际能力(communicative competence)的概念,话语分析(discourse analysis)的理论,语体(register)和语言的社会行为规则(rules of social behavior),意念范畴,第二语言习得和中介语(interlanguage),以及第二文化等,使之成为它的比较坚实的理论基础。同其他一切新教学法一样,功能法本身也不是教学法探索的终点,但它所体现的着重培养交际能力和以学生为主体的原则,是有生命力的。

功能法把培养交际能力放在首要的位置。很多外语教学法都声称其目标是培养交际能力,但我们认为功能法较全面地、扎实地提出了实现这一目标的途径:

1. 首先是以语言交际功能为整个教学活动的出发点;

2．强调语言教学要适应学生的交际需要，要以学生为主体，发挥其自觉性；

3．进一步提出整个教学过程的交际化，尽可能接近自然真实的交际。培养交际能力不仅是教学的目的，也是教学的手段和检查教学效果的主要标准。

这三条原则体现了功能法的本质特点。其中又以第一条最为重要：从交际的需要出发，通过交际过程（也就是学习过程）掌握语言形式，达到提高交际能力的目的。也就是：

交际需要——交际过程（学习过程）——交际能力

这是符合语言学习规律和语言学习目的的。

人们对功能法有一种误解，认为它只考虑交际的需要，而不顾及语言教学的科学性和系统性。产生这种误解是有一定原因的。确实也出现过这样一些标榜为功能法的外语和汉语教材：对句型结构不作科学的安排，完全违反了由易到难、循序渐进的语言教学规律。这种教材实际上根本无法——至少很难在教学中使用，如果也算作功能法教材的话，只能是属于"纯功能"的那种。主张功能法的教学法专家，在强调以交际为目的的同时，并没有忽视语法的系统性。威尔金斯（D. A. Wilkins）认为："意念大纲的优越性在于它一开始就考虑语言的交际因素，同时又没有忽视语法和情境的因素。"①亚历山大（L. G. Alexander）也曾说过："我们必须一如既往地努力学习语法系统，我们是把语法作为交际的一部分，而不是一种孤立的现象。"他甚至提出："检查一种'功能—意念'法教材的好方法就是看它对传统语法

---

① D. A. Wilkins. *Notional syllabuses*. Oxford U. Press, 1976.

大纲包含得好不好。如果包含得不好,就是坏教材。"上述"纯功能"型教材,按他的说法只能算作旅游手册或短语汇编,对教学是不适用的。如果用到教学中去"后果是灾难性的"。①

用功能法的原则设计教程模式,其路子是很宽广的。我们认为,在进一步对功能法的特点进行研究的基础上,在继续完善以结构为主的"结构—功能"法的同时,不妨尝试另一条以功能为出发点的"功能—结构"法的路子(简称"功能—结构"法),以拓宽对外汉语教学法和教材编写的探索范围。这种方法的设想是:以学习者的交际需要和由此而安排的功能项目作为出发点,带动语言形式以及使用这些语言形式所需遵循的社会规则的教学,从而实现教学过程的交际化;通过圆周式的编排,充分体现语音、词汇、句型、话语的系统性和循序渐进,从而把功能与结构有机地结合起来。

需要说明的是,这种"功能—结构"法的设想,与亚历山大所总结的四种编写教材方法中的"功能—结构编排系统"还是有所不同的。我们的看法是,只要充分考虑到句型结构的难易度,从初级阶段开始就可以采用这种方法,而不是只适用于中、高级阶段。从教材和教学的安排考虑,我们也不主张在一个功能项目下过多地罗列不同的表达方式,而是每次有重点地教给学习者适量的句型结构。总之,我们强调的是以功能为出发点,兼顾功能和结构两个方面。

功能与结构能不能兼顾?能不能有机地结合起来?这就又回到了上文谈到的老问题。在满足一定的交际需要的同时又要

---

① 参见亚历山大《语言教学法十讲》,北京语言学院 1982 年编印。

做到控制好语言教学的难易程度,这种鱼与熊掌二者得兼的要求,对教材的编者来说确是一个不小的挑战。但我们认为可能性是存在的。

我们的根据是,从功能入手进行言语交际活动,并不意味着一定要以高水平的语言能力为先决条件。言语交际活动,跟其他任何人类的活动一样,总有一个逐步掌握的过程;第二语言学习者的交际能力,也正如其语言能力一样,总是需要一个逐步提高的过程,而且两者应该是基本上同步的。儿童习得母语的过程就很好地说明了这点:在儿童刚刚掌握有限的词汇和不多的语言规则时,他就开始了成人看来是低水平的、但仍然是有效的交际活动。成人也不会因为他能表达的句子太少而认为无法跟他交际。同样的道理,对于刚刚学习第二语言的成年人,人们也并不期望他一下子就能熟练地运用多种表达方式进行高水平的交际活动。外国留学生在跟中国人用汉语交谈时,几乎毫无例外地引起对方的惊叹,得到赞扬和鼓励。中国人不但不会对他的语法错误进行挑剔,相反会千方百计地运用自己的想象力来猜测他表达得不太清楚的意思。对第二语言使用者的高度容忍性,恐怕也是一条言语交际的社会规则。

在具体的处理方法上,我们可以借助于圆周式的编排来解决"结合"与"兼顾"的问题。由于一种功能可以用多种结构来表达,在以功能为出发点的情况下,我们还是有可能根据交际的需要和语言形式的难易程度,由易到难,由简到繁地选择词汇、句型结构,通过圆周式的编排方式使结构的难度逐圈加大,从而也使学习者的交际能力逐步提高。以表达"介绍"这一功能为例,在第一圈也许只让学生掌握"我是张三"、"这是李四"、"他是谁"

这样简单的"是"字句式,学生就可以进行一定的交际活动了。对于初学者来说,也能在一定程度上满足他的迫切的交际需要。这时不必马上就要他学会像"你如能给我介绍,我倒很想认识一下格林教授"或者"这位就是我跟你谈起过的张友文教授"这样复杂的句子。等到学到第三圈或第四圈,他就可能根据不同的场合,不同的对象,说出更为复杂更为得体的话来。这种编排方式的好处是,从第一圈开始,在较短的时期内学习者就把急需的功能项目学了一遍,也把最主要的句型结构(当然是最简式)学了一遍,然后再逐圈扩大,多次重现。这样在任何一圈上他都可以用已掌握的功能和结构进行一定程度的言语交际活动;同时,外语教学中的一个极其重要的原则,即教学内容有计划重现的原则,就能比采用线式安排的教材更好地得到体现,这也有利于学生对语言形式更牢固的掌握。

综上所述,"结构—功能"法与"功能—结构"设想的不同之处在于前者基本上还是从语言形式出发,教给学习者一定的句型结构,然后指出这种句型结构可用于哪些功能;而后者则是从语言功能出发,使学习者为表达这种功能而(通过一定的交际性活动)掌握必需的句型结构,以提高其言语交际能力。这种功能—结构法的设想能否实现,还需要实践,首先是教材编写的试验。我们正在编写的《交际汉语一百课》就是想作这样的尝试。我们的体会是,功能与结构相结合,最大的难点在于如何恰当地分级选择功能项目和句型结构。这就要求不仅有一个句型、语法大纲,还要有一个功能大纲。

四 制订功能大纲是教学法研究的当务之急

无论是对教学法的研究或是教材的编写，无论是结构—功能教材或是功能—结构教材，都需要有一个可供参照的功能大纲。作为我们学科基本建设的系统工程的一个方面，语法大纲、功能大纲和文化大纲都是必不可少的，否则，教学大纲的制订、教材的编写都是无据可依。经过多年的研究，对句型、语法教学规律的认识有了较好的基础，而对功能大纲和文化大纲的研究，至今还只能说刚刚开始，因此，制订功能大纲的难度，显然要比制订语法大纲大得多。

对语言功能的研究，现在仍然是各国的语言学家和教学法专家的一个热门课题。十多年来欧洲的语言学家在制订功能—意念大纲（Functional-notional Syllabuses）方面已经取得了一定的成果。如1975年范埃克（J. A. van Ek）的《入门阶段》（The Threshold Level for Modern Language Learning by Adults），1977年范埃克、亚历山大等的《英语初阶》（English Waystage）以及1976年威尔金斯的《意念大纲》（Notional Syllabuses）等，这些大纲虽然尚未达到非常完美的程度，但有不少可供我们借鉴的东西。我们自己在教材编写和语言研究中，也作了一些有益的尝试，如北京语言学院编写的几部结构—功能教材，南京大学和美国奥伯林学院计划建立的DBTCFL数据库系统中交际功能子系统等。在这些初步研究的成果的基础上，制订并逐步完善对外汉语教学的功能大纲，是有可能的。

在具体制订功能大纲以前，还有很多问题需要探讨：

第一，对人们的千变万化、包罗万象的言语交际活动，究竟应该用什么框架来归纳、分类为好？人们的言语交际活动是一个复杂的生理、心理、社会活动的综合体，它不仅包括人们本身的思维活动，或者说人们想用语言做什么事，还要包括这些言语活动所涉及的客观事物之间的关系、人与事物的关系以及交际双方的关系。具体说，它是一个包括功能、意念，场合，社会行为规则等不同层次的各种因素的立体架构。《入门阶段》和《英语初阶》是从功能、一般意念和特殊意念三方面来分类的；《意念大纲》是从语义—语法范畴、情态意义范畴和交际功能范畴三方面来进行分类的；DBTCFL 交际功能子系统分为意念功能、观念功能、模拟功能（情境功能）三个部分。有些对外汉语教材则从另一个角度，根据句型结构所能表达的意义，反过来把句型转化为功能。这些不同的分类法究竟各有什么利弊，需要从汉语教学的角度进行分析、比较。我们认为还是应该抓住功能和意念两个主要方面，场合（情境）和社会规则（包括语体、身份、文化因素等）可作为副线处理，不要使这一大纲过于复杂化。

第二，有了框架以后，要进一步考虑如何选取具体的功能意念项目，这里有一个"量"的问题。《入门阶段》收集了功能项目 73 个，一般意念项目 130 多个，共 200 多项。要求只及《入门阶段》一半的《英语初阶》收集了 47 个功能项目和 91 个一般意念项目，共 138 项。《意念大纲》三个方面加起来有 38 项。DBTCFL 系统的三个部分共 60 项。

未来的对外汉语教学功能大纲，我们认为：(1) 原则上不宜过细，过细不利于教学；(2) 是初学者交际所急需的，也是基本的；(3) 要突破学校圈子的老框框，从一个在使用汉语的社会中生活的"成人"的角度选取功能意念项目；(4) 要突出汉语的特点,也就是一定要考虑有利于掌握相应的结构。

第三,要确定表达这些功能意念项目应该使用的语言形式——句型结构。这是功能大纲的核心内容,也是大纲中体现功能与结构相结合、两者兼顾的主要部分。

我们认为这部分要体现三条原则:(1) 要充分利用词汇大纲、句型大纲已有的研究成果。功能大纲应包括句型大纲的全部内容。(2) 每一功能项目中所列的句型结构要按交际需要和本身的难易程度进行排列。可以参考传统的结构教材的句型顺序,但传统的安排顺序即使从难易程度来看,也并非是完全合理的。许多在习惯上总是放在后面学习的,未必就是难于掌握的。(3) 功能大纲没有必要列出整个句型结构教学顺序的固定模式。这应该是教师和教材的编者发挥其创造性的地方。功能大纲只能作为编教的依据,而不能代替教材本身的编写大纲。如上文所说,教材编写可采取圆周式的安排,还可以采取"打埋伏"、"滚雪球"等多种技巧,体现循序渐进的原则。

对上述三个方面,我们只是提出了问题和一些想法,现在还没能解决它。我们认为既然教学法的发展已经把制订功能大纲的迫切性提到我们的面前,不论有多大困难,不论第一步可能多么不成熟、不完整,我们还是应该迈出这一步。我们相信并期待着,随着功能大纲的制订,在 80 年代末、90 年代初,对外汉语教学法的探索有可能出现新的突破。

第六节 教学方法的规定性和创造性[1]

一 为什么提出教学有法而无定法的问题

教学有法而无定法是教学法理论的一项重要内容,也是教学法的一个重要特点。这是一个老话题。

做什么事情都要讲究方法,一旦目标、任务确定了,方法就成了关键。方法得当则事半功倍,方法不当则事倍功半。教学当然也不例外。吕必松教授强调:"为了取得良好的教学效果,所有的教学活动都应当讲究教学方法。但是教学法对语言教学,尤其是对第二语言教学,又尤其是对对外汉语教学,更具有特殊的意义。"[2]可是在对外汉语教学事业蓬勃发展的今天,教学法并未引起大家的足够重视,尚存在着这样那样的问题,不同程度地影响着教学质量的提高,所以有必要重新提一提、议一议。

要提高教学质量,首先必须提高教师的素质。教师的素质由多种因素构成,除了有比较广博的专业知识和文化知识以外,最重要的是掌握教学法,懂得教学有法而无定法。作为教师即使学富五车、才高八斗,如果不懂教学法,也不能算作一名合格的教师。尤其是对外汉语教学,如何把看似简单的教学内容使

---

[1] 本节摘自杨惠元《论"教学有法而无定法"》,《语言教学与研究》1996年第3期。

[2] 参见吕必松《对外汉语教学研究》,北京语言学院出版社1993年版。

学生尽快掌握,并转化为他们的能力和本领,关键在于教学方法。

二 什么是教学有法而无定法

1. 教学有法而无定法是包含对立统一的辩证关系的教学法

教学有法而无定法体现了对立统一的辩证关系,其哲学基础就是唯物辩证法。

教学有法是指教学要遵循教学的普遍规律,掌握和运用教学的一般原理和方法,也就是注意矛盾的普遍性。教学活动是有规律可循的,教学方法的确定和选择不是随意的,应该有其科学的根据和理论的依据。特别是语言本身、语言教学、语言学习都是有规律的,语言教学应该遵循这些规律。比如语音教学,在教 z、c、s 这一组舌尖前音时,有经验的教师先教 s。因为 s 是清擦音,各国语言几乎都有,学生容易学。z 和 c 是塞擦音,发音时先塞后擦,当然比发单纯的清擦音难。这就是贯彻先易后难、循序渐进的教学原则。再比如教师在课堂上要面对全班,而不能只对学习好的学生感兴趣,把学习差的学生撂在一边。这是因为课堂教学是教师指导下的全班学生共同参与的活动,应该让每一个学生堂堂有收获、天天有提高,贯彻课堂教学的集体性原则。可见,具体的教学方法体现教学原则,离不开教学原则的指导。因此,教学方法是"有定"的。俗话说"没有规矩不能成方圆"。教学有法而无定法首先是教学有法。

唯物辩证法坚持两点论,既强调按照一般事物发展的普遍规律行事,又注意遵循个别事物发展的特殊规律。教学无定法就是指确定和选择教学方法要结合实际,有针对性,不能公式化和模式化,不能生搬硬套,不能像机械转动一样,按照一个固定的程序运转。教学无定法是教学有法的更高层次,要求选择最优化、最有效的教学方法。大家都知道,任何好的方法都不能不分时机、不论场合、不加选择地使用。教师选择哪一种方法,必须适应本班学生的特点,为本班学生所接受,并得到他们的配合。我们常常遇到这种情况,别人用的方法明明效果很好,可是到自己这儿却行不通。甚至自己用的同一种方法在甲班得心应手,效果很好,而在乙班却很不顺手,效果不理想。这是因为,教学是一种十分复杂的过程。我们的教学对象千差万别,教学内容多种多样,课堂上出现的情况千变万化。这些都要求教师随机应变,选择适应教学对象和教学内容的教学方法。即使在别人那里已为实践证明了的好方法,在具体实施的时候也要进行改造,有所变化,有所创新。否则,再好的方法不切合本班实际也只是镜中花、水中月,毫无作用。从这个角度说,教学方法又是"无定"的。

教学有法而无定法是对立统一的辩证关系的教学法,体现了矛盾的普遍性与特殊性的有机统一。教学有法而无定法要求教师既要遵循教学的普遍规律、掌握教学一般原理,又要在实际教学活动中发挥创造性、不拘一格地运用各种教学方法。著名画家齐白石谈绘画时说过这样的名言:"不似则欺世,太似则媚俗。"绘画,要巧妙地处理似与不似的矛盾,使美术作品恰当地处于"似与不似"之间。教学则要巧妙地处理"有法"与"无法"的矛盾,把科学性与艺术性统一在实际教学中。

2. 教学有法而无定法的核心是教学方法既讲究科学性,又

讲究艺术性

教学方法的科学性和艺术性体现在法从质生、法由旨遣、法因人异、法随境迁、法重实效等几个方面。

(1) 法从质生 法从质生的意思是教学方法从对课程性质特点的分析中产生，选择和使用什么样的教学方法由这门课的性质和特点决定。大而言之，对外汉语教学属于第二语言教学。第二语言教学是培养学生言语技能和言语交际能力的实践性教学。因此教学方法要贯彻实践第一和精讲多练的原则。小而言之，听力课、说话课、阅读课、写作课四种言语技能课各有不同的性质特点，教学方法也各不相同。比如听力课和说话课，听和说都是处理语言的声音信号，听是听其声悟其义，说是用其声表其义。但是听是输入的技能，属于理解和接受的范畴；说是输出的技能，属于应用和表达的范畴。因此听力训练应当采用以听为主、听说结合、听读结合、听写结合、听做结合的教学方法；而说话训练应当采用以说为主、先听后说、先读后说、说写结合的教学方法。再比如听力课和阅读课，听和读都是输入技能，同属于理解和接受的范畴，但是听是输入声音信号，读是输入文字信号。听力训练必须进行大量的听音辨调的练习，而阅读训练无须进行听音辨调的练习，必须先从认读汉字开始，教给学生切分词语、意群的方法。

确定和选择教学方法还要顾及教学内容，方法跟内容有密切的关系，不同的教学内容使用不同的方法。从总的方面来说教师要有控制教学内容的本领。所谓控制教学内容，就是教师从学生的实际出发，科学地处理教材，控制好教学内容量的多少和质的难易；使学生感到量大但能吸收，稍难但能接受，跳一跳摘得到,既不能站在地上吞桃子也不能跳上天空摘月亮。从具体的方面说,不同的教学内容讲练的方法不一样。例如,教词语的方法跟教语音不一样,教句型的方法跟教词语不一样,教话语篇章跟教句型又不一样。以句型教学为例,教趋向补语的方法跟教结果补语不一样,教"把"字句的方法跟教一般动词谓语句不一样。再以教"把"字句为例,以往教师重点讲练"把"字句的语法意义和语法结构。结果,学生学了"把"字句以后大部分不会使用,不知道什么时候用"把"字句,什么时候不该用"把"字句,所以该用的时候不用,不该用的时候乱用。正确的做法是,教"把"字句应该重点讲练"把"字句的语法功能,设计情景首先让学生理解"把"字句的用法,然后练习使用"把"字句。这样做结果就会大不一样。

(2) 法由旨遣　在课堂教学中,为了实现一定的教学目的,必须选择与之相适应的教学方法,教学方法要服从和符合教学目的,这就是法由旨遣。有的老师上口语课让学生听写生词,有的老师上阅读课让学生口头造句,这些方法都悖逆教学目的。为了实现教学目的,教师要精心设计课堂教学活动,选择最优化、最有效的方法。这里有个例子,两位教师使用同一篇约500字的课文,教学目的同是训练学生成段口头表达。第一位教师一上来就放3遍录音,接着让学生到黑板前边复述。学生甲说了8分钟,虽然说得磕磕巴巴,但是基本内容复述出来了,只是有4处较大的错误。学生乙说了11分钟,不但说得磕磕巴巴,而且有10多处大的错误。学生丙说了6分钟,只复述一半就说不下去了。教师看实在推不动,只好让学生打开书念课文。结果25分钟内全班12个学生只有3个学生进行了练习,其他学生的开口率为零。第二位教师也是让学生听3遍录音,但是每次听之前都提出问题。教师的问题经过精心设计,引导学生理解并记忆课文的内容,每听完一遍都做问答练习。听和问答进行了19分钟,全班14个学生开口率为每人12次句。接下来教师把课文分成3段,让学生在自己的座位上复述,从水平高的学生开始,每人复述一段,共复述了5遍,全班学生都有一次练习的机会。由于前边进行了问答练习,学生复述得比较流利,并且没有大的错误。学生复述加上教师讲评和纠正错误用了27分钟,开口率为每人17次句。整个练习用了46分钟,学生的开口率为每人29次句,且课堂气氛十分活跃,时间利用得非常充分。显而易见,第二位教师的方法符合教学目的,教学效果良好。而第一位教师的方法没有达到教学目的,应该说是一次失败的练习。任何教学方法的使用都是有条件的,必须做好铺垫,具备了相应的条件之后教学方法才能达到预期的目的。第一位教师没做任何铺垫,听后直接让学生复述。学生尚未理解、没有记住言语信息,不可能进行表达和输出,结果练习失败了。第二位教师在学生复述之前进行了大量充分的准确工作,让学生在理解的基础上模仿、记忆、巩固,结果达到了预期的目的,出色地完成了教学任务。

(3)法因人异 凡是教学都是由教和学两方面构成。教师起主导作用,学生是教学活动的主体,这已经成为共识。教师选择教学方法必须考虑教学对象,因材施教,也就是法因人异。对外汉语教学的对象是成年外国人。教成年外国人汉语就要选择和使用他们能够接受的方法。"如果把成年人的外语学习与孩子学话等同起来,只要求他们盲目地、机械地模仿,学生往往感到受了'智力上的嘲弄',厌倦于语言操练。"①教成年外国人的方法不同于教中国人的方法,即使同一个班同一个国别的外国学生也要注意使用不同的方法。教师备课既要备教材,又要备学生。只有对学生的情况了如指掌,教学才能更具有针对性。教师除了要了解学生的一般情况以外,特别要了解哪些学生语言水平高、智商高、反应快;哪些学生水平低、智商低、反应慢;哪些水平高、智商低;哪些水平低、智商高;哪些一般;哪个学生听力好;哪个汉字写得好;哪个模仿能力强;哪个理解能力强等等。教师对这些情况有了全面的了解,上起课来就会得心应手。对优等生,教师要为他们创造机会迅速成才,敢于培养尖子;对后进生,教师要为他们提供条件表现进步,使之受到鼓舞,而不是暴露无能。对不同学生采取不同方法可以确保课堂教学顺利进行,同时每一个学生都有机会参加难度不同的练习,在各自的水平上有所提高。

(4)法随境迁 法随境迁的意思是教学方法要受课堂环境的影响和制约,并且随着课堂情况的变化而变化。比如在社会大课堂里进行语言实践跟在教室上课用的方法不一样,在语言实验室上课跟在普通教室上课用的方法不一样。同是在教室上课,也会出现各种各样的情况,有些情况是事先难以预料的。教师要善于根据变化的情况及时修正自己的计划和方法,做出有效的决策。

有一次,一位老师上公开课,教学内容是介绍名胜古迹。他

---

① 参见施光亨《关于基础汉语教学中的课堂操练》,《语言教学与研究》1981年第4期。

提出一个问题:"你们喜欢旅游吗?"谁知同学们异口同声地回答:"不喜欢。"随堂听课的老师都很惊讶,这位教师也感到意外。但是他立即镇定下来,微笑着说:"不喜欢?能说说原因吗?"一个学生说:"在中国旅行坐火车不方便,火车票不好买。"又有一个学生说:"很多地方门票外国人比中国人贵。"另一个学生说:"有的地方进门以后还得买票。"一个学生问:"老师,您喜欢旅游吗?"同学们都笑了,这位老师也笑了,说:"你们刚才说的情况是实际存在的,有些情况我跟你们一样,也不满意。"一句话缩小了师生之间的距离,同学们都注意地听。"但是,学习汉语、了解中国是你们来中国的目的。你们西方人常说为了达到目的不管使用什么方法。那么为了学习汉语、了解中国,克服一些困难,多付点儿'学费'算得了什么? 安娜,你是学艺术的,当你走进颐和园,欣赏长廊上一幅幅精美的图画时,多花几块钱难道不值得吗? 罗特,你是学建筑的,当你走进故宫,看到一座座高大的宫殿,一个个雄伟的建筑群,你还为多花几块钱而感到后悔吗? 如果为了省几个钱,不去游览这些名胜古迹,那将是终生的遗憾!我说的对不对?"同学们热烈鼓掌。

这位教师原以为同学们一定喜欢旅游,他设计的第二个问题是:"去过哪些地方?"由此自然地引入课文。没想到课上出现的情况跟预料的相反。于是他随机应变,因势利导,调整了原来的计划,放弃了原来的方法。改为先听取学生的意见,然后引出同学们来华的目的,一番话重新激起学生的学习兴趣,同时也自然地引入了课文,课上得十分成功。

法随境迁要求教师不但适应环境,而且积极地利用环境。一位教师带学生游览颐和园,走进仁寿殿,一个学生看到"光明正大"匾额念道:"大正明光。"这时教师主动讲解古建筑上匾额要从右往左念,进而解释"右为上"是中国人的传统观念,介绍中国文化的特点,同学们觉得很有收获。

(5)法重实效 选择和使用教学方法要注重实效,教学要一讲效果,二讲效率。效果和效率是检验教学方法的重要尺度。我们强调教学方法要讲究艺术性,教师要善于用灵活有趣的方法激发学生的学习兴趣和学习热情,并创造一种生动、活泼、轻松友好的课堂气氛,最终目的是为了取得最优化的教学效果和效率。衡量是否最优化要看单位时间里全体学生的水平和能力提高多少,是否达到预期目的。有的教师在课上对学生放任自流,不加控制,表面上看热热闹闹,实际上学生没有收获。例如,有一位教师在一节课里用了42分钟让学生说新闻,每人说一段(实际上是照着事先准备好的稿子念)。学生说完以后教师既不纠错和评论,也不管其他人听懂没有,看不出教师的指导。学生使用的词语和句式都是初级班里学过的最简单的词语和句式,看不出在本课上学了什么,有哪些提高。这样的课既没有效果,也没有效率。

选择和使用教学方法还要考虑易于操作,简便可行,避免给自己和学生带来麻烦。为了增强口语教学的真实感,有的教师让学生到黑板前边复述、对话或者表演。这本来是锻炼学生的胆量、活跃课堂气氛的好方法,但是如果每个练习都让学生到前边就不好了。因为我们大都在小教室上课,桌椅间空隙很小,学生出来进去很不方便,来回耽误不少宝贵的课堂时间。而且有的练习难度大,学生到前边更加紧张,促使他们产生畏难心理。特别是让学生表演,不是不可用,而是应当慎用。例如,有位教师在教《看病》一课进行练习时,给学生分配角色,一人扮演医生,另一人扮演病人,一组一组地表演。他借来了不少道具,让扮演医生的学生穿上白大褂,戴上医生帽和大口罩,把听诊器挂在脖子上。这样练习生动倒是生动,但是扮演医生的学生"化装"占了不少时间,而且几个人共用一个口罩、帽子也不卫生。正确的做法是先让学生在座位上练习,最后教师选一两组练习较好、擅长表演的学生到前边表演,既活跃课堂气氛,又起到鼓励和示范作用。

三 怎样贯彻教学有法而无定法

为了提高课堂教学质量,每一门课都应该制定科学的、行之有效的课型规范。教学有法而无定法正是制定课型规范的理论依据。

为此,必须加强理论研究,学习现代教学方法。

人们掌握一种语言,不是靠教师的教,而是靠在教师指导下的练。既然是训练,就必须以科学的理论为指导,进行有意义、有价值的活动,避免盲目、无效、低效的活动。教师设计的每一项练习,采用的每一种方法,都应该以科学的理论为指导,有明确的目的性,某种训练方法就是某种训练思想的产物。为此必须加强理论研究。我们对教学的规律研究得越深越透,教学有法的"法"的含金量就越高。

加强理论研究,首先要研究所教课程的性质特点和教学目的。课程的性质特点研究透了,法从质生和法由旨遣的"法"才不会成为无源之水、无本之木。以听力课教学为例,凡是教听力课的教师都要从理论上搞清楚听力理解的本质是什么、训练原则是什么、教学重点是什么、学生提高听力的难点是什么等等。听力是一项基本的言语技能，它由一些微技能构成。听力教学只有把提高微技能作为重点，才能从整体上提高学生听的能力。那么听力微技能有哪些、如何训练，理论研究就要解决这些问题。其次要研究学生的心理素质和学习能力的个体差异，作为法因人异的理论依据。比如，日本学生的特点是什么、韩国学生的特点是什么、欧美学生的特点是什么，在欧美学生里边美国学生有哪些特点、意大利学生有哪些特点、法国学生有哪些特点等等。教学跟打仗一样，知己知彼才能百战不殆。第三要研究各种教学内容的不同教法和练法；某一种方法在什么条件下使用；需要做哪些准备和铺垫；如何选择简便易行、科学有效的现代化教学方法，等等。

现代化科学技术的发展日新月异，为教学手段的现代化提供了物质基础。可是当前的课堂教学仍然沿用几十年前的一块黑板、一本书、一支粉笔的陈旧的教学方法，很难适应高标准高强度的教学要求。教学手段必须现代化，充分发挥声、光的作用，调动学生的多种感官，提高训练效果。

贯彻教学有法而无定法不只是认识问题，而且是一种重要的教学能力。能力的提高主要依靠实践。但是并不是所有的实践者都能恰到好处地处理"有法"与"无法"的矛盾。只有善于总结，不断积累经验，贯彻有法而无定法才能如鱼得水，运用自如。

教学法是一门科学。既然是科学，总有些深奥的道理需要人们去认识、去探索。但是教学法又是通俗的。如果"方法"高深得让人难以琢磨、难以掌握、难以使用，那么"方法"也就失去了科学价值。教师是教学方法的使用者，也是教学方法的创造者。有心计的教师往往既重视总结自己的经验,又重视总结别人的经验,从经验中发现规律,把经验上升为理论,再指导自己的教学实践。

上课对教师来说是一种繁重的脑体结合的劳动。在课堂上,教师不仅要脑勤、眼勤、耳勤、口勤,而且要手勤,随时记下学生的问题、学生的错误、学生的情绪、学生的反应等。下课后还要认真写好教学后记,把课上发生的情况,自己是怎样处理的,效果如何,下次遇到类似情况怎么办等记下来。持之以恒,日积月累,教学经验必然不断丰富,教学方法必然不断改进,教学效果必然越来越好。

贯彻教学有法而无定法要落实在课堂教学的每个环节、每项活动中。教师上课就像运动员参加比赛一样,临场发挥得好坏至关重要。同是备课花十分功夫,有的教师只上出八分效果甚至更少,有的教师却能上出十二分效果甚至更多,结果大不一样。课堂上的教学活动一个接着一个,教师的处理全在一念之间。一念之差则可能陷入被动,造成失误;一念之善则又可能柳暗花明,转危为安。这里的"一念"就是临场发挥,就是应变能力。

教师的临场发挥和应变能力由教师的心理素质、业务功底、教学经验、备课情况、课堂环境、学生情绪等多种因素决定。其中最主要的是教师,特别是心理素质和自控能力。教师要把临场发挥好、应变能力强作为自己教学追求的目标。每次走进课堂就要全身心地投入,精神饱满、情绪高昂、有强烈的"教授欲",把个人的喜怒哀乐、病痛烦恼统统忘掉。不管出现什么情况,都能沉着冷静、从容不迫、充满自信。当然,这一切都来自敬业乐业精神,对学生的关心热爱和对自己的严格要求。

教师贯彻教学有法而无定法除了提高认识、提高能力、提高技巧以外,还需要相应的外部条件与之配合。

应当承认,从事对外汉语教学的绝大多数教师都能认真备课,认真上课,认真钻研教学方法,努力提高教学质量。但是毋庸讳言,还有部分教师的教学尚未"上路",教学水平参差不齐的现象仍然存在。为了从整体上提高教师素质和教学水平,管理应该科学化、制度化。比如建立健全岗前培训制度、导师制度、集体备课制度、领导听课制度、观摩教学制度、学生的考勤考试制度、教学评估制度等等。

在执行这些制度时,要制定出细则和分值,使教师的教学能力和教学水平能够量化。以教学评估为例,教师要在自评的基础上广泛听取学生和评估小组的意见,由学生和评估小组打分,并且把评估结果公开,作为晋升职称、出国任教和发放奖金的重要依据。① 教学管理的一个重要课题就是量化教学,使教师外有压力、内有动力,上好每一节课,不断提高教学水平和教学质量。

---

① 参见韩孝平《试论对外汉语教学工作的评估》,《语言教学与研究》1986年第4期。

第四章
对外汉语课堂教学及评估

第一节 课堂教学活动研究概说[①]

"我国把对外国人的汉语教学作为一项专门的事业是在新中国成立以后,从1950年开始的。将近40年来,随着这项事业的发展,人们在教学上不断地探索和创新,并且围绕教学中提出的问题,积极开展教学研究,使对外汉语教学逐渐形成为我国整个语言教学中一个重要的分支学科。"[②]作为一项事业,40年来对外汉语教学取得了重大进展;但作为一门学科,对外汉语教学的确还处在一个发展阶段。这是因为对外汉语教学至今还缺乏系统而深厚的理论基础——一门学科赖以存在的支柱。今天的对外汉语教学事业向我们广大的语言教师和研究人员提出了一项紧迫的任务,这就是大力开展对外汉语教学的理论研究。本文专门提出开展课堂教学活动的研究,是因为课堂教学是我们教授语言的主要阵地,在总体设计、教材编写、课堂教学和测试这四大环节中,课堂教学是中心环节,其他环节都必须为课堂教学服务;课堂教学活动也是我们对于语言规律、语言学习规律和

[①] 本节摘自孙德坤《关于开展课堂教学活动研究的一些设想》,《世界汉语教学》1992年第2期。

[②] 参见吕必松《对外汉语教学发展概要》,北京语言学院出版社1990年版。

语言教学规律认识的集中体现。

过去我们对课堂教学本身并不是没有进行研究,据统计,1980年以来我国学者发表的关于对外汉语教学理论和教学方法的论文有近300篇,这些文章大部分从不同的角度对各个教学环节和各项教学活动进行了专题研究。① 但是这些文章在讨论课堂教学问题的时候,往往只是提出某些规定(prescription),即课堂教学"应该如何如何",例如语法课应该如何如何教,听力课应该如何如何教,汉字课应该如何如何教,等等。但是当我们讲"应该如何如何"的时候,又往往是从经验和感觉出发的,因此缺乏说服力。有些研究虽然也提出了一定的理论依据,但是所依据的理论是否符合实际,并不是都很有把握。实际上我们最薄弱的还是基础研究,例如至今还没有把课堂教学活动本身作为调查对象,首先弄明白课堂教学"究竟如何如何"。我们提出开展课堂教学活动的研究,就是要首先调查课堂上教师和学生的实际表现,这些表现的前因和后果,以便确定是哪些因素对教学效果产生影响以及产生什么样的影响,从而帮助我们去控制这些因素。这方面的研究带有综合性,属于基础理论研究,其研究成果对大纲制定、教材编写、课堂教学方法和手段的选择以及教师培训等,将可提供坚实的理论基础。由于课堂教学活动本身的复杂性,这种调查研究工作自然是很艰巨的,但是要使对外汉语教学真正走向科学化,这样的研究就非进行不可。

---

① 参见吕必松《对外汉语教学发展概要》,北京语言学院出版社1990年版。

一 开展课堂教学活动研究的必然性和必要性

开展课堂教学活动的研究可以说是世界范围内第二语言教学研究发展的必然。这一点从西欧和北美语言教学的历史看似乎更清楚。

听说法(audio-lingual method)以其在第二次世界大战期间在美军语言训练中的成功,以其语言学和心理学的基础,在战后曾一度颇具影响。与此同时,随着语言教学技术手段和方法的不断创新,产生了一些新的教学法。为了对这些方法进行评价,研究人员和语言教师便开展了一些比较实验,将各种教学法在不同的课堂上加以试行,通过一段时间(通常为两年),再比较各种方法产生的结果。令人失望的是,其结果显示各种方法产生的教学效果很少甚至没有什么不同。产生这种结果的原因是多方面的,而对于研究人员来说,要分析这些原因,一个根本的问题是他们未能把这些教学法在课堂上的实际情况记录下来。他们的研究方法可以图示如下:

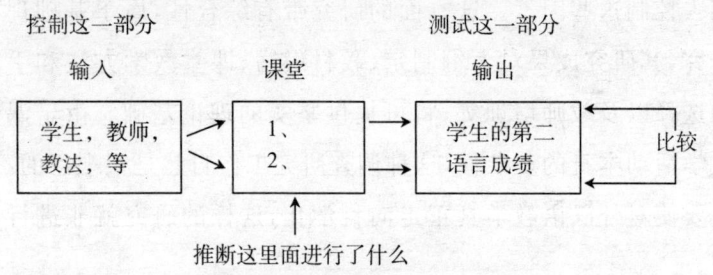

```
   控制这一部分              测试这一部分
   输入         课堂         输出
 ┌────────┐   ┌─────┐    ┌────────┐
 │学生,教师,│──▶│ 1、 │───▶│学生的第二│  ┌──┐
 │教法,等  │──▶│ 2、 │───▶│语言成绩  │◀─│比较│
 └────────┘   └─────┘    └────────┘  └──┘
                 ▲
          推断这里面进行了什么
```

图 1 Long(1980)用于"教学法比较"研究的框架[①]

---

① Long, Michael H. *Inside the Black Box: Methodological Issues in Classroom Research on Language Learning*. Language Learning Vol. 30 (1), 1980.

从上图可以看出,由于研究人员只对"输入"部分进行了控制而对课堂活动没有观察记录,所以他们在比较学生的第二语言成绩时无法确定课堂上教师所使用的是否就是他们需要试验的方法,也无法确定各方法之间在使用上是否有交叉的地方。因此即使不同班的学生的最后结果表现出不同,这些研究者也没有把握排除是否是其他因素导致这些不同而不是教学法本身。在这种情况下便无法判断各教学法的优劣。实际情形很可能是不同的教学方法各适应不同的教学环境和教学对象,没有一种全能的教学法。现实促使研究者们把注意力转向课堂教学活动本身,努力去描写语言课堂上实际发生的一切,而不是去假设课堂上所发生的是某一教学法、某一教学手段的结果。于是从20世纪60年代开始,围绕第二语言课堂教学活动本身的研究越来越受到人们的重视,这一领域也就成了以调查研究整个第二语言/外语的教和学的规律为目标的第二语言习得研究(Second Language Acquisition—SLA)这一学科的重要组成部分。

目前西欧、北美的第二语言/外语教学的总趋势是对语言教学的各个方面进行扎实地调查分析,而较少空谈这个法那个法的。① 建立对外汉语教学这门新学科,我们必须从现在起加强基础理论研究。可以把课堂教学活动的研究作为一个突破口,逐渐向外延伸,用20世纪的最后十年时间作扎扎实实的调查研究,为21世纪对外汉语教学的重大突破做准备。

---

① 如要较多地了解这方面的情况,可参看盛炎《外语教学法流派的发展趋势与汉语教学理论研究》,《语言教学与研究》1989年第1期。

二 当前第二语言课堂教学活动研究的主要方面

在讨论课堂语言教学活动研究时有必要先区别两种课堂,即第二语言课堂(second language classroom)和外语课堂(foreign language classroom)。第二语言课堂是指这种课堂的大背景是目标语社团,学生走出这种课堂仍处在这种语言的环境之中,如在中国的汉语课堂,美国的英语课堂,日本的日语课堂等。外语课堂指的是这种课堂的大背景是非目标语社团(往往是母语社团),学生走出这种语言课堂便离开了这种语言环境,如中国的英语课堂,美国的日语课堂,日本的汉语课堂等。这种背景对语言课堂的影响是不能低估的,因此在调查语言的课堂教学活动时必须充分注意这二者的差别。目前课堂语言教学活动研究主要集中在第二语言课堂。

第二语言课堂教学活动的内容非常广泛,研究的题目几乎是无穷无尽的,当前研究工作者和语言教师的兴趣集中在以下几个方面。

1. 教师的言语

教师的言语指的是教师在课堂上所说的话。大家之所以对教师的言语感兴趣,与克拉申(Krashen)提出的颇有影响的"输入假说"(input hypothesis)的理论有关。一个人要学习一种语言如果没有这种语言的输入是不可能的,最能说明问题的例子是狼孩和猪孩。这些孩子虽然具有普通人的学习语言的大脑机制,但由于他们没有语言环境,没有接受到任何语言输入,所以在他们进入人的世界之前始终不会人话。因此语言输入是习得一种语言的必要条件。课堂语言教学和课外语言自然习得的一个很重要的差别就在于语言输入的不同。学习者课堂外接收到的语言输入是来自多方面的,是零乱的;而课堂内接收到的语言输入则主要是教师的言语。克拉申认为对于学习者来说,只有可理解的语言输入(comprehensible input)才能对他有帮助。课外的语言输入是难以做到这一点的。教师的主要任务之一就在于为学生提供在课外难以得到的语言输入。至于课堂内所传授的语言知识如语法规则的作用,克拉申的解释是并不是这些语法规则本身帮助学生提高了他们的语言水平,而是讲授这些规则的过程(即学生要听懂教师的讲解和记笔记等)促使他们吸收了大量的可理解性输入,从而提高了语言水平。①

克拉申的理论引起了很大的争论,课堂上教师的言语由此受到了人们的关注。现在对教师言语调查得比较多的是教师课堂上对学生的言语与他在课外说本族语时的言语有什么不同;课外的其他说本族语的人对外国学生的言语与课堂上教师对外国学生的言语有什么不同;如果提供给学习者的言语必须是可理解的,那么是什么因素使教师的言语适合不同程度的学生?为了弄清这些问题,研究者们对教师言语的语速、句式、语用项目等的选择和使用做了调查,试图在调查的基础上弄清教师的言语对学生语言水平的影响。不过迄今还没有什么满意的结果。

2. 学习者的行为

在调查学习者的课堂行为时有一个基本的指导思想,这就

---

① Stephen D. Krashen. *Principles and Practice in Second Language Acauisition*. Pergamon Press, 1982.

是课堂上学习者不是被动的而是主动的。在语言教学活动中学习者对教师提供的输入不是像海绵似的全部吸收,而是有选择地吸收。换句话说,教师提供的"输入"(input)不等于学习者的"纳入"(intake)。[①] 与这一问题相关的是学习者的有意识注意与无意识注意的作用。下面是笔者课堂上记录下来的例子:

学生1:我生日的时候很多人给我带来礼物。

教师:我生日的时候很多人给我带来了礼物。

　　(加进了一个"了"字)

学生2:开学的时候老师给我们带来新书。

教师:开学的时候老师给我们带来了新书。

　　(加进了一个"了"字)

学生3:进步给农民带来了提高的工资。

学生4:这篇课文给我们带来了许多麻烦。

学生5:京剧给我们带来了头疼。

上例中,学生1和学生2的句子中均缺少一个必须有的时态助词"了",教师没有明确指出,而是在重复学生的句子时补充进去了。值得注意的是有教师这么两次补充后,接下去后面的几个学生都自觉地用上了"了"字,尽管有的句子有其他毛病。我们不能说前面两个学生不会用"了"而后面的一些学生会用,而是后面的学生从教师的修正中得到了启发。这说明学生是在不断地比较教师和学生的言语。那么这种比较是有意识的还是无意识的?这个例子后面所隐藏的东西是值得思考的。

---

① 有关学习者言语"输入——输出"的处理模式,可参看 Susan M. Gass. *Integrating Research Areas: A Framework for Second Language Studies*. Applied Linguistics Vol. 9 (2), 1988.

自20世纪70年代以来,学习者在第二语言习得中的地位越来越受到重视。当前研究者们对学习者课堂上的行为的调查集中在他们的语言产物（language production）,即他们说出的话；引发输入（input-generation）,即通过打开话题,通过提问从对方获得所需要的语言输入;同其他学习者的相互交谈；以及学习者的学习策略等方面。其目的是要回答以下问题:课堂上学习者有哪些行为特点？是哪些因素在影响学习者的课堂行为？这些行为与学习的结果有什么样的关系？所有这些问题目前仍处在调查研究之中。

3. 教师与学生的相互应对（interaction）

课堂内教师与学生、学生与学生的相互应对一直是课堂语言教学研究的重点对象。这是因为在课堂教学活动中教师并不是一统天下,学习者的参与占有重要的位置。课堂教学过程在某种意义上是教师与学生为完成预定的项目（task）的互相协商（negotiation）过程。许多研究者和教师认为,教师和学生之间的交谈为学习者分解目标语结构,检验他们对目标语所做的假设,将目标语结构变成自己的言语,以及得到有用的反馈提供了最好的机会。现在这方面的研究比较集中在教师的课堂提问（teacher's classroom questions）、角色轮换（turn-taking）、课堂的反馈（feedback）等方面。

教师提问在课堂上一般都使用得很频繁,这是课堂上常见的"教师提问——学生回答——教师评价"这种小循环的第一环,其目的在于引起学生的注意,或是促使学生做出言语反应。角色轮换指的是交际过程中说话的角色由一个说话者转为另一个说话者。角色轮换的调查可以为我们了解学习者的个性特点和文化背景对语言学习的影响提供许多有价值的材料。反馈包括教师对学生问题的反馈,学生对教师问题的反馈。在这方面研究得最多的是所谓教师的纠错（error correction）。

整个课堂教学实际上是教师与学生、学生与学生相互作用的过程,这里边涉及的范围很广,目前的研究仍然是不系统、不全面的。

三　第二语言课堂教学活动研究的研究方法

第二语言习得研究是一个跨学科的领域,它涉及语言学、心理学、教育学、人类学等多种学科。由于这个领域自身的复杂性,由于研究人员的研究目的和对象的不同,其研究方法也是多种多样的。不过概括起来可以分为三类:定性研究、描写研究和实验研究。

所谓定性研究（qualitative research）是一种自然的、不加控制的、启发式的（heuristic）研究而不是演绎式的（deductive）研究。换句话说,进行定性研究时研究人员对被研究对象事先没有什么假设,研究的目的就是首先尽可能全面、客观地观察研究对象,在观察的基础上提出假设,因此观察是其主要手段。与之相反,实验性研究（experimental research）则旨在论证假设,因此定量分析（quantitative analysis）是其主要手段。而描写研究（descriptive research）则介于定性与实验性研究之间,它既可用于提出假设也可用于论证假设。这三者的关系可以表示如下:

　　　　　　　　定性的　　　　　描写的　　　　　实验的
（1）综合的/整体的　……………………………　分析的/部分的

(2) 启发的 ……………………………………… 演绎的
(3) 控制/低 ……………………………………… 控制/高
Seliger and Shohamy (1989)①

如前所述，当前第二语言课堂教学活动研究的目的就是对课堂上教师是怎么教的，学生是怎么学的，教师和学生是如何完成课堂教学任务的，也就是对课堂教学活动的全过程，做尽可能全面的观察与描写，因此这一领域的研究方法主要是定性研究，现在用得比较多的是观察法和内省法。

观察法(observation)。这一方法要求研究人员对课堂活动做客观的观察记录。研究人员当然可以借助录音和录像来帮助完成这一任务。不过录音、录像必须转写成文字材料后才便于分析。因此课堂观察的一个关键问题是如何保证其文字记录真实地反映课堂活动的进行情况，如何保证记录手段的一致性以利于对不同课堂的活动进行比较分析。在已有的第二语言课堂教学活动的研究中，研究人员在对课堂上教师——学生、学生——学生相互应对进行观察时对记录手段做了许多尝试，他们提出了不少"范畴系统"(category system)作为记录的规范。但直到今天仍然没有一套较理想的。②

课堂观察的另一个难点是如何避免观察者的主观性和片面性，以保证观察记录的可靠性(reliability)和有效性(validity)。为了做到这一点，Adelman 和 Walker(1975)借用人种学方法论(ethnomethodology)的术语提出了"三角测量法"(tri-

---

① Seliger, Herbert W. and Shohamy, Elana. *Second Language Research Methods*. Oxford University Press, 1989.
② 关于这些"范畴系统"及其在相互应对分析中的运用，可参看 Long(1980)的文章，见前文注释。

angulation)。顾名思义,此法的要点在于对观察记录做多角度的验证,比如将录音/录像放给授课教师、学生或其他研究人员听/看,然后把他们的意见同原记录进行比较,这样可以增强观察记录的可靠性。

内省法(introspection)。观察法通常只能记录我们所能看到的现象,而课堂上教师和学生当时的感受和想法我们是难以观察到的。为了弥补这一不足,研究人员又采用了内省的方法。这种方法就是通过与教师或学生面谈(interview)或向他们进行问卷调查(questionnaire)去了解他们的感受。最近几年来,日记式研究(diary study)作为一种内省的手段比较受人青睐。这种研究就是记日记者(教师或学生)课后将他们课堂上的感受和想法记录下来作为研究资料,在此基础上进行分析研究。

到目前为止第二语言课堂教学活动的研究方法大都来自语言学、社会学、人类学和心理学等。由于这些学科各有自己的研究对象,由于语言调查的特殊性——语言既是授课的媒介又是授课的内容,因此这些学科的研究方法都不能满足第二语言课堂教学活动研究的需要。寻求第二语言课堂教学活动研究的方法也是亟待解决的一大课题。

四 开展对外汉语课堂教学活动研究的一些设想

就所能接触到的资料来看,到目前为止还没有见到我国对对外汉语课堂教学活动进行系统的调查研究。鉴于国外在这个领域已有近20年的历史,同时鉴于不同语种的课堂教学活动有其共同的地方,我们的第一步工作应是对现有的第二语言课堂教学活动的研究成果进行一番梳理,特别是对其理论基础、研究方法进行认真分析,弄清各自的长处与短处,以使我们的研究建立在较高的起点上,避免走前人走过的弯路。

第二步是制定周密的课题计划。当前第二语言课堂教学活动的研究主要采用定性研究,这种研究通常要有一个过程,既需要一定的时间,也需要一定的经费,因此要保证研究工作取得满意的结果,一个周密的计划就显得十分重要。这个计划首先必须根据人力和物力确定好课题范围和时间跨度,比如是观察一个班还是几个班,是一个学期还是一个学年等等。其次是确定研究对象。虽然从理论上讲课堂教学活动的定性研究是尽可能全面地观察描写课堂活动,但实际上由于课堂教学的复杂性,我们不可能一次性地把课堂活动全都记录下来,因此每次观察必须有具体的对象,比如重点在教师还是学生,还是教师与学生的相互影响等,对这一具体对象我们要尽可能地观察记录。在确定研究对象时还必须考虑到课型,是精读课堂、口语课堂还是阅读课堂。课题计划者心中应该明确:对于授课教师来说,不同的课型是彼此分开的;而对于学习者来说,它们是有机结合的。我们虽然很难同时观察记录所有这些课型的课堂活动,但是一旦我们讨论课堂教学活动对学生语言水平的影响时,不同课型所起的作用以及它们之间的相互联系必须充分考虑到。这方面的研究反过来可以论证我们的课型设置是否科学。第三是确定研究手段。这一点最关键也最困难,其难点就在于如何保证观察记录手段的一致性。也就是说甲用于观察记录 A 课堂的手段与用于观察记录 B 课堂的手段必须是一致的,这样 A 课堂与 B 课堂的观察结果才可以进行比较。同时还要保证乙的记录手段同甲的记录手段一致,这样甲、乙的观察结果才具有可比性。这些正是第二语言课堂教学研究亟待解决而还未能解决的难题。

第三步是计划的试行阶段。对于一个费时又费力的课题来说,试行阶段对于避免课题中途受挫必不可少。试行阶段的主要目的是检验计划的可行性。除了检验计划的规模是否恰当、目标是否合理外,还要通过试行培训研究人员,寻求可靠又可行的研究手段。也就是说,要通过对课堂教学活动的实际观察,使课题组成员在观察的角度、记录的方式以及有关的标准上达成尽可能的一致,这才有利于观察结果的比较分析。根据计划试行的情况,对原计划做出修订,如有必要,修改后的计划还可以进一步试行。

第四步是课题实施阶段。一旦课题计划经过试行确定后,研究工作便转入实施阶段。尽管我们在这之前对课题计划进行过试行,但是在实施过程中,仍会出现一些事先没想到的情况,这就需要我们在课题进行的过程中不断地进行总结,并根据新的情况对原计划作必要的调整,从而保证课题取得预期的效果。

对外汉语教学的课堂教学活动研究是对外汉语教学学科理论建设的重要内容之一,其前景是非常广阔的。因为课堂教学活动研究的内容跟语言学、教育学、心理学、社会学、人类学等诸多学科的内容有关,所以这一领域的研究成果不但对语言教学本身有直接的意义,而且对以上相关学科的建设也会提供有价值的材料,因此这是值得我们去开垦的一个重要领域。

第二节 课堂教学行为研究[1]

一 教师必须研究课堂教学

改革教学,大面积地提高教学质量和效率,是各级各类学校工作中的头等大事,也是教育科学研究的根本目的和任务,更是我们广大教师时时面对、苦苦探索的大课题。

对外汉语教学从总体上看教学质量不尽如人意,教学水平还不高。很多有识之士为此开出药方。有的认为要提高对外汉语教学的质量首先要研究汉语,我们称之为"本体说"。有的认为首先要研究学生的学习过程,我们称之为"习得说"。有的认为首先要研究教学,我们称之为"教学说"。

以上三种不同观点有一个共同之处,就是都认为提高教学质量必须进行科学研究。研究"什么"跟提高教学质量直接相关,是分歧的焦点。

仲哲明教授说:"心理学家关于教师知识水平与教学水平关系的实验研究结果证明,教师知识水平只有低于岗位要求标准时才对教学效果和学习成绩产生影响,超过岗位标准以后就无显著相关。这就是说,并不是教师知识水平越高教学质量越好。就当前情况看,影响对外汉语教学效率的主要原因,我以为,不是教师汉语知识水平低,而是他们对这门学科的性质、特点和教学规律的认识不明确,教学思路不对头,而又很少下苦功研究、

---

[1] 本节摘自杨惠元《试论课堂教学研究》,《语言教学与研究》2004年第3期。

实验、总结、提高。这方面的内容应该成为(教师)培训的重点。就多数人来说，教师就是教师，不是语言学家，也不是心理学家，但他们应该能够成为语言教育专家。"[①]这段话明确地回答了上面的问题。作为教师，本职工作就是教学，必须完成好教学任务。要搞好教学，就必须要研究教学，研究教学的规律。要研究对外汉语教学"学科的性质、特点和教学规律"，理清"教学思路"。也就是科研必须结合教学，科研必须为教学服务。

对外汉语教学是一门学科，也是一种教学活动。"对外汉语教学"，中心词是"教学"，"汉语"是修饰"教学"的，"对外"是修饰"汉语教学"的。对外汉语教学应该是一门应用学科，学科理论属于应用理论范畴，这些理论应该直接指导教学活动。能够直接指导教学活动的理论是教学理论。教学是这个学科的"本"，应当是第一属性。作为教师必须研究教学，这是提高课堂教学质量的关键。

我们主张"教学说"，但是并不排斥研究汉语本身的规律和外国人习得汉语的规律。我们要从教外国人的角度研究汉语，研究中国人习焉不察，而外国人很难理解或者不会运用、一用就错的语言现象。如果我们把外国人学习汉语的规律和特点、优势和劣势、重点和难点都研究透了，就能避免盲目性，增加自觉性，教学效果就会非常明显。从这个角度说，在我们的对外汉语教师中培养出少数"语言学家"、"心理学家"是值得庆贺的事。

研究教学从哪儿入手呢？我认为应从四大环节入手，重点

---

① 参见仲哲明《迎接新世纪的挑战》，载《回眸与思考》，外语教学与研究出版社 2000 年版。

是研究课堂教学。吕必松教授把对外汉语教学的全过程归纳为四大环节:总体设计、教材编写、课堂教学和测试。总体设计主要研究针对不同等级的教学对象要开设哪些不同的课程,并分别制定出不同的词汇大纲和语法大纲,确定教哪些内容。教材编写主要是研究最新的教材编写理论,并且按照这些理论编写出高水平的教材。研究测试主要是研究如何使用考试这根指挥棒进行教学管理,要考虑与学分制接轨。在四大环节中,课堂教学是中心环节。总体设计、教材编写和测试都是围绕课堂教学进行并为课堂教学服务的。提高课堂教学的质量是提高对外汉语教学质量的关键。课堂是教师工作和学生学习语言的主要场所;课堂教学是教师从事的主要工作,也是学生掌握语言知识、提高语言能力的重要途径。作为一名教师研究教学主要是研究课堂教学,了解课堂教学的理论和方法,掌握课堂教学的规律。

二 研究课堂教学主要研究什么

研究课堂教学主要是研究自己如何教——明确教学意识,规范教学行为。

课堂教学是教师以教材为教学内容,以课堂为教学环境,指导学生获得知识和技能的活动,是教师和学生共同完成教学任务的活动,是教师"教"和学生"学"的相结合或者相统一的活动。

语言课的课堂教学是一种有控制的语言信息传输和反馈系统。它是由语言信息源、信息传输通道、信息传输者和信息接收者构成。语言信息源主要指教材提供的教学内容,也包括教师;信息传输通道指教学环境,即课堂,包括教学的时间、空间和教学组织形式;信息传输者是教师,包括教师的课堂教学意识和教学行为、教师遵循的教学原则和采用的教学方法;学生是信息接收者。

可见,在众多影响课堂教学质量的因素中,教师、学生、教材和环境成为四个基本的因素。其中,教师和学生是两个最活跃的主体性因素。教师的"教"和学生的"学"是贯穿教学的全过程的主要矛盾,支配着其他矛盾的存在和发展。只有充分调动教师和学生两个方面的积极性,才能保证课堂教学的顺利进行,提高课堂教学的质量、效果和效率。

在教师和学生这一对主要矛盾当中,它们的地位和作用是不相同的。有一方起主导的作用,是矛盾的主要方面。在课堂教学中,教师的"教"主导着学生的"学",能否提高教学质量,关键是教师,所以教师是矛盾的主要方面。在整个教学中,从学习的全过程看,学生的"学"是矛盾的主要方面。但是,矛盾的主要方面是不断转化的,在课堂教学中矛盾的主要方面是教师。

提高课堂教学质量的关键是教师。那么,教师的哪些因素跟教学质量直接相关呢?前文仲哲明教授的论述告诉我们,跟教学质量直接相关的因素是教师的"课堂教学意识"和"教学行为"。

这里的课堂教学意识,除了"感觉、思维、想法"的意思以外,还包括"对课堂教学应该遵循的原则的认识",还含有"应当时刻清醒、不要忘记"[①]的意思。课堂教学行为主要是指教师在课堂上的活动方式和具体的操作方法。可以说,"意识"是一定的教

---

① 参见崔永华《语言课的课堂教学意识略说》,《世界汉语教学》1990 年第 3 期。

学思想、教学原则在教师头脑中内化的结果;"行为"是教师头脑中的教学思想、教学原则外在的表现。在课堂上,教师有什么样的课堂教学意识就会有什么样的教学行为,有什么样的教学行为就会有什么样的教学质量;教学质量与教学行为之间存在着直接的相关性。同时,教师的课堂教学行为都是一定教学意识的反映。把教师的课堂教学意识和教学行为结合起来考察和研究,既不是纯客观的、纯外在的,也不是纯主观的、纯内在的,这样就可以发现教学的规律性。

教师在课堂上的教学行为一个接着一个,多而且复杂。我们把教师的教学行为分为两大类:有效教学行为和无效教学行为。有效教学行为指的是能够促进教学目标实现的行为,无效教学行为指的是阻碍教学目标实现的行为。

作为一名教师,应该自觉地、有意识地、尽量地追求和增加有效教学行为,自觉地、有意识地、尽量地防止和克服无效教学行为。在对外汉语教学中,怎么样使学生尽快地掌握看似简单的教学内容,并转化为他们的能力和本领,关键在于教师的教学行为,在于教师怎么教。教师只有自觉地端正课堂教学的意识,才能增加有效教学行为,从而提高课堂教学的效率。

三 "讲解"和"指导学生操练"是最重要的教学行为

在课堂教学中,教师最重要的教学行为当属于"讲解"和"指导学生操练"。所以我们要着力研究如何讲解、如何指导学生进行操练。

讲解和指导学生操练必须贯彻精讲多练的原则。"精讲"是教师精讲,"多练"是学生多练。精讲多练是课堂教学最重要的总的教学原则。

"精讲"包括两个方面的含义:一是内容方面,指的是所讲的内容必须经过精挑细选,要少而精,该讲则讲,不该讲的则不讲;二是方法,指的是教师要用最少的语言、最简单的方法把该讲的内容讲深、讲透、讲清楚、讲明白。"多练"有三个方面的含义:一是指讲和练的时间比例,讲要少,练要多;二是全面练习,该练习的一定要练到,不能有遗漏;三是指同一内容要充分练习,学生通过大量、反复、有效的练习掌握应该掌握的知识和技能。

精讲多练还包含这样的意思:讲在前,练在后;讲为了练,练要在讲懂的基础上进行;不能盲目地练、糊涂地练,应该有目的地练、有效地练。贯彻精讲多练的原则能够增加教师的有效教学行为。

教师在讲解的时候,首先做到正确简明、通俗易懂,还要考虑如何使用直观性和启发式的方法,以及如何有控制地使用外语等等。

正确简明。教师在课堂上的讲解,不管是讲解生词还是讲解语法,最重要的是正确、简单、明白,不能讲错。这是最基本的要求。在教学中我们经常发现有的老师有"讲错"的现象。比如有一位老师讲"因为"和"由于"。他说"由于"是"因为"的意思。学生问:"'由于'和'因为'完全一样吗?"老师回答:"完全一样。"实际上"因为"和"由于"有相同点:都可以用作连词和介词,后边都可以表示原因或理由。区别在于:(1)搭配对象不同,"由于"用作连词时可以和"因此"、"因而"搭配,"因为"不能。(2)用法不同,"因为"用作连词时可以用在表示因果关系的复句的后一分句,"由于"不能。(3)语体色彩不同,"因为"多用于口语,"由于"多用于书面语。如果不讲清楚这三点区别,学生在说的时候就会该用"因为"的用"由于",该用"由于"的用"因为"。

通俗易懂。对外汉语教学的对象是外国人,他们的汉语水平有限。在进行讲解的时候,一定要根据学生的语言水平,用最通俗的话、最简单的动作和方法使他们理解。学生最反感教师在课堂上说他们听不懂的话,用生词解释生词和语法点。比如一位老师解释"受骗":"受"是"遭受"的意思,"骗"是"欺骗"的意思,"受骗"就是"遭受欺骗"。学生听了不但不明白反而更糊涂了。通俗易懂地讲解的关键是老师了解学生的语言水平,了解学生的已知,带领他们用已知去探索未知,变未知为已知。

直观性。直观性就是教师在讲解的时候,既要让学生听,又要让学生看,给学生增加感性认识,帮助理解和记忆。直观性包括使用实物、图片、图表、卡片等等,还包括教师的板书和形体动作等等。

启发式。启发式的核心是充分发挥成年学生认知能力强的特点,充分调动他们的积极性,训练他们用汉语思维。在课堂上,凡是学生能够自己做的,教师就应该让他们做,不能越俎代庖。有一句话叫做"一般的教师向学生介绍和解释真理,优秀的教师指导学生发现真理",就是启发式的真谛。启发式运用得当可以大大加快课堂教学的节奏和效率。有的老师提出一个问题,学生回答不出,老师就干等着,浪费了宝贵的时间。正确的做法是老师要马上提一个难度小的问题,为回答难度大的问题作铺垫。

有控制地使用外语。我主张教师在讲解的时候可以适当地使用外语,课堂用语绝对不使用外语。提高学生的交际能力包括课堂交际,如果教师使用外语,怎么提高他们这方面的能力呢?进行讲解的时候,特别是抽象的生词、抽象的理论,考虑学生的语言水平,直接用汉语讲说不清楚,用外语一、两句话就能讲明白,这样的时候就应该使用外语。不然,为什么要求对外汉语教师至少要掌握一门外语呢?使用外语是为了贯彻精讲多练的原则。当然,使用外语应该严格控制,能使用汉语说清楚的,尽量使用汉语。

教师指导学生操练,首先要从学生的角度考虑练习的有效性,不做无用功;还要考虑针对性和难易适度、趣味性和控制性等几个方面的因素。

有效性。指导学生练习最重要的是讲究实效,防止无效和低效的活动。教师为学生设计的每一项练习都要紧紧围绕教学目的,都是为了完成本课的教学任务,都是为了从根本上提高学生的语言交际能力。有效性练习首先要考虑学生的需求,主要表现在练习的内容必须是学生实用的。比如汉语语音,21个声母和36个韵母,不是每个声母跟所有的韵母都能相拼,汉语里只有410多个音节。b、p、m、f只跟u拼,不跟其他合口呼的韵母拼,也不跟撮口呼的韵母拼。一般来说每个音节有四个声调。但是有相当一部分音节没有四个声调,如zěn通常只有第三声,没有第一、第二声,极少出现第四声。如果练习了一些汉语里没有的音节就是做了无用功。

针对性。练习的针对性是说,老师设计的练习要针对"学生的困难"和"困难的学生"。"学生的困难"是从学习内容的角度说,在教学内容方面要把握重点和难点,哪儿有困难,哪儿不会重点练习哪儿。"困难的学生"是从教学对象的角度说,谁有问题,谁不会谁重点练。已经会的学生要少练,对他们是提高要求的问题。针对"学生的困难"和"困难的学生",让他们通过练习从不会到会,教学就会出效果、出效率。

难易适度。要提高课堂教学的质量和效率,教师设计的练习要控制好难易度。一般来说,中等程度的学生稍加思考就能完成的练习是难易适度的。在一个教学班里,学生的程度和水平肯定不整齐。中等学生觉得合适,上等学生会觉得容易,而"学困生"会觉得难。这又产生了新的矛盾,教师怎么办呢?学习语言的难易由多种因素决定,不光取决于内容,还取决于练习的方法。比如老师提问,上等学生用稍快的语速,中等学生用中等的语速,"学困生"用稍慢的语速,或者对他们稍加提示。教师提问题的角度不同,难易程度也不一样。用这些办法可以有效地解决练习时学生水平不齐的问题,使练习的难易程度趋于平衡。

趣味性。练习要增加趣味性,这是为了引起学生的学习兴趣,使他们愿意做,喜欢做。做练习是被动地做还是主动地做,效果大不一样。兴趣是一种带有趋向性的心理特征,当人们对所做的事情感兴趣的时候,就会产生愉快的情感,就会乐此不疲地去做。这时人的心理活动自然地趋于定向——集中注意力。

哪些练习是学生感兴趣的呢?从内容方面讲,实用的、贴近学生生活的、夸奖他们并有鼓励作用的和信息量大的内容学生喜欢做。从方法的角度说,灵活多样的、近似游戏的和有比赛竞争性质的练习方法学生感兴趣。

控制性。有些练习方法教师能够控制学生的思维。比如问答、改句子、完成句子、完成会话等等,应该尽量采用。不能控制学生思维的练习方法有让学生口头造句、让学生说新闻、让学生没有限制的自由会话等等,尽量不用或少用。

控制学生是为了减少他们犯错误的几率,也是为了控制教学的节奏。学生犯的错误少,就会增加他们学好汉语的信心和勇气,提高学习的积极性和主动性。课堂教学的节奏该快则快,该慢则慢。太快,学生不易理解;太慢,不利于训练学生快速思维的能力。控制教学的节奏,是体现教师主导作用的重要方面,也是为达到教学目标和完成教学任务采取的重要措施。

总之,我们应该大力提倡教师研究教学,特别是研究课堂教学,又特别是研究自己的教学意识和教学行为,这是提高教学质量的务实求本之道。

第三节 课堂教学结构分析[1]

本文试图从形式上对对外汉语教学基础汉语阶段的精读课课堂教学进行分析。

关于课堂教学的概念。对外汉语教学中的课堂教学,与其他外语教学或第二语言教学中的课堂教学一样,是为培养学习者运用目的语的能力而进行的,在教学对象、教学内容和教学程序上都是有组织的一种"集体"学习方式。

教学对象的组织是指,处于同一学习集体(班)中的学习者

---

[1] 本节摘自崔永华《基础汉语阶段精读课课堂教学结构分析》,《世界汉语教学》1992年第3期。

具有相同的学习目的、相同的(至少是相近的)汉语水平、相同或相近的目的语接受能力,学习集体应有适当的规模。

教学内容的组织是指,课堂教学应当使用适合学习者需要和水平的、依据一定的教学思想筛选、组织和排列的教材。

教学程序的组织是指,针对学习者和教学内容、按照外语教学规律而安排的大大小小的课堂教学程序和与之相配套的课外活动程序。

本文选择基础汉语阶段的精读课作为分析样本是因为:

1. 精读课,有的地方称为"语法课",是对外汉语教学诸课型中的主干课型。我国开始有专门的对外汉语教学事业的40年来,尽管教学方式上有了很多变化,但是精读课作为主干课型的地位基本上没有改变。在这漫长的过程中,我们在基础汉语教学方面积累了丰富的经验。

2. 基础汉语阶段的精读课可以说是对外汉语教学中章法比较固定的一种课型。与之相对照的是,其他课型,如听力课、口语课、阅读课、写作课,由于出现较晚,还都没有形成体系,没有一定之规,多种形式并存,教材教法都没有定型,所以还难于作系统的、一般的分析。至于中、高级阶段的精读课,在原则上跟基础阶段精读课类似。

3. 基础汉语阶段的精读课是对外汉语教学中具有代表性的、成熟的课型。所以我们把它作为分析对象,分析起来比较容易。

希望这种分析可以对其他课型的类似分析有所启发。

一 课堂教学过程和教材的概念

所谓课堂教学结构,是对课堂教学过程和教材结构进行分析的结果。所以为了讨论课堂教学的结构,需要对"课堂教学过程"和"教材"这两个概念作一些相关的说明。

1. 第一个概念:"教学过程"

在本文中,"教学过程"是指:

(1)一个课型(如精读课、听力课、口语课、阅读课、写作课等)的自始至终的完整的教学过程。表现在教材上,是该课型的完整的教科书;表现在时间上,是该课型所用的全部时间。

(2)一个课型依据一定的原则切分成的或大或小的教学阶段。比如下一节中讨论的课堂教学的四级单位,便是依据一定原则切分出来的大小不同的教学阶段。

2. 第二个概念:"教材"

通常,对外汉语教学中精读课的教材都是依据某种大纲,如语法大纲、功能大纲、情境大纲,编写的。在教材的结构中,一个最基本的单位是"课"。"课"是教材根据大纲、按照一定的顺序切分出来的教学单位。每一课包含大纲中的一个或数个项目。

每"课"内容的排列,一般是按照教材编写者所设计的教学进程排列的。比如《初级汉语课本》[①]每课的内容一般是这样排列的:

(1)生词 (2)课文 (3)语音(在语音阶段) (4)语法注释 (5)练习

[①] 鲁健骥等编著,北京语言学院出版社、华语教学出版社1985年版。

在下一节我们将看到,这种排列是划分教学环节的主要依据。

二 课堂教学结构分析

课堂教学过程在结构上可以分析为以下四级单位,即(1)教学单位,(2)教学环节,(3)教学步骤,(4)教学行为。

这四级单位有不同层次的构成关系,即上一级单位是下一级单位构成的。下面分别说明。

1. 教学单位

"教学单位"是课堂教学的基本单位,它是依据教材的教学进程划分的。表现在教材形式上,一个教学单位是教材的"一课书";表现在时间上,一个教学单位可以是一节课(45—50分钟),也可以是数节课。一般来说,在对外汉语教学的初级阶段,精读课的每一教学单位所用的时间都比较短(一般是两节课);中、高级阶段,教学单位比较长。

每一个教学单位都有依据教材的编写原则切分、排列的教学内容。以语法为纲的教材是以一个到数个语法项目为中心,以功能为纲的教材通常以一个到数个功能项目为中心。例如《现代汉语教程·读写课本》[①]第六十九课是以下面的语法项目为中心教学内容的:(1)倍数;(2)分数;(3)数量词组比较。

当然,每一个教学单位除了中心教学内容之外,还包括与之相应的语音和/或词汇项目。比如在上述"课"中还包括相应的词汇。

教学单位是由教学环节构成的。

---

① 李德津、李更新主编,北京语言学院出版社1989年版。

2. 教学环节

一个教学单位可以划分为若干教学环节。环节是为实现教学单位的教学目的所设计的过程，一般说来，它是依据对教材中"一课书"的语言项目（如生词、课文、语法解释、练习等）处理顺序划分的。

比如一节精读课可以划分为检查复习预习情况、生词处理、新语法点处理、课文处理、归纳总结、留作业六个教学环节。其中生词处理、新语法点处理、课文处理三个环节是主要环节，是依据处理的语言项目划分的。其余三个环节是辅助的环节，是用剩余的方法划分出来的，它们既不能归到后面的环节中去，也不能归到前面的环节中去。

一个比较长的教学单位，可以分成数个较小的教学单位，也可以分成若干教学环节。比如对《初级汉语课本》第三册中的第六十课，我们可以依据语言项目，把它分成下面的环节：生词处理、新语法点处理、课文处理、归纳总结。（这里略去了一些辅助环节）假定我们要用八课时完成这一教学单位，根据这种教学方法，可以用两课时处理生词，两课时处理新语法点，三课时处理课文，一课时进行归纳总结。

但是，我们也可以依据课文的进展情况，分成四个小的教学单位。每个教学单位都由检查复习预习情况、生词处理、新语法点处理、课文处理、归纳总结、留作业等环节构成。

在多数情况下，人们是采取后面的方法，即把较长的教学单位划分为小的教学单位而不是大的教学环节。这是由于后者更符合教学规律。

教学环节是由教学步骤构成的。

3. 教学步骤

每一个教学环节都是由一个或数个教学步骤构成的。教学步骤是依据对教学环节所处理的语言项目的处理方式划分的。比如"处理语法点"的环节是由展示语法点、解释语法点、练习语法点、归纳语法点等步骤构成的。

教学步骤的安排是为完成教学环节所要达到的目的服务的，在精读课上，一般比较固定。比如生词、语法点的处理，都分为展示、解释、练习等步骤；课文可以分成教师口述、就口述的课文内容提问、学生复述、朗读课文以纠音、提问、答疑等教学步骤。

但是，如前所说，有的课型，如听力课、口语课、阅读课、写作课的教学步骤，至少到目前为止，还没有比较一般的教学步骤。

教学步骤是由教学行为构成的。

4. 教学行为

一个教学步骤是由一个或数个教学行为构成的。比如练习生词这一教学步骤，可能由领读、单读、就生词进行问答、用生词组句等教学行为构成。再如练习一个语法点，可以由领读例句、词语替换练习、师生问答、学生之间问答等教学行为构成。

教学行为是课堂教学过程中最基本的单位。课堂教学归根到底是由一连串的教学行为构成的。[1] 教学行为是课堂教学中最活跃，最能表现教学艺术、经验、水平的地方。因此教师应当对各种教学行为心中有数，了如指掌。在课堂教学中根据学生、教学内容、教学进程，选择最合适的教学行为，加以最优的组合。

---

[1] 我们在《课堂教学技巧略说》(杨寄洲、崔永华，《语言教学与研究》1991年第2期)中把教学行为和教学技巧并称，其实二者是从不同的角度分析同一事物，此处不打算作过多的说明。

有经验的教师选用的教学行为,一般都有以下特点:

(1)选择学生最容易理解的行为;

(2)选择使学生有最多的练习、实践机会的行为;

(3)选择最接近实际交际的行为;

(4)在教学行为的排列上,达到各行为之间的互相铺垫,平稳过渡。

三　余论

过去,我们对对外汉语教学的课堂教学缺乏细致的分析,因此一些概念比较模糊。比如在评价教师的课堂教学时,我们常常说"教学环节清楚"或"教学环节不清楚",那么什么叫"教学环节"? 教学环节是依据什么切分出来的? 似乎没有探究。本人在过去发表过的文章中,也曾混淆了教学环节、教学步骤、教学行为的界限,比如把精读课的一个教学单位切分成检查复习预习情况、生词处理、展示新语法点、解释新语法点、练习新语法点、课文处理、总结归纳等"环节"。① 这在逻辑上是不通的,因为在同一次划分中使用了多个标准。

分析课堂教学结构,不仅可以使我们对课堂教学的框架有科学的理解和描述,更可以使我们更好地遵循教学规律,选择最优的教学环节、步骤和行为的组合方式,使课堂教学的环节、步骤层次清楚,构成清晰的课堂教学模式。也可以给课堂教学评价提供比较客观的标准。

---

① 我们在《课堂教学技巧略说》(杨寄洲、崔永华,《语言教学与研究》1991年第2期)中把教学行为和教学技巧并称,其实二者是从不同的角度分析同一事物,此处不打算作过多的说明。

第四节　基础汉语课堂教学方法[①]

对外基础汉语教学通常开设精读课(或称语法课)、口语课、听力课等多种课型。本文将要介绍的是精读课课堂教学中经常采用的一些教学方法。基础汉语精读课教学又可分为语音和语法两个阶段。语法阶段精读课的教学任务，一是教生词(包括汉字)，二是教语法。我们所要介绍的教学方法就是如何教生词(包括汉字)、如何教语法的具体方法。

一　怎样教生词(包括汉字)

教科书上每课生词是按其在例句、课文中出现的先后排列的。教师可根据自己的教学需要来重新安排顺序，进行认读、讲解、听写等活动。

1. 归类排列法

把当天的生词按词类排列，即分成名词、动词、形容词、介词、结构等，课前书写在小黑板上，课上让学生认读、听写，再根据词性特点给学生(或要求学生)搭配。在语法的初学阶段可多用这种方法，有助于学生明确汉语的词类概念。

2. 意群排列法

把当天的生词按相关的意群排列起来便于学生记忆。如某

[①] 本节摘自王德珮《基础汉语精读课的课堂教学方法略述》，《语言教学与研究》1989 年第 3 期。

课书上的排列顺序是:着、挂、墙、妹妹、拿、姐姐、菜单、戴、弟弟、请客、饭馆、菜、鱼、肉、炒、青菜、好吃、啤酒。词与词之间没有什么有机联系。我把它们改成:姐姐、妹妹、弟弟;拿、表、戴;墙、挂;请客、饭馆、菜单、菜、青菜、炒、鱼、肉、好吃、啤酒、看。前三个词都是家庭成员名称,一起认读、记忆,比较容易。第四、五、六三个词可分别组成"拿表"、"戴表"。从第九个词开始都是与请客吃饭有关的生词,可按顺序给学生搭配成:"今天××请客,在饭馆请客,饭馆里有菜单,菜单上有很多菜,有青菜、炒青菜、有鱼、有肉,这些菜很好吃,还有啤酒(这时可补充'好喝',啤酒很好喝)"。学生很容易接受,而且兴趣很大。最后念"看",引出当天的语法。这样的排列可避免学生记忆上的跳跃,帮助他们理顺记忆时的思路。

3. 串连排列法

把当天的生词按课文情节排列。认读、听写后,教师可根据生词的顺序把课文串讲出来。当某课的语法不难,不需要在课文前讲解练习语法,而是通过学习课文总结语法时,可用这种排列法。

4. 相连排列法

把当天的生词和以前学过的有关生词按近义词相连(参观、访问;旅行、旅游等)、同义词相连(大夫、医生;输、失败等)、反义词相连(远、近;大、小等)、搭配关系相连(动宾、介宾、定语中心语等)、同字素词相连(学生、学校、学习、学院;英语、汉语)等关系排列。

在帮助学生认读、记忆汉字时常用析字法、构词法和回顾法。

5. 析字法

结合当天所学汉字,给学生一些最简单的汉字知识。如简单介绍一些象形字(人、山、日、月、木等),简单介绍一些常用偏旁部首的含义(亻——表示人,如你、他、们、体等;氵——表示水,如河、湖、海、清、深、浅等;目——表示眼睛,如看、眉、眼睛、瞪等),目的是加深学生对汉字结构的了解和记忆。

6. 构词法

结合当天所学生词及已知的生词把同词素、同结构的词相连起来。如:车——汽车、自行车、火车;机——飞机、电视机、录音机、洗衣机等。

7. 回顾法

在教新字或新词时,教师可引导学生回顾新字、新词中已知的字素、词素,温故而知新。如瞪——"目"字旁,一个"登记"的"登"(已学过);熊——上边一个"能"(已学过),下边四点,等等。

二 怎样教语法

让学生理解并能运用所学语法是这一阶段的主要教学任务。不同的语法点应根据其语义特点、结构特点用不同的方法来教。我们常用的方法有以下十几种。

1. 提问法

教师用提问的方法展示所教语法的结构和含义。这是最常用、最有效的一种方法。

如,教几种主要的疑问句时都可直接用提问法,这是由疑问句的语义、结构特点所决定的。但是如果教"把"字句、"被"字句、带各种补语的句子或带"了"、"着"、"过"的句子时,教师过早用"你把本子带来了吗?""他说汉语说得好吗?"等形式提问,学生会因为不了解"把"字的功能、含义,不了解程度补语的结构而不知怎么回答。

2. 表演法

教师用自己的表演展示或引导出所教语法的含义和结构。

如,教结果补语时,先教"完"作结果补语,学生最容易理解、接受。教师可以从"看书"开始表演。边表演边问学生:"老师做什么呢?"学生答:"老师看书呢。"教师一边表演"看书",一边把书翻完,嘴里同时说:"我看,我看,现在看完了。我看完了这本书。"学生通过这样的表演立刻就明白了"看完"的含义,然后教师再通过类似的表演引导学生理解并说出"听完"、"写完"、"看懂"、"听懂"等结构。较难理解的是"见"作结果补语(看见、听见)。教"看见"时,教师可先从表演"看"开始。教师事先把一本书放在教室里学生不易注意但又都看得见的地方,如靠近黑板的窗台上、扶手椅上。开始表演时,教师说:"我有一本书,不知道在哪儿,我来看一看。"教师边说边"看",目光可从自己的讲台到学生的课桌,最后落在那本书上,同时嘴里说(伴以手势):"我看见了那本书。"这样学生就了解了"见"是"看"的结果了。然后问学生:"谁看见我的铅笔了?"这时学生会非常有兴趣地"看",当一些同学的目光落在那支铅笔上时,就会兴奋地说出"我看见了",这样就知道学生已掌握"看见"的含义和结构了。

关于结果补语,书上的定义是:说明动作结果的补语叫结果补语。如果直接说出这个定义或板书一个句子,再分析动词,结果补语,就显得非常死板,学生也不易理解。

用表演法时应该强调的是,教师的表演动作要经过设计,做到准确、清楚。

3. 图示法

教师通过画图或展示适当的图片来进行教学。

如,讲趋向补语时,除用表演法以外,也可用图示法。例如:

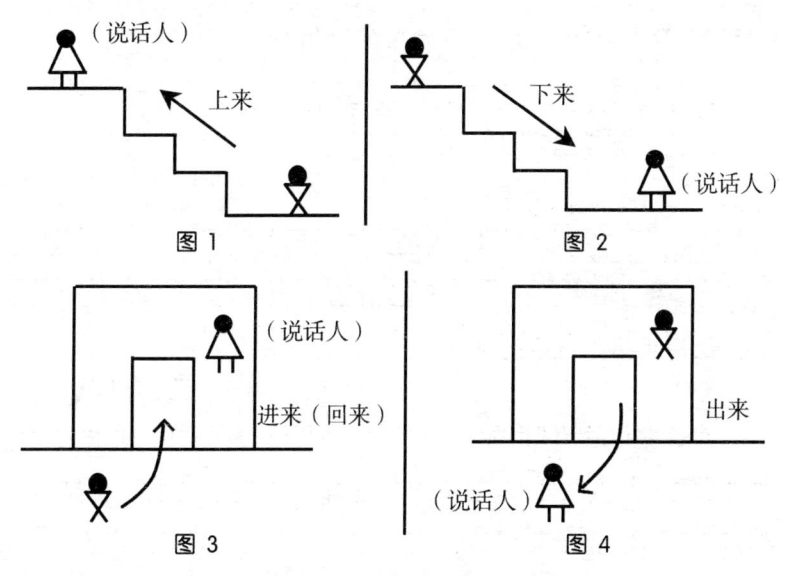

图1 上来（说话人）

图2 下来（说话人）

图3 进来（回来）（说话人）

图4 出来（说话人）

又如,教"万"以上的称数法时,教师在黑板上画出:

万万(亿)	千万	百万	十万	万	千	百	十	个
				6	3	7	0	5
			7	2	1	5	4	2
		3	5	3	0	0	0	0
	5	1	1	2	4	3	0	0
3	0	0	0	0	0	0	0	0

图5

这一图示对欧美学生尤为重要,因为他们没有"万"这一单位。看着图让他们逐个认读,会给他们留下清晰的视觉印象,增强他们对汉语中以"万"为单位的数字概念的理解和记忆。

4. 递加法

教师先给出句子的主干,再根据教学要求,以出现的先后顺序逐个加以提问并回答,逐渐增加句子的修饰成分。整个句式呈一梯形。

如,教定语的顺序时,教师可先给出:

  这是   书
   阿里的(谁的?)
    一本(几本?)
     新(新的还是旧的?)
      英文(什么书?)

最后再指出定语的顺序,板书成:这是阿里的一本新英文书。
             ① ② ③④

教这些语法点时,如果一开始就把所有的定语排列出来,再划线分析,当然也可以,但不如用递加法使句子的层次清楚、明确,印象深刻,便于记忆。

5. 限定法

如,教表示动作完成的"了"时,教师可先提问"昨天你去友谊商店了吗?"并点头,示意学生作肯定式回答;再问"你买什么了?"可用图片或实物,示意学生回答"我买水果了",紧接着问学生"你买了几斤水果?"学生回答后板书:

  我买水果了。
  我买了两斤水果。

通过比较,给学生指出,第二个句子中的宾语前有定语。也就是先给学生限定出条件:宾语前有定语时,"了"放在动词后。然后再作一系列巩固性练习,以上两个"了"的语义较难理解(第一个句子中"了"表示动作已发生,第二个句子中"了"强调动作已完成),但它们在结构上的特点(一个在句尾,一个在动词后)很明显。用限定法先使学生记住句子的框架,再巩固、理解,是一个有效的办法。

6. 直入法

教师配合其他方法直接展示某一语法现象。

如,教"把"字句时,书上说:"当我们要强调说明动作对某事物有所处置及处置结果时,就可用'把'字句"。什么叫处置?用中文解释,学生听不懂,即使用学生母语解释,学生一时也很难理解。用提问法、图示法等手段也难让学生体会"把"字的处置意义。60年代普遍采用的是转换法,即把普通句"请你给我一本书"转换成"请你把那本书给我"。练习时虽然学生会转换成"把"字句,但几乎没有一个学生会主动运用"把"字句。我想,这跟他们不理解"把"字句的处置语义有关。近年来我用直入法伴以表演法让学生体会"把"字句的处置意义。

如,我说:"这是我的书"(同时用手指书)。首先让学生明确,现在要谈的是"我的书",即确指的一个宾语。然后我借助表演直接给出一系列的"把"字句,并板书出来:

　　我要把这本书给他。

　　我想把这本书看一下。

　　明天我要把这本书看完。

　　明天我要把这本书带来。

　　我想把这本书放在书架上。

　　我想把这本书寄给朋友。

　　……

围绕着"我的书"即"这本书"直接给学生一系列的"把"字句,可以使学生初步获得一个印象,即"把这本书怎么样?"这就使学生初步接触了"把"字的"处置"含义。然后教师拿起一支铅笔问学生:"你想把这支铅笔怎么样?"教师可用动作引导学生说出不同的句子,这样就使学生进一步体会到"把"字句的处置意义。在这个基础上再作一些练习并指出"把"字句的特点。几年来实践的结果,我发现,有部分学生能主动运用"把"字句了。

7. 引导法

有一些语法点教师可不直接给,而是通过其他方法,引导学生的思路向教师确定的方向发展,让学生自己体会、意识、说出要用的某个语法点。

如,教"过"时,教师先板书"过",并说:"今天我们要学习这个'过',大家看什么时候用。"然后板书学生已知的一个汉字,问学生:

这个字怎么念?(学生会)

这个字什么意思?(学生答)

这个字你会写吗?(学生说"会")

这时,教师说:"好,你们会念、会写这个字,也知道这个字的意思,这时候你们就可以说(同时用手指示黑板上的"过"字)'我_____'。"学生一定会马上说出"我学过这个字"。

接着再给一串问题:

长城离这儿远吗?(学生答"很远")

坐车要坐几个小时?(学生答"两个多小时")

长城高不高?(学生答"很高")

长城好看吗?(学生答"好看")

这时,教师说:"好,你们知道长城离这儿很远,坐车要坐两个多小时,长城很高,很好看……你们怎么知道的呢?"学生一定会说:"我去过长城"或"我看过长城的照片"。

通过这样的引导,使学生体会到要表示过去的某种经历时就要在动词后用"过"。这比直接给出"过"字的用法更能调动学生的主动性、积极性。

8. 归纳法

教师先给出若干例句,再根据例句引导学生由个别到一般,由具体到抽象,由感性到理性,归纳出某一语法的特点。

如,教把字句时,用直入法让学生初步体会掌握了"把"的处置意义以后,通过看例句提问,让学生自己归纳出把字句的格式及用把字句的条件是:

主语——	把——	宾语——	动词——	其他成分
如有能愿动词时,在"把"前		宾语是定指的	动词是及物的,不能用"有""是""在""觉得"等	常用宾语,结果补语,趋向补语,重叠动词等

教师不宜单方面把所教语法的条条、特点、注意事项等灌输给学生。学生通过自己的概括、归纳,对该语法点的规律会获得深刻的理解和牢固的记忆。这时教师的作用应体现在通过提问,提供要归纳的内容,引导学生归纳得出明确的概念。几乎每一种教学方法都需伴随运用归纳法。

9. 转换法

同样一个意念可以由不同的句式来表达。教师先给出学生已知的句式,然后通过提问等方法,完成句式的变化,引出新的句式。

如，教被字句时，教师先给一个主动句并板书出来"他借走了我的词典"，指出这个句子强调"他借走了什么"。这时问学生，如果不强调"他做什么"而强调"你的词典怎么样了"该怎么说呢？教师边说边板书："我的词典被他借走了。"这样做完成了由主动句到被动句的转换。又如，教可能补语时，也可由带结果补语的句子（我能吃完这些水果），转换成带可能补语的句子（我吃得完这些水果）。

10. 分析法

有些语法现象或结构是汉语中特有的，教师可引导学生通过对句子成分的分析，加深他们对这一语法现象或结构特点的了解和掌握。

如，教主谓谓语句时，教师可先用提问法问出几个句子："我们学校留学生多吗？""××，你头疼吗？"学生回答后板书出来并分析：

大主语	大谓语	
我们学校	留学生	很多。
	小主语	小谓语

然后可让学生分析"我头疼"等句。最后归纳指出什么是主谓谓语句。

11. 翻译法

这是要求学生从他们的母语或媒介语译成中文的一种教学方法。

如，教主谓结构作定语时，教师可先板书一句英文：The book I bought yesterday is very interesting. 试着让学生译成中文。有的学生可能译成：书我昨天买很有意思。这也没关系。教师可指出，这是英文的语法，中文不这样说。然后可问学生这句话的主要意思是什么，学生说"书很有意思"，接着教师问"什么书很有意思？"学生马上明白了，应该把英文中的定语从句 I bought yesterday 放到动词前边去，但他们又可能不知道应该在动词前用"的"。经过教师的引导，学生就能把这个句子翻译出来了："我昨天买的书很有意思。"接着再让他们翻译几个类似的句子。经过几次翻译，学生对这类句子中中英文定语位置的差异会留下极为深刻的印象，学习效果较好。对日本学生不需用翻译法，因为日语中这类句子的定语位置与汉语相同。

12. 合成法

教师用两个已知的简单的小句，引导学生合成一个复杂的长句，以引出新的句式。

如，教主谓结构作定语时，除用翻译法外，也可用合成法。先给出两个句子并板书：

　　a. 那个学生穿红毛衣。

　　b. 那个学生叫安娜。

然后板书：_____那个学生叫安娜。

问学生："哪个学生叫安娜？"

学生回答时可能不知道用"的"，经过教师的提示、强调，学生即可说出："穿红毛衣的那个学生叫安娜。"

13. 对比法

我们的学生都是成年人，分析、比较的能力都较强。在教学中教师可充分发挥他们的这一特点，使他们准确地掌握所学的内容。教师可以从两个方面引导学生对比，一个方面是汉外对

比,一个方面是汉汉对比,着重指出其不同之处。例如:

汉外对比方面:汉语形容词谓语中不用"是",英语中用;汉语中主谓结构作定语时在动词前,英语中定语从句在所修饰词之后;汉语疑问句中疑问代词的位置与英语不同;等等。

汉汉对比方面:程度补语、可能补语之间的差别等;近义词之间的差别等。

14. 游戏法

寓枯燥的学习于游戏之中,创造新颖的练习机会,调节气氛,刺激兴奋,争取更好的学习效果。

例如,初学地点状语时,学生因受母语干扰,常把汉语中的地点状语放在动词后,说出"我学习在北京语言学院"的句子。为了加深学生对汉语中地点状语在动词前的印象,可作这样一个游戏,教师分别发给学生三张小纸条,要求他们分别在上面写出姓名(可用拼音或英文)、地点(如,在学校、在食堂等)、做什么(如,吃饭,看书,打球等)。然后选出三个学生,大家把这三张纸条分别交给这三个学生(他们可把纸条的顺序重新排列)。然后让第一个学生念姓名、第二个学生念地点、第三个学生念做什么。因为人名、地点、动作是随意组合的,有时会出现很可笑的句子,如"阿里在食堂睡觉"、"玛丽在图书馆打球"等,同学们对此很有兴趣,游戏中轻松愉快地掌握了地点状语放在动词前这一语法特点。

15. 总结法

教师通过启发、提问,对学生学过的同一词语的不同用法或同一语法功能的不同表达方式作出有指导性的总结,以帮助学生对该词、该语法功能的全面掌握。

如:"花"——有名词、形容词、动词之分,又先后出现在不同的课文中。学过两种意思后就可小结一下。学了三种意思后再总结一次。

  a．花(儿)——名词。那是花。

  b．花(钱)——动词。花钱、花时间。

  c．花(衬衫)——形容词。花衣服。

  又如:表示"比较"这同一功能的语法格式有：

  a．比字句——他比我大(一点、得多、多了)。

  b．跟……(不)一样——他跟我(不)一样(大、高)。

  c．像……这么(那么)……——他像我这么高。

  d．……没有……这么(那么)……——他(没)有我这么高。

  在教授任何一个语法点时,所用的方法往往不是单一的,而是先后采用不同的几种方法穿插着进行。选用什么样的方法,取决于语法点的语义和结构特点。有时也取决于学生的特点(是说英语的学生、说阿拉伯语的学生还是日本学生等)。

第五节　基础汉语教学中的课堂操练[①]

  从根本上说,语言学习是一种技能学习,语言教学是一种技能训练。小孩子学母语,成年人学外语,都是这样。婴儿的啼哭,从发音学的观点来看,就是一种胸腔共鸣器的养成运动。老奶奶逗引孩子的单向会话,实际上是人们的早期语言训练,老奶

[①] 本节摘自施光亨《关于基础汉语教学中的课堂操练》,《语言教学与研究》1981年第4期。

奶的话就是孩子学话的最早听力教材。一个经常跟其他孩子一起嬉耍的孩子,其语言能力的发展往往优于独处的孩子,因为他有更多的语言实践机会。成年人学习外语的过程,从强调实践这一点来说,与孩子学话大体相似。所不同的是,成年人已经具有了语言——思维能力,掌握了一种语言,有了一定的文化基础和语言知识。对他们来说,外语学习是一种自觉的行为。从时间上说,成年人学习外语由于职业等方面的种种原因,常常要求速成。简而言之,成年人学习外语的特点可以归纳为:实践、自觉、速成。于是,外语教学的各种问题,其中主要是教学环境、教学方法、教学内容等等就被提到了一定的高度,成为人们研究的对象。这种研究的最终目的是为了创造良好的语言学习环境,选择切合实际需要的、典型的学习内容,最大限度地增加语言实践的机会,在较短的时间内,获得工作、学业或志趣所要求的语言能力,是不是可以这样说,各种语言教学法理论所关心的正是这样一些问题;人们注意到,尽管研究的重点不同,角度不同,但是,它们都十分重视实践,十分重视课堂操练。从实际情况来考察,在同一个语言学习的环境里,来自同一个国家、操同一种母语,仅仅是出于人数的考虑而分在两个班里的学生,他们的语言能力的发展常常会出现差别,究其原因,从总体来说,往往与语言操练的多少、优劣有关。

那么,如何评价课堂教学中的语言操练呢?我以为,这可以从以下几个方面来研究:

一 关于数量

吸收知识主要靠理解、记忆,掌握技能除了理解、记忆之外,更重要的是要靠实践,而且这种实践需要一定的数量。这是人们所容易理解的。语言技能同样需要一定数量的实践才能获得。可以说,没有数量就没有熟练,就没有语言习惯。比如说,每一种语言都有一些比较特殊的音素。从发音学的生理角度讲,不同的音素有发音器官的不同运动,准确地掌握某种语言的特殊音素,也就是要使发音器官的有关部位作相应的运动。语言习惯的形成就包括着这种运动的熟练,这需要大量的操练。当然,句型的选择,词的选择和搭配,语调的得体、流畅,等等,远比这种生理运动复杂得多,它尤其需要大量的操练。教学大纲规定的各个阶段的听力速度、阅读速度、口语表达速度、笔语表达速度,这些指标既是语言训练在某一阶段内所应达到的要求,又是为了保证语言训练能有一定的数量,它体现了语言教学自身的要求和规律,是完全必要的。多数教师非常重视这些规定,想方设法,"搭梯子",除障碍,根据实际情况,努力达到这些"数量"规定。听课记录表明,有的教师在教授新的句型时,两节课内学生开口达 260 人次句以上,平均一节课 130 人次句。我们现在每节课为 50 分钟,也就是每一分钟内学生开口为 2.6 人次句。如果一班有 10 个学生,那么一节课内每个学生开口 13 次,说 13 句话,每隔 3 分钟多一点的时间开口一次。除去教师的讲解、组织教学、纠正错误等时间,学生开口的实际频率还要高一些。应该说,这样的操练数量是很大的。听课记录还表明,有的教师在一节练习课内,学生开口为 200 人次句左右,据统计,多数教师在讲授新句型时,一节课上学生开口 100 人次句左右。我们之所以不厌其烦地开列这些枯燥的数字,是因为这是一个至关重要的问题。我们试想,假定一个学生在一个学时内多操练 10 句,或少操练 10 句,在一个学年几百个学时内就是多操练或少操练几百句,甚至上千句。对短期速成的基础语言教学来说,这实在是一个十分可观的数量。教学大纲规定的各种数量指标正是通过一定数量的练习才能达到的。学生最终语言实践能力的高低,也正是在这日常的、容易被人忽视的"细小"差别中逐渐形成的。

为了保证操练有一定的数量,很多教师十分注意从每一个学生的实际出发,操练时区别对待:接受能力强一些、水平高一些的学生,操练的难度大一些,相反,则难度小一些,使绝大多数学生都有机会参加难度不同的操练,在各自的水平上有所提高。整个操练节奏十分紧凑。如果操练难度不当,不注意每个学生的具体情况,就必然会影响整个操练的进行。

"学生懂了",人们常常因此而不再坚持操练的数量,或者学生的错误一经改正,"懂了",就不再继续操练,以致学生在操练中,对于某一教学内容,他的错误的东西多于正确的东西;正确的东西在课堂上既没有得到反复操练、强化和巩固,课下必然回生,更谈不上正确地用之于交际实践了。这里,必须明确的是,实践语言教学的终点不是懂,而是准确、熟练。从不懂到懂,需要数量;从懂到准确、熟练,更需要数量。没有第二个数量,就不可能有语言技能的准确、熟练,从掌握语言的技能来说,只是"懂"是没有意义的,也是不巩固的。

二 关于质量

课堂操练要有一定的数量,绝不意味着只是盲目的多和快,而可以忽视质量。没有质量标准的数量是没有意义的,甚至是有害的。

所谓有质量的操练，首先体现在它的明确的目的性上。大而言之，基础语言教学的目的、要求不同于本国人的一般语文教学，更不同于文学欣赏。就教学的不同阶段来说，其目的、要求也是有区别的。不同课型的操练也各应有所侧重。小而言之，操练的每一种方式都要有明确的目的，切忌形式过多，无目的的过于频繁的变换，像舞台上的某种台步一样，步姿固然多彩，惜乎所进不多，甚至仍在原地。我们提倡运动场上"三级跳式"的操练，步子不在多，一步是一步，步步踩在关键处，每步都有前进。也就是说，每一种形式的操练，要达到什么目的，解决什么问题，都应该在总体设计的指导下，十分明确。学生在操练后，确实有所收获。

有质量的操练必须全面体现本课的教学内容，突出重点和难点。既不能漏掉应该操练的内容，也不要平均使用力量。不少教师在操练时十分注意重点和难点，操练的数量也比较大。此外，在语调上有暗示性的提示，必要时还辅之以醒目的板书。如有的教师在操练复合韵母时，为了使学生注意其中的韵腹在音长、音强上同韵头、韵尾的不同，利用板书，把韵腹写得大一些。有的教师针对学生操练定语时常常忽视"的"的错误，板书一个斗大的"的"字。总之，对重点和难点，像电影的特写镜头一样加以强调，使学生在操练时特别注意，留下深刻的印象。如果操练不能体现本课教材的内容，或者对重点把握错了，或者对学生的难点心中无数，或者对重点、难点没有加以突出、强调，这样的操练就必然是例行公事，隔靴搔痒，没有质量。

有质量的操练还应体现在准确性上。操练前，教师对学生的难点,可能出现的错误,要有一定的预见,使操练更有针对性,从而降低学生在操练中的错误率,使操练从一开始就尽可能准确地进行。这既可以排除错误印象对语言学习的干扰,从心理上说,有利于激起学生的学习兴趣,保护学习积极性。在操练中,对学生要严格要求,不要轻易放过学生的错误,更不要听任学生不断地重复错误。教师在课堂上对学生有很大的权威性,教师的评定和指导往往被认为是判断正确与错误的准绳。放过错误会被认为是默认。重复错误的操练非但无益,反而有害。但是,这里所说的"不要轻易放过"、"不能听任",必须十分讲究方法,注意适度;如果错误太多,可区分轻重缓急,有重点、有计划地逐步解决。这里,照顾学生的自尊心,保护学生的积极性,让学生有时间琢磨、体会,教师要有耐心,这些无论从语言学习的规律,还是从心理学上来说,仍然是必要的。总之,正确的做法是:要求严格,处理适度。

　　有质量的操练善于把新旧知识联系起来,既操练了新的教学内容,又有助于旧内容的巩固。这就要求教师善于把握新旧知识的内在联系,善于以旧引新,善于在进行新内容的操练时把旧内容包括进去,使以前学过的词语、句型不断地得到重视,使学生在原有的语言水平上不断提高,而不是把新的语言现象孤立起来操练。

　　"学生对重复没有兴趣",组织操练时常常会遇到这样的问题。其原因也许是多方面的。不过,如果我们的操练能注意在重复中有所变化、提高,如在速度上可以由慢逐渐加快,句子由简单到复杂,音节由少到多,使学生在每次重复中都有所收获,也就是说,以提高操练的质量增加学生对大数量操练的兴趣。

有的教师也安排一些"游戏",但是,这种游戏的目的是为了教学,是经过教师精心设计的。我们不赞成对提高学生语言水平毫无意义的"游戏"。

另外,教师要十分注意课堂语言,排除课堂语言的任意性。因为教师的课堂语言不仅是为了组织课堂教学,同时也是学生学习的实际语言材料,又是一种听力训练。课堂语言要完整、准确,要及时吸收新学的语言成分。节奏、语速要有利于锻炼学生的听力。

最后应该说明的是,语言操练的最终目标是掌握、运用。学生是不是会用,用得是不是准确,是检验操练质量的标准。

三 关于理论指导

语言是一种复杂的现象,是有其内部规律可循的。语言学、语言教学、外语教学都各是专门的科学。强调基础语言教学的实践性,强调操练,不是排斥理论指导。前面说过,成年人学习外语有别于儿童学话的重要之点是他们的自觉性。所谓自觉性,除了明确的目的和积极的态度之外,更多的是说他们在文化、语言知识上有一定的基础和理解力。必须充分利用这些有利条件,在大量操练的同时,给以必要的理论指导,使他们明确重点,抓住要害,掌握规律,融会贯通,举一反三。如果把成年人的外语学习与孩子学话等同起来,只要求他们盲目地、机械地模仿,学生往往会感到受了"智力上的嘲弄",厌倦于语言操练。从实际情况来看,如果没有必要的理论指导,学生不懂得"所以然",大量的操练很可能是"顺竿爬"。曾经有这样的现象,在教学汉语某一特有的常用虚词时,学生在课上作了不少操练,但是,临下课时,学生问老师,这个虚词是什么意思。显然,缺乏必要的理论指导,不仅违背了成年人学习语言的特点,也达不到操练的真正目的。

当然,这种理论指导并不等于"满堂灌",不是把操练作为长篇理论讲授的例句。这种理论指导是以大量的实际操练为前提的,是为培养学生的语言实践能力服务的。因此,必须抓住要害,有高度的概括力。有一个教师在教授连动句时,首先作了大量的操练,并把典型的句子板书在黑板上。然后问学生,这些句子有几个动词?学生回答有两个。教师接着说明这些句子或者表示目的,或者表示方式,或者表示工具,在汉语里叫做连动句。接着让学生看墙上挂着的语法术语表(有外语译释),带领学生朗读"连动句"(liándòngjù),最后又问学生,连动句有几个动词,表示什么意义,短短几分钟,有教师的讲解,有师生的对话,把语法点得十分清楚。

强调语言操练不是贬低理论指导的作用,而是对理论讲授提出了更高的要求。教师必须对有关的语言现象有比较透彻的了解,有一定的理论素养,并能结合教学实际,灵活运用,做到综观全局,突出重点,抓住要害,以简明的讲授画龙点睛,收事半功倍的效果。举例来说吧,一个语音教师从实践角度上说,必须掌握普通话,熟悉北京话语音系统和《汉语拼音方案》,此外,必须具备普通语音学的知识,了解决定各音素的要素,这样才能在实际操练时抓住要领,能敏锐地发现错误,准确地分析产生错音的原因,有针对性地纠正错误。否认必要的理论修养,以为只要会说普通话就可以教好外国人说汉语的观点是错误的。人们强调语言环境,但哪所学校也不会到十字街头随便找个人来就做课堂上的语言教师。但是,"身在此山中,不识真面目",有意无意之间忽视、贬低语言教师条件的事仍然是常常发生的。作为语言教师无论在认识上、实践上都决不能轻视语言理论的指导作用。一个严肃对待语言教学的教师,一定是在教学实践上用心的人,同时也是对语言理论刻苦钻研、努力在实践中加以灵活运用的人。

四 关于外语的作用

为了使学生在大量操练中逐渐养成语言习惯,养成用目的语思维的能力,有些教学法理论不提倡,甚至禁止使用学生的母语或媒介语。在汉语作为外语教学的历史上,50年代和60年代初,曾采用语法翻译法,这时,外语的使用是大量的。以后,在国外直接法、听说法等方法的影响下,我们改用汉语直接进行教学。那么,我们现在对外语的态度是什么呢?从使用上说是有所控制,即既不绝对禁止,又反对大量使用。所谓不绝对禁止,是说在教学初期的某些课堂用语和理论指导的必要词语可以使用外语,如上面提到的连动句表示目的、工具、方式中的"目的"、"工具"、"方式"这三个词,教师就是使用了外语的。使用外语简明地说明问题,可以免除学生探索之苦,缩短从感性认识到理性认识的过程。这里,不绝对禁止使用外语同操练中不排斥理论指导的作用,是相为表里的。所谓不大量使用外语,是因为只有大量的理论讲解才需要大量的使用外语,而大量的理论讲解和使用外语就必然削弱语言的实际操练。这个主张又是同反对理论讲解"满堂灌"相一致的。

有一种意见认为,如果在操练中不直接使用外语,教师掌握外语就失去了意义。这种把操练中直接使用外语与外语在操练中的作用等同起来的意见实在是一种误解。我们认为教师懂得外语——学生的母语的重要意义在于，它有助于进行汉外对比研究，了解学生母语与汉语的异同，知己知彼，从而更准确地确定操练乃至整个教学的重点，科学地预见学生在操练中可能出现的错误，使整个操练更有针对性、目的性。如汉外语音对比可以告诉我们，汉语中哪些音素在学生的母语中是没有的，哪些音素与学生母语中的有关音素相似而又有所不同，其不同又在哪里，哪些音素学生学起来是没有困难的，从而使我们心中有数，减少操练的盲目性。学生在操练中出现错误的时候，汉外对比可以帮助教师了解这些错误产生的原因是受母语的影响，还是偶然的因素，分别情况进行处理。如有的说英语的学生在操练时说出这样的句子："离学校到商店有五公里。"如果教师懂得英语，就可以知道这是受英语"from"的影响，"from"的意义固然相当于汉语的"离"、"从"，但汉语"离"、"从"在用法上是不同的。又如阿拉伯学生常说："可以我们去。"如果教师懂得阿拉伯语，就可以知道这是受阿拉伯语的影响。当然，这只是一些最简单的例子。从深度和广度两个方面，进一步开展汉外对比，是摆在我们面前一项十分艰巨的任务，它对提高包括课堂操练在内的整个教学的质量具有重大的意义；比起在课堂操练中直接使用外语来，这是一个更高的要求。从这个意义上来说，教师的外语知识不是无用武之地，而是大有作为，而且亟须进一步提高。

课堂操练是汉语作为外语教学中一个很重要的环节，涉及的问题也不止这些。如各种教学法理论都强调操练，但在如何进行操练上，其方法、要求又有所不同。又如教材，它是教学的依据,又是操练的依据,教材的适用性直接影响着操练的质量。这些都需作专门的讨论。本文所谈的意见也很不成熟,聊充一说,仅作识者议论之话题。正确的答案只能来自实践,在这里,实事求是的态度是至关重要的。

第六节　课堂教学评估[①]

一　课堂教学评估的作用

课堂教学评估是信息反馈的重要手段,它可以帮助教师和学生有效监控课堂教学和课堂学习的过程。但在一般情况下,教师都是通过期中考试或期末考试来获取有关学生学习情况的反馈,对教师的教和学生的学进行评估。这种评估更多地关注学生的学习效果和教师的教学效果,往往忽略了学生在学习过程中的情感、态度、努力程度和存在的问题,也忽略了教师在教学过程中的意识、行为、方法等因素。我们认为,教学是一个过程,最有效的评估时间不是在期中或期末。我们应该搞"进行时"的教学评估,不都是"完成时"的教学评估。只有关注学生的学习过程和教师的教学过程,为教学提供早期的和及时的反馈,才是最有效的教学评估。

1. 课堂教学评估对教师的作用

(1)积累教学经验,提高教学技艺

[①] 本节摘自杨惠元《课堂教学评估的作用、原则和方法》,《汉语学习》2004年第5期。

课堂教学的质量取决于教师的课堂教学意识和教学行为。有效教学行为越多、无效教学行为越少,教学的效果越好。增加有效教学行为、减少无效教学行为的关键是积累教学经验。教学经验跟有效教学行为成正比,跟无效教学行为成反比。而课堂教学评估正是帮助教师积累教学经验,提高教学技艺的重要途径。

教师,特别是年轻的教师,不断发现自己教学中的"短木板",找出不足之处,明确此时此处"不应该这样做",从反面吸取经验教训更为重要。因此,教师的自评,应该以发现问题,分析原因,思考和提出改进措施为主。这样,教学评估才能真正起到积累教学经验,提高教学技艺的作用。

(2) 得到必要的信息反馈,及时调整教学计划和安排

教师在课堂上及时得到必要的信息反馈非常重要。比如教师讲解完生词或一个语法点之后进行练习,学生的眼神和表情就是对教师讲解的评估。如果从大多数学生的眼神和表情中看出他们充满信心,跃跃欲试,就证明他们已经理解了。如果有的学生蹙眉做思考状或者眼光避免跟教师接触,就证明他们没有理解或没完全理解,需要回炉补火候。同样,学生做练习的正误对错,也是对教学的评估。大多数学生练习做对了,证明他们已经掌握了,可以进行下一个项目了;如果相反,就证明他们没有掌握,需要重新讲解和练习,不能急于进行下一个项目。

教师对学生的学习情况和学习效果了解得越深入、越全面,就越能有效地安排自己的教学活动,最大限度地增加有效教学行为和减少无效教学行为。有经验的教师总是不断地从学生自然的评估中得到必要的信息反馈,及时调整教学计划和安排,使

教学符合实际,具有更强的针对性,从而取得最佳的教学效果。

(3)改善师生关系,优化课堂环境

课堂教学评估对教师的第三个作用是改善师生关系,优化课堂环境。教师给学生机会发表对教学的意见和建议,通过师生对话加深彼此的了解和沟通,可以消除隔阂,改善关系,为更有效地开展教学奠定基础。

学生对教师教学的评估无非是两个方面:一是肯定,二是否定。学生的肯定是对教师教学的认可,可以帮助教师总结成功的经验,获取成就感并增加信心,同时增进师生间的亲和力。学生的否定可以帮助教师找出或者印证自己教学中的"短木板",可以更有针对性地改进教学。教师改进了教学,必定受到学生的欢迎,同样可以增进师生间的亲和力。学生对教师的教学不满意,说出来总是比不说出来好,教师给学生机会提意见,是缓和矛盾、化解矛盾的有效方法。

优化的课堂环境,应该是民主的、宽松的、和谐的,为教师和学生提供充分表演的舞台。及时的教学评估,师生互相鼓励,学生为教师加油,教师为学生加油,课堂上一阵阵掌声、一阵阵笑声可以使教师和学生抖擞精神,使学生感到艰难的学习内容不觉得累,枯燥的训练不觉得烦,从而淡化学习的紧张气氛,强化轻松学习的氛围。

(4)为科学研究提供素材和资料

在高等学校工作的教师应该认认真真地上课,踏踏实实地做学问。这两个方面不能一手软一手硬,必须两手都要硬。所谓"做学问"就是搞科研。如果只搞教学,不搞科研,教学就没有根基,教学就会在低水平上徘徊,教学质量很难进一步提升。特别是对外汉语教学领域,科研必须结合教学,教学是对外汉语教学学科的"本",只有抓住这个"本",研究这个"本",才能突出我们学科的特色,也才有我们学科的地位。

进行教学评估是研究教学的突破口,经过长期的、不断的、及时的教学评估,教师可以透彻地了解学生的学习过程和自己的教学过程,同时可以取得和积累大量学生学习和教师教学的素材。这些素材是进行科学研究的重要资料。通过研究这些素材和资料既可以发现教师"教"的规律,又可以发现学生"学"的规律,从而写出高水平的论文。

2. 课堂教学评估对学生的作用

(1)使学生了解学习的过程,更加积极主动地学习

学生学习语言往往只关心学习的结果,比如 HSK 考试通过几级,他们不太关注学习的过程。其实过程比结果更重要。

做任何事情都一样,过程是漫长的线,结果是短暂的点。没有过程就没有结果,也可以说过程决定结果。学习也是这样,学习的结果靠过程的积累。经验告诉我们,其他条件都一样,坚持努力学习的学生比三天打鱼两天晒网的学生学习成绩好。知识和技能是在学习的过程中获得的。通过课堂教学评估,学生了解了学习的过程,就会更加积极、主动、努力地学习;就会更好地监控自己的学习行为,减少盲目性,增加自觉性;就能打破应试教育的弊端,使学生扎扎实实地练好基本功,实实在在地提高语言交际能力。好比走路,如果每一步都能走好,结果一定会到达目的地;如果走的过程中方向错了,或者中途出现故障,结果很难到达目的地。

(2)使学生及时了解自己的进步,获得成就感

课堂教学评估使学生学习的过程成为可视之物,学生能够清楚地看到自己学习的轨迹和学习的进步,就会获得成就感和满足感,从而增强学习的信心和动力。

学习,特别是语言学习,又特别是第二语言学习,往往枯燥乏味,很多人学不到头,中途打退堂鼓。中外很多学者的研究表明,学生提高学习的质量和效率,第一是爱学、喜欢学;第二是方法得当;第三是勤奋刻苦。学生爱学习、喜欢学习是首要的,没有这一条,其他都谈不上。课堂教学评估,教师以鼓励为主,让学生及时了解自己的进步,及时获得成就感和满足感,就会化解枯燥乏味,变艰难的苦差为乐事,变怕学厌学为爱学乐学,提高学习兴趣。

课堂教学评估针对具体的学生和具体的教学内容,对个别学生的成绩和进步,教师可以在全班公示,让其他同学都了解,得到其他同学的认可。教师的表扬应该是对学生能力的认可和肯定,而不仅仅局限于具体的成绩和进步。学生认识到自己有能力学好,才能真正转化为持久的动力。

(3) 使学生及时了解自己的不足,以便改进

课堂教学评估的目的是提高学习质量,它注重学生是否达到学习目标,而不是与其他学生进行学习成绩比较。因此,绝对不能搞一个教学班学习成绩的排名。每个学生的起点不同,智能不同,自然不能要求学习的结果相同。课堂教学评估注重学生在各自的基础上有没有提高。

成绩和进步要当众表扬,对于个别学生的个别问题和不足,教师尽量采用个别面谈的方式告诉学生,从而既不伤害学生的自尊心,又能让他们及时了解自己的不足,以便改进。教师在跟

学生面谈时,要像医生给病人诊病一样,具体地告诉他毛病在哪儿,根源是什么,如何解决。比如一个词语学生用错了,教师首先要指出错在哪儿,对于顽固性的错误,教师跟学生面谈时要了解学生的想法,发现和指出为什么会出现这样的错误,最后说明解决的办法,告诉学生这个词语应该怎么用。

(4) 帮助学生学会学习,改进学习方法

课堂教学评估的一项重要任务是帮助学生改进学习方法,调整学习策略。学习质量和效率的提高很大程度取决于学习方法。方法得当则事半功倍,方法不当则事倍功半。通过课堂教学评估,教师可以帮助学生掌握正确的学习方法,克服不良的学习习惯。课堂教学有张有弛,学生的注意力才能得到合理的分配,教师发现学生注意力有问题,就要告诉他们什么时候应该集中注意力,什么时候可以稍事休息,让他们养成习惯。

现在已经进入信息社会,提倡终身学习。学生离开教师、离开学校以后应该能够自主地学习。通过课堂教学评估,学生了解了学习的过程,等于在游泳中学会更好游泳,帮助学生更好地学习。总之,帮助学生学会学习比教会具体知识更为重要。

二 课堂教学评估的原则

1. 目的性原则

进行课堂教学评估,教师首先要明确本次评估的目的和预期的效果,因为每次评估的目的和预期结果不同,那么本次评估要达到什么目的,要取得什么样效果不仅教师明确,也要让学生明确。这样学生才能积极配合,从而达到预期效果。一般来说,课堂教学评估的具体目的有:(1)检测学生对当堂教学内容掌握的情况;(2)检测学生的学习方法和学习策略;(3)检测学生对学习过程的自我监控情况;(4)检测教学任务的完成情况;(5)发现学生在学习中仍未解决的问题;(6)发现教师教学方法的问题;(7)了解教师采用新方法的效果;(8)发现课程设置和教材的问题;(9)为教师调整教学策略提供反馈;(10)为学生调整学习策略提供反馈。总之,课堂教学评估的目的是为了更好地了解学生的学习以便更好地开展课堂教学活动,提高课堂教学的质量和效率。

2. 针对性原则

课堂教学评估的针对性很强,往往针对教学中的具体问题进行。

这一堂课进行得非常顺利,师生配合得非常默契,此时需要进行教学评估,帮助教师总结经验,以便推广;肯定学生的学习方法和学习策略。这一堂课上得很不顺手,出现的问题比较多,此时需要进行教学评估,发现教师教学方法的问题,总结教训,以便克服。一堂课下来,对于是否完成了教学任务没有把握,此时需要进行教学评估,帮助教师了解教学任务完成的情况。某课的教学内容十分重要,此时需要进行教学评估,了解学生对当堂教学内容掌握的情况。教师改变了教学方法,进行教学实验,此时需要进行教学评估,了解此种方法的效果。发现学生积极性不高,有畏难情绪,课堂气氛沉闷,此时需要进行教学评估,鼓励学生树立信心,活跃课堂气氛,及时扭转被动的局面;同时培养学生对学习过程的自我监控的能力。

总之,课堂教学评估的针对性体现为不是积累性的,而是过程性的;不是结论性的,而是诊断性的;不是行政性的,而是个人性的;不是全局性的,而是局部性的;不是总体的,而是具体的。

3. 有效性原则

课堂教学评估要讲究实效。不是为了评估而评估,也不是为了完成上级交代的评估任务。课堂教学评估以学生自评为主,以培养学生的自我监控能力和自主学习能力。教学评估得到的信息反馈,可以使教师调整教学策略,学生调整学习策略,及时地、有针对性地解决教学中存在的问题,从而提高教学的质量和效率。

4. 常规性原则

课堂教学评估应该纳入正常的教学之中,并非只在期中和期末进行。课堂教学评估是监控教学和学习的手段,必须经常有规律地进行。这种评估不一定占用很多时间,也不一定很正规,关键是教师必须有课堂教学评估的意识,才能把它作为常规的教学内容之一。

5. 客观性原则

科学的评估务求客观公正、真实可靠。要尊重客观规律,力戒主观臆断和避免随意性。客观的评估才能起到评估的作用。评估的结果主要是给自己看,所以好就是好,不好就是不好,教师要控制自己的感情。科学、真实、客观、尺度统一、标准一致是课堂教学评估成功的基本保证。

6. 可行性原则

课堂教学评估的方法必须简便易行,实施起来没有太多的困难。如果评估方案操作起来太麻烦,学生不愿意配合,评估就很难成功。评估给教师和学生带来很多麻烦,效果当然不好。

7. 变化性原则

课堂教学评估可采用多种方式进行,可以口头,也可以书面;可以自评(包括教师自评和学生自评),也可以互评(包括师生互评和学生互评);可课上进行,也可课下进行;可分组讨论,也可全班一起讨论,还可以师生一对一地面谈。多变化、多角度、多方位的课堂教学评估可以增加学生的新鲜感,使学生乐于参与,明确课堂评估的作用和价值,使他们看到课堂评估给自己带来的好处。

三 课堂教学评估的方法

课堂教学评估以学生自评为主,但是要在教师的指导下进行。评估内容的确定、方式的选择、处理信息反馈的方法等都由教师确定,教师在课堂教学评估中具有很高的自主权和决定权。

1. 课上评估

(1)学生自评

1)口头回答问题 学生自评可以在一定的教学阶段进行,也可以在下课以前进行。主要是了解学生对具体教学内容的掌握情况、学生完成学习任务的情况,以便及时发现问题,让学生及时调整学习方法和学习策略,也为教师的总结提供依据。

教学进行到一定阶段,教师提问,学生回答。例如:

◎刚才我们练习的重点是什么?

◎我们刚才讲练的生词你记住了几个?是哪几个?

◎你是用老师教的方法记生词的吗?尝试用老师教的方法记住剩下的几个生词。

◎上课以前你知道……这几个生词的用法吗?现在

呢?请你用……说一个句子。

◎你们看,这五个生词必须掌握它们的用法,你哪个生词有问题?

◎学习课文以前,你知道……这个句子的意思吗?请你说说这个句子的深层意义。

下课前利用几分钟,教师提问,学生回答。例如:

◎今天我们学习的重点是什么?

◎今天我们一共讲练了几个语法点?是什么?

◎在今天的课上你用新学的语法点完成了几个任务?是什么?

◎今天的哪个语法点你们掌握得不太好?

◎今天的课文你们说得不太好,为什么?

◎今天的听力课你们一共听了几篇课文?最后的课文谁对谁做了什么?结果怎么样?

◎今天听的三篇课文,哪一篇最难?难在哪儿?是生词多、句子长、语速快,还是里边人物关系复杂?

◎听课文以前老师让你们注意什么?你是按老师的要求做的吗?以后听这样的对话你们要注意什么?

2) 调查问卷　教师设计调查问卷时要尽量做到简明易行,省时省力。由于课堂教学评估是针对具体内容、具体课程、具体学生和具体教师,评估目的多种多样,所以设计的调查问卷也应各不相同。

"问卷调查一"是检测学生听力课运用猜测策略的调查问卷。这种问卷有点儿像小测验,只不过它的针对性更强。听力课上老师讲了猜测生词的方法,然后让学生听五个句子,每个句子中有一个生词,看他们能否猜出这些生词的意思,是否掌握了这些猜词的方法。

问卷调查一

姓名:	时间:	成绩:
听下面的五个句子,每个句子中有一个生词,请你猜出这个生词的意思。		

"问卷调查二"是综合课教师检测学生是否当堂掌握了本课的生词。教师把问卷发给学生当堂完成。教师课后统计学生的错误,及时了解学生掌握的情况,以便下节课采取措施弥补。

问卷调查二

根据拼音写出汉字并造一个句子:
1. jǔxíng： 2. qīngsōng： 3. liánmáng： 4. cōngmáng： 5. shízài：
6. pīpíng： 7. biǎoyáng： 8. bàoqiàn： 9. dàoqiàn： 10. zhēnxī：
11. gǎndòng： 12. jīdòng： 13. zhēngqǔ： 14. yāoqǐng： 15. jiēshòu：

"问卷调查三"是综合课教师使用新的方法讲练课文,了解学生反馈的问卷。下课前,教师把问卷发给学生,并说明要求,讲解填写的方法,然后逐一解释,学生在对应的栏内画勾。

问卷调查三

方　　法	喜　欢	不喜欢
1. 讲练课文时老师不允许学生看书。		
2. 老师引导学生共同完成课文的对话。		
3. 老师让学生想出多种表达的方法。		
4. 老师先让学生两人一组看着黑板上的提示词语练习,然后擦掉提示词语,让学生到前边会话。		
5. 老师给出打乱顺序的句子,让学生把它们组成跟课文一样的语段和语篇,然后练习叙述。		

(2)教师记录学生课上的表现

教师课前做好表格,课上随机填写,只需画勾。例如:

表1　学生回答问题情况表

姓名 表现	艾米	彼得	贝拉	大内	金汉成	山本正
一听完问题马上回答	V V					V
认真思考后回答		V V		V	V	
教师点名才回答						
怕说错不敢回答			V			
能力低不能回答					V	

表2　学生课堂注意力分配情况表

姓名 表现	艾米	彼得	贝拉	大内	金汉成	山本正
整堂课集中注意力		V		V		
大部分时间集中注意力		V				V
该集中注意力时能够集中			V			
有时候集中注意力					V	
注意力涣散						

(3)学生互评

学生互评以肯定和鼓励为主。教师选择适当的时机和适当的教学对象进行,主要目的是优化课堂环境,加强师生之间、学生之间的亲和力,也是为了发现共性问题并寻找问题的根源。例如:

◎刚才某某的回答怎么样?(鼓掌)

◎今天谁回答问题回答得最好?(鼓掌)

◎今天谁完成任务完成得最好?(鼓掌)

◎今天用……完成一个对话,哪个组完成得最好?(鼓掌)

◎昨天老师留的作业,谁做得最好?(鼓掌)

◎谁预习生词预习得最好?(鼓掌)

◎某某以前总是发不好……这个音,今天他说得怎么样?我们请他再说一遍好不好?(鼓掌)

(4)教师总结

教师总结也是以肯定和鼓励为主。例如:"今天我们一共学习了15个生词、2个语法点和1个对话。重点生词有8个,它们是……,这8个重点生词你们掌握得比较好,回去以后每个词造两个句子,写在本子上。两个语法点中第一个是重点,你们还不太熟练,回去以后你们看一下语法注释,明天我们还要做一些练习。课文的重点是掌握表示感谢的方法,你们要注意对不同的人和不同的事情表示感谢的方法不一样。""今天你们都非常积极,对生词、语法和课文都掌握得很好。特别是某某,一共回答了12个问题,对了10个,让我们祝贺他。(鼓掌)另外的两个因为老师问问题的时候没注意听,所以回答得不对,以后要集中注意力听老师问什么问题。"

2. 课下评估

(1)学生访谈

课下找学生谈话,一是了解学生的想法,二是指出学生的问题。学生在课上做错了练习,或者发现学生作业中的错误,原因可能很多,只有找到了原因才能对症下药,帮助他们改正。所以教师应该了解学生当时是如何想的。对于大多数学生的共同问题,教师要在全班讲评,而对于个别学生的问题则不宜当众讲评。这样做一是节省宝贵的课堂时间,二是照顾学生的自尊心。

(2)调查问卷

"问卷调查四"是综合课学习"把"字句以后检查学生使用"把"字句的情况的问卷。下课前把问卷发给学生,要求课后独立完成,能写几个就写几个。

问卷调查四

姓名:	时间:	成绩:
请你用下列词语布置你的房间,写出10个句子。 沙发、餐桌、电冰箱、电脑、写字台、床、山水画、衣柜、世界地图、地毯//客厅、卧室、厨房、餐厅、书房//放、挂、铺		

以往编写新教材在试验阶段,往往只听取教师的意见,忽视学生对新教材的反应。"问卷调查五"是一个单元结束以后,了解学生对新教材教学内容的意见。下课前把问卷发给学生,讲解填写的方法,要求认真并尽可能详细地填写。问卷收回后,进行统计和分析。把教师和学生的意见集中起来,作为修改教材的依据。

问卷调查五

姓名:	时间:				
一、课文					
1.你认为哪篇课文最实用?	第一课	第二课	第三课	第四课	第五课
2.你认为哪篇课文最有意思?	第一课	第二课	第三课	第四课	第五课
3.你认为哪篇课文最不实用?	第一课	第二课	第三课	第四课	第五课
4.你认为哪篇课文最没意思?	第一课	第二课	第三课	第四课	第五课

(续表)

二、生词(本单元共学习了 200 个生词)					
1. 写出你认为最有用的生词(至少 50 个)					
2. 写出你认为最没用的生词(至少 10 个)					
三、练习					
1. 下列练习形式哪些是你喜欢的?(在下面的格中画勾)					
辨音辨调	用本课的生词填空	造句	替换练习	改写句子	完成句子
选词填空	根据课文回答问题	模仿	完成会话	阅读练习	写作练习
2. 本单元完成会话练习的内容你认为哪些有用?(在下面的格中画勾)					
第一课	第二课	第三课		第四课	第五课
3. 本单元的阅读课文你认为哪篇最有意思?(在下面的格中画勾)					
第一课	第二课	第三课		第四课	第五课

(3) 教师自评,写教学后记

教师每教完一节课,都要进行自评,认真总结成败得失,写好教学后记。对成功之处,要思考为什么成功,其条件是什么,有没有普遍意义,是否具有规律性,能不能从教育学、语言学、心理学中找出依据,使之上升为理论。上升为理论的东西即可成为可靠经验。对失败之处,要分析失败的原因,思考这样做违反哪些教学原则和原理,下次再教同一课或遇到同样的问题应该如何处理,也要上升为理论,使之成为可靠的经验。

教师自评主要是从教学意识和教学行为两个方面进行。分析课堂上哪些是有效教学行为,为什么有效;哪些是无效教学行为,为什么无效;具体的教学行为反映了教师教学意识中哪些是正确的,哪些是错误的。

对课堂教学质量起反面影响的因素主要是错误的教学意识

和无效的教学行为。作为一名教师应该自觉地、有意识地、尽量地追求和发扬有效教学行为,自觉地、有意识地、尽量地防止和克服无效教学行为,提高课堂教学效果和效率,大幅度地提高教学质量。教学评估和写教学后记就是帮助自己发现并纠正错误的教学意识和无效的教学行为。因此,教师应该正确对待学生的批评意见,同时自己也要敢于揭短,勇于改正。

写教学后记包括教师的自评和学生的评估。由于课堂时间紧张,教师对学生的发言可能记录得不全面,因此,课后写教学后记时,要整理自己的记录,尽量把课上学生说的话及时补写出来,以便正确、客观、真实地反映学生的意见。

后　记

编完商务印书馆对外汉语教学专题研究书系中的《对外汉语教学理论研究》，我们的心情既高兴又忐忑不安。高兴的是，商务印书馆和本套书系总主编赵金铭先生给了我们这次极好的机会，使我们系统地温习了有关的论著，受益颇多，不仅有温故之美，更有知新之乐；不安的是，由于眼界、水平和经验的限制，我们对于本书的选文和编排是否合适还没有十足的把握，其中除了选编的角度和关注的重点有编者的主观因素以外，选编工作客观上受限于现有的研究领域和研究成果也是形成本书框架的一个重要因素。尽管如此，我们相信本书所选编的这些论文（个别篇章见于专著中）都是在某一方面的研究中具有代表性的，许多篇章具有较高的开拓性和原创性，个别篇章虽然发表的时间较早，但所讨论的问题至今仍具有重要的理论价值和现实意义，因此选收进来供进一步研究参考。

我们感谢所有同意把自己的研究成果选入本书的作者，没有各位前辈和时贤杰出的研究工作，我们的编辑工作是难以进行的。同时，限于篇幅等方面的原因，还有许多相关的重要文献没能编入本书，对此我们深表遗憾，恳请有关作者和读者谅解。此外，书中某些篇章的观点不尽相同，我们相信这是正常的，不同的观点更能启发我们对有关问题深入思考。

由于本书系体例上的安排，所选文章的参考文献不再编入本书，原注释和原文中有标记的参考文献一律改为脚注。编选这样一本专题研究的文集，对我们来说还是第一次，疏漏和不当之处在所难免，敬希谅解。

编者
2006 年 3 月